经通中外 ◆ 管汇知行
思成用谨 ◆ 想集致新

清华经管思想文库

资产泡沫与双支柱调控框架
基于建设现代中央银行制度的视角

ASSET BUBBLES AND THE DUAL-PILLAR REGULATORY FRAMEWORK
FROM THE PERSPECTIVE OF BUILDING A MODERN CENTRAL BANK SYSTEM

董 丰◎著

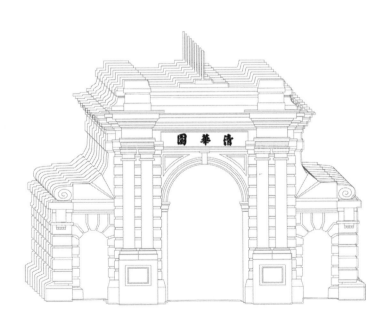

清华大学出版社
北京

内 容 简 介

本书从建设现代中央银行制度的视角出发,着重分析中央银行在面对资产泡沫这一潜在风险时,如何通过货币政策与宏观审慎政策的双支柱调控框架,实现灵活而有效的管理。书中深入剖析了这两类政策如何相互协调,共同应对资产泡沫,以最大化政策效能。这对于增强我国金融体系的稳定性、完善现代金融监管体系以及坚守不发生系统性风险底线具有深远意义。在宏观经济学研究范式下,本书对资产泡沫与双支柱调控框架的关系进行了系统而深入的理论建模和定量分析。

本书旨在为政策制定部门及研究人员提供有价值的理论支撑和政策启示,从而为我国现代中央银行制度的建立健全以及宏观金融稳定的维护贡献智慧和力量。

本书封面贴有清华大学出版社防伪标签,无标签者不得销售。
版权所有,侵权必究。举报: 010-62782989, beiqinquan@tup.tsinghua.edu.cn。

图书在版编目(CIP)数据

资产泡沫与双支柱调控框架:基于建设现代中央银行制度的视角 / 董丰著.
北京:清华大学出版社, 2025. 1. -- (清华经管思想文库).
ISBN 978-7-302-67544-0

I. F832.51

中国国家版本馆 CIP 数据核字第 2024BE5930 号

责任编辑:梁云慈
封面设计:汉风唐韵
责任校对:宋玉莲
责任印制:沈 露

出版发行:清华大学出版社
网　　址:https://www.tup.com.cn, https://www.wqxuetang.com
地　　址:北京清华大学学研大厦 A 座　　邮　编:100084
社 总 机:010-83470000　　邮　购:010-62786544
投稿与读者服务:010-62776969, c-service@tup.tsinghua.edu.cn
质量反馈:010-62772015, zhiliang@tup.tsinghua.edu.cn
印 装 者:三河市东方印刷有限公司
经　　销:全国新华书店
开　　本:170mm×240mm　　印　张:14.25　　字　数:199 千字
版　　次:2025 年 1 月第 1 版　　印　次:2025 年 1 月第 1 次印刷
定　　价:129.00 元

产品编号:108594-01

献给小蟒和宸宸

序言

自 2008 年全球金融危机以来，国际经济金融形势复杂多变，我国宏观经济和金融系统面临更加严峻的挑战，需要时刻警惕由金融风险因素引发的系统性风险。资产泡沫是影响金融稳定的重要因素，资产价格的剧烈波动对金融稳定构成了重大挑战。资产价格波动往往会传导至实体经济，进一步加剧宏观经济波动，甚至引发金融危机。与此同时，资产泡沫还会扰乱资源配置。在资产价格虚高的情况下，投机行为愈加频繁，导致更多的资源流向短期回报率更高的金融资产，从而加剧经济"脱实向虚"的趋势。

党中央高度重视金融风险问题，在十九大和二十大报告中连续强调，要深化金融体制改革，健全金融监管体系，守住不发生系统性风险底线。习近平总书记多次指出，金融是现代经济的核心，是实体经济的血脉；金融活，经济活，金融稳，经济稳；金融安全是国家安全的重要组成部分，维护金融安全关乎我国经济社会发展全局，是一项具有战略性和根本性的重要任务。早在第五次全国金融工作会议上，党中央就明确了服务实体经济、防控金融风险、深化金融改革三项任务。第六次中央金融工作会议进一步强调，要全面加强金融监管，切实防范和化解金融风险。防控金融风险，维护金融稳定，处理好稳增长和防风险的关系，是我国近年来宏观经济战略部署中的重要议题。近期，党的二十届三中全会对完善金融监管体系作出重要部署，提出"依法将所有金融活动纳入监管，强化监管责任和问责制度，加强中央和地方监管协同"。

中央银行制度作为国家最重要的货币金融管理制度，在国家金融制度体系中居于基础地位。中国人民银行前行长易纲指出："现代中央银行负责货币发行，调节货币供应和流通，维护币值稳定；调控金融活动，推进金融改革，加强资源跨时空有效配置，促进充分就业和经济增长；履行最后贷款人职能，实施宏观审慎管理，防范化解系统性金融风险，维护金融体系稳健运行。如果中央银行履职不到位，就可能出现货币超发，导致通货膨胀和资产泡沫，或者发生通货紧缩，甚至引发经济金融危机。"金融制度是经济社会发展中重要的基础性制度，而中央银行发行的货币又是金融的根基和血脉。因此，建设现代中央银行制度，不仅是维持金融稳定、推动国家治理体系和治理能力现代化的必然要求，也是推动高质量发展的关键举措，是深化金融体制改革的重要抓手。党的二十大报告明确指出，要"建设现代中央银行制度，加强和完善现代金融监管，强化金融稳定保障体系"。中国人民银行行长潘功胜进一步强调，要加快建设现代中央银行制度，注重货币政策跨周期和逆周期调节，加强政策协调配合，健全货币政策和宏观审慎政策双支柱调控框架，牢牢守住不发生系统性风险底线。

在资产泡沫引发的金融危机阴影下，关于货币政策是否应干预资产价格波动的讨论日益激烈。政策制定者对于泡沫破灭后的应对策略有着相对明确的共识，即采取积极宽松的货币政策以减缓经济衰退的冲击力。然而，真正的争议焦点在于：是否应在资产泡沫形成之际，便采取政策措施进行事前干预。长期以来，关于货币政策是否应将资产价格纳入考量范围的辩论始终未能达成定论。但值得注意的是，近年来，宏观审慎政策逐渐为人们所熟知，并逐步成为全球主要央行的重要政策工具。在这一框架下，货币政策继续聚焦于宏观经济和总需求的管理，致力于维护物价稳定和促进经济增长；而宏观审慎政策则直接作用于金融体系，旨在抑制杠杆率的过度攀升和顺周期行为，维护金融稳定。

在建设现代中央银行制度的过程中，进一步完善双支柱调控框架显得尤为关键。单一的货币政策可能难以实现金融稳定，而金融波动有时又可能反过来影响价格稳定目标的实现。因此，宏观审慎政策作为对传统货币政策的有力补充，其重要性不言而喻。2016年第四季度的《中国货币政策执行报告》中明确指出："防止资产价格泡沫，离不开宏观审慎政策和货币政策的配合，需更好地发挥'货币政策＋宏观审慎政策'双支柱政策框架的作用。"这一观点深刻揭示了双支柱调控框架在维护金融稳定、促进经济健康发展中的核心地位。本书正是基于这一背景,深入探讨了双支柱调控框架的理论与实践,旨在为现代中央银行制度建设提供理论支撑和政策建议。

本书从建设现代中央银行制度的视角出发,着重分析中央银行在面对资产泡沫这一潜在风险时,如何通过货币政策与宏观审慎政策的双支柱调控框架,实现灵活而有效的管理。书中深入剖析了这两类政策如何相互协调,共同应对资产泡沫,以最大化政策效能。这对于增强我国金融体系的稳定性、完善现代金融监管体系,以及坚守不发生系统性风险底线具有深远意义。

在宏观经济学研究范式下,本书对资产泡沫与双支柱调控框架的关系进行了系统而深入的理论建模和定量分析。主要章节依托前沿理论模型,并结合实证研究,力求为读者揭示资产泡沫的影响机制和双支柱政策的调控逻辑。尽管理解这些宏观经济模型需要一定的经济学背景知识,但本书采用通俗易懂的语言加以阐释,力求让对复杂模型不太熟悉的读者,也能把握本书的核心观点。

本书旨在为政策制定部门及研究人员提供有价值的理论支撑和政策启示,助力他们更深入地理解双支柱调控框架与资产泡沫之间的内在联系,从而为我国现代中央银行制度的建立健全以及宏观金融稳定的维护贡献智慧和力量。在充满挑战与机遇的金融时代,期待本书成为推动金融理论与实践深度融合、促进金融稳定与发展的重要读物。

本书的具体章节安排如下:第1章作为开篇,首先概述了资产泡沫的形成机制及其对宏观经济的潜在影响。随后,本章详细阐述了货币政策与宏观审慎政策双支柱调控框架的现实背景、发展脉络及其在现代中央银行制度建设中的重要地位。第2章聚焦于资产泡沫与双支柱政策之间的典型事实,通过运用实证模型和数据,检验了我国双支柱政策在调控资产泡沫方面的实际效果和关键特征,为读者提供丰富的实证证据。第3章深入探讨了资产泡沫与货币政策之间的复杂关系,详细研究了货币政策是否需要盯住资产价格进行调控。第4章聚焦于资产泡沫与宏观审慎政策之间的关系,分析并探讨了用于治理资产泡沫的主要宏观审慎政策工具及其有效性。第5章深入探讨了双支柱调控框架如何有效应对资产泡沫。该章细致分析了货币政策和宏观审慎政策如何相互补充、协同作用，以防范资产泡沫带来的风险并实现资源最优配置。第6章进一步拓宽研究视野，聚焦于开放经济环境，深入剖析了双支柱调控框架的实施策略与传导机制，为读者在全球化经济背景下理解和有效运用这一框架提供了独特的视角和宝贵见解。本书致力于构建一个全面、深刻且实用性强的研究体系，围绕资产泡沫与双支柱调控框架，为现代中央银行制度的建设与完善提供有力的理论支撑与政策启示。

特别感谢国家自然科学基金优秀青年科学基金项目（72122011）、国家自然科学基金原创探索计划项目（72250064）和清华大学经济管理学院研究基金项目（2021051007）在本书写作和出版过程中给予的鼎力支持。同时，特别感谢清华大学出版社梁云慈老师的专业工作，特别感谢周基航、孙浩宁、王思卿、徐臻阳、王艺臻、李金璞等清华大学博士生在本书撰写过程中提供的高质量助研支持，以及我的合作者与校内外专家给予的宝贵批评意见。最后以及最重要的是，特别感谢我的父亲母亲、岳父岳母、我的妻子、我的女儿和儿子给予我的无限鼓励。

"长风破浪会有时，直挂云帆济沧海。"在世界百年未有之大变局的关键时点，着眼于治理体系和治理能力现代化的迫切需求，特别是系统性风险的防范化解与现代化金融强国的建设，中国宏观经济学者肩负着为国家重大战略需求提供科学基础性成果的重任。本书不仅是对笔者及同领域学者过往研究成果的系统总结，也是对资产泡沫与宏观政策领域深入探索的集中展现。展望未来，面对波谲云诡的国际局势、日渐复杂的经济系统，期待有更多面向中国重大战略需求、面向经济主战场的理论研究不断涌现，为实现中华民族伟大复兴贡献智慧和力量。

董 丰

2024年11月于清华大学

关于作者

董丰现任清华大学经济管理学院经济系长聘副教授、博士生导师。2006年毕业于中国人民大学信息资源管理学院，获管理学学士学位；2009年毕业于北京大学中国经济研究中心（CCER，现国家发展研究院），获经济学硕士学位；2014年毕业于美国圣路易斯华盛顿大学，获经济学博士学位。

研究方向为宏观经济学，聚焦资产泡沫、绿色转型、系统性风险以及政策协调等相关议题的理论与定量研究。其研究成果发表在《经济研究》《管理世界》《管理科学学报》《经济学（季刊）》《世界经济》《金融研究》《经济学动态》《中国科学基金》、Journal of Monetary Economics、Review of Economic Dynamics、Journal of Economic Theory、International Economic Review 等中英文一流学术期刊。

主持国家自然科学基金优秀青年科学基金项目、国家自然科学基金原创探索计划项目和北京市社科基金青年学术带头人项目等，荣获张培刚发展经济学青年学者奖。同时，主持和参与国家部委的数项研究课题，相关政策研究得到有关部门的重要批示。

社会服务方面，受邀担任学术期刊 China and World Economy、Economic Modelling、Macroeconomic Dynamics、Mathematical Social Sciences、International Journal of Economic Theory 副主编和国家自然科学基金委员会主办期刊 Fundamental Research 的青年编委，同时担任中国金融学会青年学术委员会委员、中国金融四十人（CF40）青年论坛会员等。教学方面，承担本科课程"经济学原理"（双学位、辅修、全校通选课）、博士研究生课程"高级宏观经济学"、MBA课程"中国宏观经济"以及EMBA课程"国际货币体系"的讲授工作。

Contents | 目录

第1章　引言 1

   1.1　资产泡沫：形成机制与宏观影响 2
   1.2　双支柱调控：货币政策与宏观审慎政策 27

第2章　资产泡沫与双支柱调控：典型事实 37

   2.1　货币政策对资产泡沫的调控 39
   2.2　宏观审慎政策对资产泡沫的调控 44
   2.3　基于中国数据的 TVP-SVAR 分析 46

第3章　资产泡沫与货币政策 67

   3.1　货币政策是否应当盯住资产价格？ 68
   3.2　理论与定量分析 73
   3.3　讨论与展望 95

第4章　资产泡沫与宏观审慎政策 105

   4.1　宏观审慎政策调控背景 106
   4.2　理论与定量分析 111
   4.3　讨论与展望 129

第5章　资产泡沫与"双支柱"调控框架 137

5.1　"双支柱"调控背景 138
5.2　理论与定量分析 141
5.3　讨论与展望 162

第6章　开放经济背景下的"双支柱"调控 169

6.1　开放经济中的资产泡沫与货币政策 171
6.2　开放经济中的资产泡沫与宏观审慎调控 181
6.3　开放经济背景下的"双支柱"调控政策 191

参考文献 195

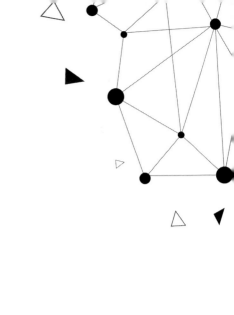
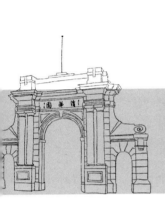

第1章 引言

1.1 资产泡沫：形成机制与宏观影响

1.1.1 资产泡沫的基本概念

资产泡沫指的是金融资产或实物资产的大规模、持续的错误定价。随着金融自由化和金融产品的不断创新，在提升金融体系效率的同时，涌现出的资产泡沫加剧了资产价格和经济周期的波动，为宏观金融稳定和经济增长带来了潜在的风险。习近平总书记指出，打好防范重大风险攻坚战，重点是防控金融风险。党的二十大报告强调要"加强和完善现代金融监管，强化金融稳定保障体系，依法将各类金融活动全部纳入监管，守住不发生系统性风险底线"。其中，资产泡沫是影响金融风险的重要因素，资产价格的快速波动对金融稳定构成了重大挑战。资产价格波动最终往往会传导至实体经济，资产泡沫的产生与破裂加剧了宏观金融的波动。同时，无序的资产泡沫会扰乱资源的配置，在资产价格虚高的情况下，投机行为增加，更多的资源被用以配置短期回报率更高的金融资产，导致经济"脱实向虚"。资产泡沫的历史由来已久，其载体是多样化的，包括商品实物资产、金融资产以及房地产资产等。同时，宏观调控政策如何应对资产泡沫所导致的经济波动风险也受到越来越高的关注。

理论上通常将资产价格超过基本面价值的部分视为泡沫，其中基本面价值一般定义为股票分红、债券收益等资产本身所能带来的现金流的贴现值。相关学者较早就发现资产价格的波动不能完全由基本面价值进行解释。诺贝尔经济学奖获得者罗伯特·希勒（Shiller, 1981）就通过对历史数据的分析，发现实际股票价格的波动性远远超出了由股息变化所能解释的范围。这种波动性的差异表明，股票价格的变动不能完全用新信息来解释。而在房地产方面，Case and Shiller（2003）构建了房地产指数，通过和收入利率等各种因素的比较发现在全美国有一定的泡沫迹象，并且没有足够的证据表明全国范围内的房价泡沫即将破裂。这些发现的推论就是资产价格除了基本面之外有泡沫的成分。资产泡沫的产生对传统经济理论提出了挑战：在有效市场假说下，资产价格由资产基本面价值决定，泡沫难以产生，但现实数据中资产价格的波动难以用基本面的变动解释。尽管对应的资产不同，发生的时间不同，但所有资产泡沫都经历相似的过程。Kindleberger and Aliber（2011）借鉴明斯基的理论，提出了资产泡沫的五个阶段。第一阶段是突破性发展阶段。颠覆性的技术变革或金融创新等使投资者产生利润增长的预期，开始投资于相应资产，泡沫产生。泡沫出现后不断自我强化，进入繁荣阶段。在这一阶段，价格的攀升使市场产生进一步上涨的预期，吸引新的买主，宽松的信贷环境也为新买主进入市场提供支持，刺激资产价格进一步上涨，形成自我实现（self-fulfilling）的正反馈过程。第三阶段是狂热阶段。所有人都意识到投资该资产能够获利，人们陷入投机狂热，即使意识到可能有资产泡沫存在，人们也预期自己能够获利。此阶段资产价格爆炸式增长，交易量大增，但持续时间很短。随后进入实现利润阶段，成熟投资者开始抛售资产，获得高额投资回报，价格随之下跌，引发投机者进一步抛售。最终进入恐慌阶段，价格下跌使人们产生悲观预期，纷纷抛售资产，价格暴跌，导致泡沫破灭。

资产泡沫容易受到情绪冲击的影响，并加速经济的顺周期运动。所谓的情绪冲击其实就是对于资产泡沫价格的外生冲击，主要指外部事件引发的人们对于资产价格以及投资情绪的调整，具有较大的不确定性，提高了资产价格的波动性。在经济繁荣状态下，人们对经济增长和资产价格形成乐观情绪，推动资产价格上涨。经济繁荣时，人们往往会忽视风险，采用债务加杠杆的方式扩大产出或者利润，潜在风险随着杠杆的上升而聚积。一旦突破某一临界点，经济到达"明斯基"时刻（Minsky moment），这往往是受到某一事件的触发，比如货币或信贷紧缩，当冲击来临时，投资者转向悲观情绪，资产泡沫可能会破灭，资产价格大幅下降。在繁荣时期所增加的杠杆此时成了经济走向衰退的助力，通过资产负债表等渠道加速衰退，宏观经济和资产价格陷入与繁荣时期相对的恶性循环。因此，如何合理管理资产泡沫，在促进经济增长的同时，维护金融稳定，这将是十分重要的议题。本书将主要关注货币政策和宏观审慎政策双支柱调控框架如何有效应对资产泡沫风险。双支柱调控框架也是现代中央银行制度的重要组成部分，对于推动我国治理体系和治理能力现代化具有重要意义。

为了解释资产泡沫的形成机理、传导机制以及政策应对，当前学术界关于资产泡沫的理论研究可以分为两大类。一是理性资产泡沫，此类研究假定经济主体基于理性预期进行决策，泡沫的存在源于其可以减轻金融摩擦的影响。二是非理性资产泡沫，此类研究放松了个体理性的假设，认为资产泡沫因异质信念、"噪声交易者"的存在等而产生。非理性泡沫主要是从行为经济学和非理性经济人的角度解释资产泡沫的成因，相对而言更加难以被模型化，尚未形成统一的研究范式。在我们所重点关注的资产泡沫和双支柱政策的研究中，大多是属于宏观经济学领域的文献，其研究范式主要还是依照标准的宏观经济学框架，较少有宏观文献从非理性的角度解释资产泡沫及其政策应对。而理性泡沫可以用比较传统的理性经济人框架进行理论建模和经济解释，具有相对完整和统一的研究框架。鉴于理性资产泡沫框架的适用性，本书将主要基于理性泡沫框架进行论述。

在理性预期之下，资产的基本定价公式可以表示为

$$p_t = E_t\left[\frac{p_{t+1} + d_{t+1}}{1+r}\right] \tag{1.1}$$

其中，p_t 为 t 期的资产价格，d_{t+1} 为 $t+1$ 期的分红，r 为利率，E_t 为期望因子。进一步迭代到 T 期可以得到：

$$p_t = E_t\left[\sum_{\tau=1}^{T-t}\frac{d_{t+\tau}}{(1+r)^{\tau}}\right] + E_t\left[\frac{p_T}{(1+r)^{T-t}}\right] \tag{1.2}$$

上式右侧可以分为两部分，第一部分为资产未来分红的贴现值，即资产的基本面部分，第二部分为资产的泡沫部分。资产定价的横截性条件（transversality condition，TVC）为：

$$\lim_{T\to\infty} E_t\left[\frac{p_T}{(1+r)^{T-t}}\right] = 0 \tag{1.3}$$

则如果横截性条件满足，泡沫就不可能存在。

需要注意的是，上述资产定价方程对应的TVC条件与宏观模型最优化所需的TVC条件是有所不同的。在宏观经济模型中，个体最优化得到的差分（或偏微分）方程体系求解依赖于边界条件，因此往往引入TVC条件。宏观模型中针对资产价格个体最优化的TVC条件与个体主观折现因子相关，即：

$$\lim_{T\to\infty} \beta^T P_T = 0 \tag{1.4}$$

其中，β 为**个体主观折现因子**，该条件衡量了个体最优化问题的解在 $T\to\infty$ 时的表现。与之对应的，资产定价的TVC条件衡量了资产价格是否完全由其产生的现金流所决定，即是否存在资产泡沫。对经济中的现金流做净现值（NPV）定价需要利用经济中的利率做折现，即：

$$\lim_{T\to\infty} \frac{P_T}{(1+r)^T} = 0 \tag{1.5}$$

其中 r 为经济中的**利率**（可理解为无风险利率）。

厘清这两个TVC条件之间的差异是理解资产泡沫存在性的关键之一。资产泡沫存在的情况下，条件（1.5）不满足，而该条件不满足存在两种情况：$T\to\infty$ 不成立，抑或 $T\to\infty$ 但 $\lim_{T\to\infty}\frac{P_T}{(1+r)^T} > 0$。这两种情况正对应了宏观经济模型中引入理性资产泡沫的两种方式：世代交叠模型（overlapping generations, OLG）和包含金融摩擦的无限期动态随机一般均衡模型。在OLG模型中，所有个体只存活有限期，因此不再存在$T \to \infty$的约束，可以较为方便地引入资产泡沫。事实上，由于缺少代际交易手段，OLG模型中天然存在过度储蓄（oversaving）的问题。过度储蓄压低了利率，导致经济存在动态无效率（dynamic inefficiency，即利率低于经济增速），从而可以通过引入某种资产作为代际交易手段挤出过度储蓄以提升经济动态效率，例如无任何基本面价值的资产泡沫。

OLG框架对于分析资产泡沫提供了极大的便利，并且提供了许多重要且深刻的洞见，但其代价是模型的假设过于严格，主要贡献在于定性分析，与数据结合进行定量分析的效果不佳。无限期模型的优点就在于能够将泡沫理论融入标准动态随机一般均衡（dynamic stochastic general equilibrium, DSGE）模型，适合用于定量分析，与宏观研究的主流模型相一致，更有利于理解资产泡沫对宏观经济的影响。但在无限期框架下$T \to \infty$的条件天然成立，为了引入理性资产泡沫必须探讨如何压低经济中的利率以破坏条件（1.5）。事实上，当经济中不存在摩擦（Arrow-Debreu经济），均衡时利率满足$(1+r)\beta = 1$，因此两个TVC条件等价。由于对任何无限期一般均衡模型，条件（1.4）都应当成立（否则个体最优化问题无解），资产定价的TVC条件表明理性泡沫不可能存在。

在无限期模型框架下，往往通过引入借贷约束为代表的金融摩擦使得泡沫的出现成为可能：存在借贷约束的情况下，信贷需求下降导致均衡利率低于无摩擦的情况，从而可能在条件（1.4）成立的情况下破坏条件（1.5），使得理性资产泡沫出现。当经济中存在某种泡沫资产可以被售卖或抵押以获得融资时，这种资产可以产生流动性溢价（liquidity premium），从而其定价方程变为：

$$p_t = E_t \text{SDF}_{t+1} p_{t+1} (1 + \text{LIQ}_{t+1}) \qquad (1.6)$$

其中 LIQ_{t+1} 代表资产对应的流动性溢价。在存在流动性溢价的情况下，可以证明资产的均衡价格可以高于其基本面的值，因而泡沫得以存在。在 Miao and Wang（2018）的框架下，资产泡沫的形成是预期自我实现的过程，对于资产价格的乐观预期导致资产泡沫，而资产价格的提高增加了企业的抵押价值，从而可以扩张信用以增加企业的投资，从而使得企业价值上升，验证最初的乐观信念，形成逻辑闭环。可以发现，资产泡沫的存在仍然以某种市场不完全性为前提，而内生的资产泡沫有助于缓解高效率企业面临的信贷约束。在无限期模型中，往往是通过缓解金融约束的方式来引入资产泡沫。

1.1.2 历史上的重要资产泡沫

在具体讨论泡沫的经济影响之前，我们将首先回顾历史上的一些著名的资产泡沫时期，用生动的现实案例让读者对资产泡沫有初步的认识和了解。从中不难发现，资产泡沫似乎总是周而复始地发生着，历史总是押着相同的"韵脚"，资产泡沫的历史更是如此。尽管我们的宏观调控政策框架和应对工具在不断地进步和完善，但是我们从来也不敢妄言已经驯服资产泡沫这一"猛兽"。历史的经验和教训也告诉我们需要对于资产泡沫风险时刻保持警惕。

1.1.2.1 17—18世纪的"三次泡沫"

1. 荷兰的"郁金香狂热"

1634—1637年荷兰的"郁金香狂热"可能是历史上有详细记载的最早的一次泡沫。①基于 Mackay（1841）、Garber（1989）、Dash（1999）和 Goldgar（2008）的描述，我们可以简要回顾荷兰郁金香泡沫的发展过程。

郁金香于16世纪中期从奥斯曼帝国引入荷兰，很快就成为皇室的最爱。大约一个世纪后，全国各阶层都为这种奇异的事物而疯狂。从1634年开始，

---

① Brunnermeier and Oehmke（2013）认为最早的资产泡沫与债务危机发生在美索不达米亚，但由于历史资料和数据的匮乏，我们无法识别对应的泡沫资产。但可以从历史叙述中看到，当时的执政者已经开始有意识地限制信贷过度扩张。

许多民众从事郁金香交易，从而推高了郁金香的价格。到1637年，郁金香球茎已成为最昂贵的球茎之一，并作为商品遍布世界各地。据Mackay（1841）称，一种名为Semper Augustus的郁金香球茎价格达到5 500荷兰盾，相当于约100盎司黄金。在狂热的顶峰时期，外资涌入，本地人变卖其他资产来买卖郁金香球茎，价格三个月内增长了约二十倍。随后莫名其妙地，泡沫突然破裂：价格下跌数十倍，没有交易商愿意出于投机目的而购买。这场闹剧的突然结束引发了一系列争论。历史学家和作家们理所当然地认为这是非理性的结果，他们注意到稀有品种的价格高得离谱，并将其归因于一些社会和群体将崇拜稀缺性作为地位象征的现象。另一些学者认为从众心理和羊群效应在整个事件中发挥着至关重要的作用，所有人都想"骑乘泡沫"，从高涨的价格中分一杯羹。

然而，并非所有研究者都对上述解释感到满意。Garber（1989）指出，我们应当仔细讨论基本面中推动价格上涨的因素。他认为稀有品种异常高的定价遵循典型的花卉市场的模式。更坦白地说，最基本的经济学原理告诉我们，物以稀为贵。值得注意的是，普通郁金香球茎价格迅速增长然后崩溃，这可能是一个真正的谜题，对经济理论提出了挑战。此外，值得一提的是，"狂热"时期的交易对象是球茎，而不是成熟的花朵。所有球茎看起来都很相似，就像婴儿无法区分一样。有趣的是，那些著名的"品种"是那些不知何故随机感染了烟草花叶病毒且无法识别的品种，这使得球茎市场就像远期交易一样。正式的郁金香球茎期货市场于1636年发展起来，并在崩溃之前成为交易的主要焦点。期货标定的价值是这个球茎变得稀有的可能性大小。这种对未来价值的不确定性使得信息结构和异质信念能够解释这种狂热。至少在资产泡沫领域，理性模型和行为框架共同作用。

荷兰曾是经济金融体系创新的先锋，为现代信贷和银行体系做出了贡献。在郁金香狂热期间，荷兰也出现了一系列的技术和金融工具创新。例如，荷兰人发明了新的园艺方法，并开发了类似看涨期权的工具。稍后我们会看到，这种技术和金融产品上的创新往往与泡沫一起发生。

2. 密西西比和南海公司泡沫

郁金香狂热大约一个世纪后,法国出现了密西西比泡沫。密西西比公司是一家在北美法属殖民地和西印度群岛拥有商业垄断权的公司,在1717年获得皇室授予25年的独家贸易权。该公司并没有像它吹嘘的那样盈利,但它的营销计划非常成功,并在1719年引发了对公司股票的疯狂投机。股价达到每股10 000里弗(大革命前的法国货币单位),泡沫在1720年底破裂。到1721年9月,股价已跌至500里弗。

与此同时,英国又发生了一件举世闻名的奇闻"南海泡沫"。南海公司是一家成立于1711年的英国股份制公司。表面上看,这家特许公司专门从事英国和南美洲之间的贸易。尽管如此,它仍然是一家私人机构,协助政府融资并分担政府因战争而欠下的债务。该公司夸大其业务前景并进行欺诈,利用裙带关系,用股票换取国债,使其股票风靡一时。仅仅五个月的时间,股价就上涨了五倍多。1720年7月,它逼近1 000点。不出所料,泡沫很快就破裂了,公司股价又回落到原来的水平。图1.1展示了当时人们对泡沫事件的认知。

图 1.1 "投机者获利,落后者遭殃"

您可能已经注意到，这两个泡沫时期的形式非常相似。这两个事件的共同特征在于公司在每次事件中都通过收购或持有政府债务来寻求扩张，并通过持续发行公司股票来融资。这导致投机活动活跃，价格节节攀升，最后一批买家在市场暴跌时承担了最大的损失。Garber（1990）指出这两个泡沫事件可以在约翰·罗（John Law）的货币理论和金融体系的背景下理解。罗认为，法定货币的发行可能会永久影响实体经济，从而增加对货币的需求，以缓解通胀压力。今天，即使是初学者也可能知道，货币政策确实有实际效果，而货币从长远来看是中性的。为了投资于一个有前景的项目，企业家只需要发行债券或股票，这对应着未来收益的索取权。一旦获得资金，该项目将从之前没有被充分利用的资源中赚取足够的利润，以证明公众对其债务的信心。在罗所提倡的印钞商业计划的指导下，法国皇家银行增加了纸币发行以支持股票交易。可以想象，由于这种戏剧性的货币扩张，法国在1720年遭受了严重的通货膨胀。另一方面，人们发现所许诺的前景并没有实现，也不会实现。随着政策紧缩，密西西比泡沫破灭。

同样的戏剧剧本在英吉利海峡的另一边上演。更让南海泡沫令人难忘的是，伟大的物理学家牛顿参与了炒作。Odlyzko（2019）认真研究了这个轶事，并提供了牛顿在泡沫破灭中遭受巨大损失的新证据（难怪牛顿承认他无法计算人类的疯狂程度）。此外，Odlyzko还提供了有关泡沫的更多细节。如图1.2所示，南海公司实力雄厚，其股票表现优于同时期的英格兰银行，尤其是1719年之后。可悲的是，当夸大其词并加上宽松的货币政策时，泡沫就产生并开始膨胀了。

在识别泡沫的时候，或许我们应该更加谨慎。Garber（1990）指出从新投资者的角度来看，内在价值很重要。如果泡沫的定义"资产价格偏离市场基本面"被广泛接受，那么了解市场基本面就至关重要。事后观察资产价格的大幅上涨和下跌并不足以支持泡沫的存在。从这个意义上说，与其关注人们在泡沫时期的疯狂行为，不如研究金融市场的调整以适应连续的金融创新。

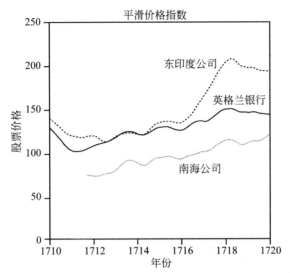

图 1.2　1710—1720年伦敦证券交易市场上主要股票的表现

1.1.2.2　20世纪的资产泡沫事件

1. 20世纪30年代金融危机

"柯立芝繁荣"以及之后的大萧条可能是20世纪初期最引人注目的泡沫事件。第一次世界大战后的十年被称为"咆哮的二十年代"，那是美国和西欧经济快速增长和普遍繁荣的时期。汽车、收音机等新兴技术推动的大规模发展使美国成为世界上最富有的国家。工业革命扩散阶段，大量资本流入新技术投资，带动股市繁荣。如图1.3所示，美国道琼斯工业股票价格指数（DJI）与工业生产指数（IPI）的差距从1925年开始不断扩大。道琼斯指数仅在三年内就上涨了200%以上。与此同时，制造业出现疲软迹象。

这十年间，美国房地产市场也蓬勃发展，由此产生的银行信贷扩张为即将到来的危机埋下了祸根。企业越来越依赖债券和股票市场融资，将银行体系与房地产和股票市场紧密结合在一起。此外，各国之间金融业务频繁，全球银行网络初步形成。正如许多小说中描绘的那样，"咆哮的二十年代"的人们沉浸在奢侈品和爵士乐中，却没有意识到崩溃。或者更确切地说，人们倾向于认为价格飙升是繁荣的结果,而不是泡沫的症状。1929年10月29日,一个普通的星期二,华尔街的股价暴跌,下跌了约40%。一切来得太突然,出乎所有人的意料。很快,全国陷入恐慌。人们聚集在银行提取存款,耗尽了所有流动性。抵押贷款暴跌,大型金融中介机构破产。危机进一步加深,企业家意识到融资链断裂,关闭了工厂,失业率急剧上升,实体经济陷入衰退。始于美国的经济危机通过金融网络蔓延至欧洲,使战后刚刚复苏的欧洲经济再次受到沉重打击。

图 1.3　20世纪20—30年代美国道-琼斯工业股票价格指数(DJI)与工业生产指数(IPI)

大萧条的影响是前所未有的,直到这次事件之后,资产泡沫与金融危机之间的联系才得到充分认识。在早期的泡沫中,确实存在潜在的传染性。正如Kindleberger and Aliber(2011)强调的那样,外国投资者在密西西比和南海泡沫时期很容易购买股票。再比如,18世纪末美国的土地投机泡沫中,欧洲投资者也纷纷涌入。但没有证据表明这些泡沫的破灭导致经济体遭受巨大损失(Garber,2001)。早期泡沫的膨胀和破裂是局部波动,而不是全球效应的导火索。那么,重要的问题是,是什么让"咆哮的二十年代"与早期泡沫不同？经济理论需要回答为什么泡沫破灭会引发一系列传导机制，最终摧毁实体经济。

2. 日本"失去的十年"

"失去的十年"是1992年年初资产泡沫破灭后日本经济陷入停滞的时期。鉴于新世纪日本经济持续疲软，出现了"失去的20年""失去的30年"等新术语。与大萧条前的繁荣类似，二战后日本在技术创新的推动下实现了快速增长。出口导向型战略、不断调整的产业政策、金融管制以及高储蓄率促成了日本经济的成功。继日本之后，韩国、新加坡、中国台湾等地经济也取得了快速发展。这一成功的计划被概括为"东亚模式"。

可惜好景不长，20世纪80年代，日本取消了金融限制并向国际贸易开放金融市场。1985年，日本与美国、英国、法国签署了《广场协议》，该协议旨在减少成员国之间的贸易不平衡。《广场协议》签订后，对日元的需求增加，导致日元大幅升值。金融自由化和支持美元的愿望导致了信贷扩张（Allen and Gale, 1999），20世纪后期，日本的利率保持在较低水平，为资产泡沫的发展提供了土壤。20世纪80年代末，资产价格迅速上涨：1989年日经225指数是1985年的三倍多；另一方面，土地价格也以令人难以置信的速度上涨，到1991年，主要城市的商业用地价格比1985年上涨了300%以上，住宅和工业用地价格分别上涨了180%和162%。1990年初，日本实行紧缩的货币政策，导致利率大幅上升，这引发了泡沫破裂，股票和房地产价格也以同样的模式大幅下跌，实体经济受到严重影响，GDP增速大幅下滑。20世纪90年代末，日本央行多次降息，但日本经济却长期未能摆脱衰退。

从大萧条和日本资产泡沫事件中我们发现，泡沫与宏观经济政策密切相关。货币政策、信贷规则和金融环境可能会导致泡沫的产生和破裂；另一方面，泡沫会影响经济增长和劳动力市场。在本章的后半部分，我们会简要讨论资产泡沫的存在和波动对经济的影响，以及泡沫的扩张如何蕴含着系统性风险的种子。

3. 美国的互联网泡沫

毫无疑问，互联网泡沫是20世纪末最大的泡沫，也可能是近代历史上最典型的科技驱动泡沫。万维网（World Wide Web, WWW）由蒂姆·伯纳斯·李（Tim Berners-Lee）于1989年发明，并于1993年向使用者免费提供。根据Shiller（2000），许多泡沫很大程度上归因于所谓的"新时代"的假设与投机。开源网络标志着向信息时代的转变，大量新的IT公司纷纷成立。与此同时，低利率提高了资本的可用性，这些因素引发了新一轮的投机。1995年至2000年，纳斯达克股票指数上涨约400%，市盈率达到200。在繁荣的顶峰时期，大量初创公司通过IPO（首次公开募股）筹集了充足的资金。大多数企业家将他们的想法卖给投资者，但没有创建新市场的实际计划。大多数互联网公司在连续几个季度亏损后未能盈利，导致了泡沫破灭。随着利率的上升，很大一部分初创公司声称破产，互联网泡沫也迅速破灭。值得注意的是，当时有一项名为"禁售"的限制政策，禁止内部人士出售其股票。高价格、投机狂热和卖空限制构成了又一个巨大的泡沫。

之前我们似乎总是以负面的语气谈论泡沫事件，但从互联网泡沫中，我们可以了解到泡沫可以发挥积极作用。那些幸存下来的互联网公司如今已经成为巨头，例如谷歌、亚马逊和Paypal。互联网泡沫的教训至今仍然具有现实意义：当一些新概念被炒作时，潜在的泡沫就会发酵；最后，泡沫究竟是伟大的创新还是骗局，取决于这种新技术是否真的带来了生产力的提升。

1.1.2.3　房产泡沫与国际金融危机

美国房地产市场在21世纪的第一个十年也经历了繁荣和萧条的周期。房地产泡沫破灭引发了2007年至2010年的次贷危机，并进一步引发了全球金融危机，这被视为大萧条以来最严重的金融危机。根据Case-Shiller房价指数，1997年至2006年，美国房价上涨了124%。2000年至2006年间，房价平均上涨约100%，2004年后加速上涨。在房价上涨的同时，消费者储蓄减少，借贷增加。在此期间，美国货币政策过于宽松，名义利率达到1%的低位，导致信贷扩张。较低的融资成本刺激了房地产投资需求，进一步推高了资产价格。

房地产泡沫的发展过程大多都很相似：历史性的低利率、缺乏弹性的土地供应、监管机构的失败和投机狂潮，而美国在21世纪初的房产泡沫却有一些新特征。一些人认为金融工具的创新是罪魁祸首：抵押贷款支持证券（MBS）、债务抵押债券（CDO）等结构性金融产品的诞生，推动了美国抵押贷款市场证券化的快速发展。一方面，这些复杂的衍生品杠杆率很高；另一方面，它们掩盖了一些次级贷款的高风险。结果，大量次级贷款被抛售，道德风险达到前所未有的水平。

一般来说，除非事后看来，泡沫很难识别。然而，崩盘前一些经济学家曾警告称，可能存在泡沫。罗伯特·希勒（Shiller, 2000）在他的著作《非理性繁荣》（*Irrational Exuberance*）中指出，美国房地产市场被高估了。迪恩·贝克（Dean Baker）曾在2002年多次就房产泡沫的性质发出警告，但不知何故被忽视了。2006年市场调整后，美联储前主席艾伦·格林斯潘（Alan Greenspan）表示：“我们的房地产出现了泡沫。”[①] 这似乎是一个事后的想法，因为房地产市场在2007年下半年急剧崩溃。

基于对美国房地产市场泡沫的分析，研究者得出了一系列值得讨论的结论。首先是关于投机在泡沫中的作用，Shiller（2014）认为我们难以确定什么因素决定了投机资产价格。在美国房地产市场的繁荣和萧条周期中，基本面没有发生重大变化。"人因驱动"的市场（"human-factors-engineered" market）已经形成，应该更好地理解行为因素以使其良好运转。其他学者则倾向于从政策角度审视这场危机，并论证了"错误的信贷扩张"导致了金融危机（Brunnermeier and Oehmke, 2013）。危机不是随机发生的，可以通过信贷的增长和投机性资产价格飙升来预测金融危机（Sufi and Taylor, 2021; Schularick and Taylor, 2012）。最后，金融危机强大的传染力也成为研究者关注

---

① 见 "Greenspan alert on US house prices", *Financial Times*, September 17, 2007.

的焦点。Acemoglu et al.（2015）提供了一个研究金融网络与传染风险之间关系的框架，Burks et al.（2021）测试了互联网泡沫和美国房地产泡沫的溢出效应，发现后者明显更高。防止局部泡沫破灭引发全球金融海啸，是一个新的重要政策课题。

1.1.2.4 数字货币：一种新的泡沫？

技术或金融创新可能成为泡沫产生的基础的观点之前已经多次提及。近年来，以人工智能、区块链为代表的技术进步被认为是新一轮科技革命的标志。基于新技术，进一步衍生出许多金融创新。一些人认为，这些新兴金融产品市场可能或已经出现泡沫。

一个典型的案例就是基于区块链技术的代币经济（token economy）。区块链本质上是一种分布式记录方法，通过冗余记录有效防止数据篡改。然而，天下没有免费的午餐——要求多个节点进行记录需要激励，因此，代币应运而生。比特币是最早的基于区块链技术的加密货币，如今它已经成为流通最广泛的加密货币。在比特币系统中，区块随着记录者（也称为"矿工"）开采硬币而更新，第一个设法解决难题的人将获得比特币作为奖励。这样的激励机制被称为"工作量证明"（PoW），在这个庞大的生态系统中还有"权益证明"（PoS）等其他机制。随着比特币的普及，集中式和去中心化交易所开始出现在代币交易市场上。因此，除了挖矿和链内转账之外，获取比特币的新途径就是在交易所进行交易，比特币的角色从一种简单的交换媒介转变为一种新型的数字资产。

在比特币出现的早期，有人用10 000个比特币购买了两盒披萨，但他万万没想到，2017年年底，一单位比特币的价格已经接近2万美元！更令人震惊的是，比特币的价格在接下来的几年里经历了更大幅度的上涨。比特币曾于2021年11月10日触及69 044.77美元的高位，随后经历了大幅下跌。截至2023年年底，比特币的价格仅为历史最高价的1/3左右，如图1.4所示。

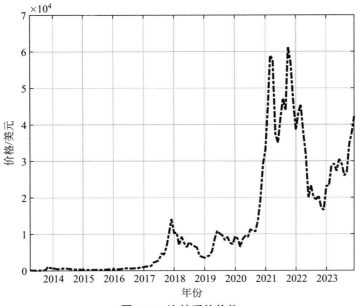

图 1.4　比特币的价格

随着比特币市场的繁荣，出现了大量的山寨币。大多数货币使用或模仿比特币或以太坊的底层技术，并声称具有新的技术目标，例如更高效的数据传输，并通过ICO（initial coin offering，首次代币发行）发行新的代币。经过简单审核后，代币就可以在币安（Binance）等交易所进行交易，而在一些去中心化交易所，甚至不需要审核。许多规模小、不知名的山寨币上市后不久就崩盘，市值迅速跌至0美元，宣告了项目的失败。还有一些山寨币正走向繁荣，例如DOGE、SHIB和SOL。很难说为什么它们能从众多山寨币中脱颖而出，也许是因为它们朗朗上口的名字，或者可能是埃隆·马斯克的推文的贡献。

一个重要但令人困惑的问题是以比特币为代表的加密货币的市场基本面是什么。如果我们不能明确回答这个问题，那么比特币的强投机性是可信的。数据也支持了这一点，因为据观察，比特币的价格波动性比任何其他金融资产都要大。进一步，我们甚至可以将整个加密货币市场视为一个巨大的投机泡沫，这与20世纪末的互联网泡沫没有太大区别。更可怕的是，不仅绝大多数币都失败了，而且对于一些蓬勃发展的主要加密货币，我们几乎完全不了解其基本面价值几何。

1.1.2.5　中国的房地产泡沫

中国的房地产泡沫是一个非常火热的问题。不同学者对于中国的房地产市场是否存在泡沫有着不一样的看法。Rogoff and Yang（2021）通过最新数据并且与其他经济体比较，认为即使在新冠肺炎（COVID-19）疫情冲击之前，中国长达数十年的住房繁荣已经导致了严重的价格失调和区域供需不匹配，调整变得必要且不可避免；Han et al.（2018）则通过结构模型估算了北京的合理房价，发现均衡的房价和租金都远低于实际数据；而Chen and Wen（2017）认为中国的高房价是一种"理性泡沫"，即虽然中国经济快速增长，但是考虑到未来资源配置变充分后经济增速放缓，房地产可以作为价值储藏的手段，因此经济高增长与房地产理性泡沫共存。也有学者提出了相反的观点，Glaeser et al.（2017）通过分析中国房地产的需求和供应因素，探讨了泡沫的可能性。需求方面，他们考虑了经济、人口、文化和投机因素；供应方面，他们比较了房价与建筑成本以及土地的长期价值。研究结果表明，尽管中国房价与收入比率高，但与收入增长相匹配，且在政府有效控制新建筑供应的情况下，当前价格可能是可持续的。Fang et al.（2016）构建了一个科学的房地产指数，他们指出，尽管房价大幅上涨，但中国住房市场的繁荣与美国和日本的房地产泡沫在性质上有所不同。中国住房市场的一个显著特点是银行对所有抵押贷款都要求超过30%的首付，这降低了银行面对借款人违约风险的敞口，使得类似美国的次贷危机在中国不太可能发生。Garriga et al.（2023）构建了一个动态空间均衡模型研究了城市化、结构转型与中国2000年后住房市场繁荣之间的相互关系。他们从另一个角度解释了Chen and Wen（2017）观察到的中国房价特征，认为这并不一定是泡沫，相反是由城市化和结构转型驱动的。

1.1.3 资产泡沫对经济的影响

本部分进一步讨论长期和短期视角下资产泡沫对经济的影响。一方面，资产泡沫会影响结构转型、经济增长和社会福利；另一方面，资产泡沫会将风险传导至实体经济，其破灭也会在个体、部门、国家之间传染，引发系统性风险，产生更为广泛的影响。①

1.1.3.1 资产泡沫、"脱实向虚"与经济增长

增长是经济研究的永恒话题，也是国家发展的核心议题。因此，讨论资产泡沫的存在对经济增长的作用具有重要意义。Grossman and Yanagawa（1993）是较早研究资产泡沫与经济增长相关性的文献。他们在Tiróle（1985）的框架下引入内生增长，发现泡沫的存在虽然可以挤出过度储蓄，提升资本收益率，但同时也抑制了资本积累，降低了长期增长。在无限期模型框架下，陈彦斌和刘哲希（2017）讨论了资产泡沫对经济增长的潜在挤出效应。通过在DSGE模型中引入市场预期的内生变化，陈彦斌和刘哲希（2017）发现市场乐观预期会推动资产价格上涨，挤出对实体经济的投资，降低经济产出水平。由于资产泡沫没有促进经济产出水平，市场乐观预期不断减弱，资产泡沫破灭概率显著上升，且泡沫破灭对经济产出有严重负面影响，因此市场预期推动的资产泡沫不利于经济增长。

但是，正如Martin and Ventura（2012）所强调的，当经济中存在异质性和金融摩擦时，资产泡沫的存在能够放松约束挤入投资，可能提高增长率。Kunieda and Shibata（2016）在无限期模型中引入了借贷约束以及投资效率异质性，发现资产泡沫对经济增长的影响存在三种效应：挤出效应、净财富效应和再分配效应。泡沫资产拥有正的市场价格，导致企业的净财富增加，借贷约束放松；同时由于泡沫存在时的均衡利率比无泡沫均衡下更高，生产率

---

① 这里简要介绍资产泡沫对经济的影响机制。有关资产泡沫产生机制和宏观影响更为详尽的综述，参见Miao（2014）；Martin and Ventura（2018）；Hirano and Toda（2024）；陆毅等（2024）。

较低的企业退出生产，提高全社会平均生产率，有利于经济增长。综合分析三种效应，Kunieda and Shibata（2016）发现有泡沫均衡的经济增长率严格大于无泡沫均衡，且再分配效应对经济增长的促进作用最为重要。与之类似，Hirano and Yanagawa（2016）基于包含异质性投资效率和融资约束的无限期模型，发现泡沫对增长同时存在挤入效应和挤出效应，当金融发展程度较低时，泡沫可以促进增长，而金融发展程度较高时，挤出效应占主导，泡沫会抑制增长。虽然泡沫的存在有可能促进增长，但这是以泡沫破灭风险为代价的。一旦泡沫破裂，经济可能迅速下行，甚至可能带来长期停滞（secular stagnation）。Biswas et al.（2020）在存在零利率下限和工资刚性的模型中讨论了资产泡沫与经济增长的关系。当泡沫破灭时，经济存在下行压力，但由于名义刚性的存在，工资和利率不能及时下降以匹配经济的下行，从而导致长期的失业和产出水平下降，出现长期停滞。

尽管考虑了泡沫破灭的影响，但 Hirano and Yanagawa（2016）和 Biswas et al.（2020）均假定泡沫破灭后不会再发生。然而，历史上由泡沫驱动的金融危机并非极其罕见，在许多情况下，它们会以几十年的间隔不断重复发生（Jordà et al., 2015b）。Guerron-Quintana et al.（2023）在无限期内生增长框架下假定泡沫的产生和破灭服从马尔科夫随机过程，从而探究复发性泡沫（recurrent bubble）对经济的影响。复发性泡沫仍然有两种效应：挤入效应和挤出效应。由于泡沫在破灭后仍可能再次出现，即使当期没有泡沫，个体仍然预计泡沫会在未来出现。同样，当泡沫存在时，个体理性地预期泡沫未来会破裂并再次出现。当未来泡沫出现时，家户将更加富裕，则在这种预期下，家户增加当期消费和闲暇，从而当期投资和经济增长下降。复发性泡沫对经济的影响取决于金融发展水平和泡沫复发的频率。如果泡沫频繁出现，挤出效应会更为显著，因为家户更看重未来泡沫带来的收益，即使在金融市场不发达的经济体，高频泡沫也可能不利于经济增长。

除了金融发展程度之外，不同类型的泡沫对经济的影响也不同。Olivier

（2000）在连续时间的OLG框架下，将资产分为生产性资产和非生产性资产。非生产性资产泡沫对生产、研发、投资没有正向作用，而生产性资产可以发挥类似于研发补贴的作用，提高企业的市场价值，促进专利研发，有利于经济增长。苏治等（2017）、苏冬蔚和毛建辉（2019）进一步在Olivier（2000）的基础上分析发现生产性和非生产性资产泡沫占总资产泡沫的比例会影响经济增长，如果后者占比过高，投机活动挤占经济中的研发资金，损害实体经济增长。除了区分不同类型资产衍生的泡沫，Miao and Wang（2014）探究了不同部门产生的泡沫的影响，发现当在对生产率具有正外部性的部门中存在资产泡沫时，可以吸引更多资本分配到该部门，促进经济增长。此外，在考虑投入产出关系时，资产泡沫本身与产出水平存在倒U型关系：当房价较低时，两部门间中间品需求和最终品需求相互拉动，有利于产出增加；当房价较高时，生产成本上升反而降低中间品需求，并通过中间品对最终品需求的乘数效应抑制经济增长（侯成琪和肖雅慧，2022）。

以上文献表明，资产泡沫的存在对经济增速的影响取决于企业将多少资源投入非生产性的泡沫资产，在现实数据中体现为企业的"脱实向虚"以及金融化程度。2023年中央金融工作会议强调金融"要为经济社会发展提供高质量服务"，加强对实体经济中薄弱环节的支持。"脱实向虚"表现为实体经济面临下行压力，而资产部门不断膨胀：宏观层面上，资金不断流入金融业等可能存在泡沫的部门，导致资产价格过热和实体经济有效投资不足；微观层面上，企业金融化加剧，非金融企业的投资标的与获利渠道越来越向金融资产倾斜（张成思和张步昙，2016；彭俞超和黄志刚，2018；张成思和郑宁，2020）。根据Wind数据库统计，我国2017年有1243家上市公司参与金融投资活动，2016年非金融上市公司平均超过20%的利润来自金融渠道（张成思和张步昙，2016）。从2010年到2021年，我国企业金融化程度不断加深（王春峰等，2022）；同时，近10年来，金融业增加值占我国GDP的比重呈现上升趋势（如图1.5），这说明我国宏观经济金融化程度也在不断加深。在金融扩张的发展转型过程中，我国必须警惕"脱实向虚"风险，合理控制资产泡沫规模，防止过度金融化抑制经济增长。同时，由于我国的"脱实向虚"和金融化趋势是与宏观杠杆率的攀升紧密相关的，故遏制"脱实向虚"可以通过资产端的再配置提高债务乘数效应，实现稳增长和去杠杆的统一（陈伟泽等，2023）。

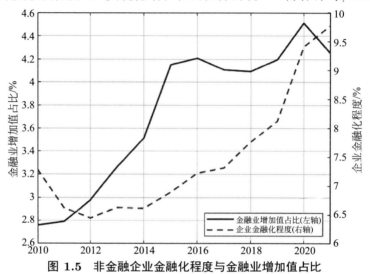

图 1.5 非金融企业金融化程度与金融业增加值占比

1.1.3.2 资产泡沫、经济波动与风险传染

资产泡沫本质上衡量的是金融市场上某种资产的定价偏离基本面的现象，那么一个自然的问题是：为什么资产价格的波动会影响实体经济周期？本部分主要讨论资产泡沫波动与实体经济之间的关系。具体而言，我们首先讨论金融市场上资产泡沫价格的波动如何传导到实体经济；进一步地，本文将讨论资产泡沫破灭的风险如何在个体、部门和国家之间传染和放大，并最终传导到实体经济。

1. 资产泡沫与经济波动

宏观经济学的一个重要议题是金融市场如何影响实体经济的波动。针对此问题，有大量文献做出了研究和尝试。以 Kiyotaki and Moore（1997）和 Bernanke et al.（1999）为代表的金融加速器（financial accelerator）文献较早将金融市场与实体经济联系了起来。当经济中存在以借贷约束为代表的金融摩擦时,资产价格波动会影响企业抵押品的价值,进而影响企业的借贷规模,从而影响实体经济的运行,这又会进一步影响资产价格,形成加速器机制。正如前文所述,资产泡沫与融资约束等金融摩擦息息相关,因此泡沫价格波动也会通过抵押品价值渠道传导到实体经济。Kocherlakota(2009)发现当企业将泡沫资产作为重要的抵押品时,泡沫破裂带来的抵押品价格下降会导致实体经济受到较大下行压力,同时资源配置可能出现恶化。Martin and Ventura(2012)在泡沫框架中引入了投资者情绪冲击,并发现情绪冲击引发的泡沫产生与破灭以及泡沫大小的变动都会通过融资约束作用于实体经济,带来实体经济的周期波动。Miao et al.(2015a)估计了一个包含股价泡沫的DSGE模型,发现情绪冲击带来的股价波动可以解释约30%的产出和消费波动,以及约20%的投资波动。泡沫破灭对不同群体的影响是不一样的,An et al.(2022)分析了2014—2015年我国股市泡沫期间的数据。他们发现,在这一时期,中国家庭持有的股权财富不平等显著增加:股市中持有股票资产最多的0.5%的家庭获得收益,而底部85%的家庭损失了2 500亿元人民币,这相当于这两组人群初始股权财富的30%。这一结果说明了泡沫破灭可能会加剧财富不平等状况。

银行是金融系统中的重要组成部分,承担着吸收存款、发放信贷等职能,是连接金融市场和实体经济的重要桥梁。当银行持有资产泡沫(即"银行泡沫")时,资产泡沫的波动会影响银行的资产负债表,并传导到实体经济,产生更强的加速器效应。由于代理问题以及监管限制,银行资本的收缩会提高银行信贷成本,使经济增长放缓,并进一步压低资产价格和银行资本,形成循环反馈机制,甚至带来银行挤兑(Gertler and Kiyotaki, 2010)。资产泡沫对经济的严重威胁在于泡沫破灭后可能会引发金融危机,而金融中介在危机的产生和扩散中扮演着至关重要的角色。Allen and Gale(2000)探讨了存在金融中介的情况下,资产泡沫的产生和发展过程。信贷扩张一方面促使投资者投资更多的风险资产,另一方面预期未来信贷扩张也会促进风险资产价格的提升,使得泡沫规模增大,也使得贷款违约概率,也即危机爆发的概率上升。Aoki and Nikolov(2015)构建了一个包含银行部门的DSGE模型,发现当资金紧张的中介机构持有泡沫时,会在繁荣时期扩大信贷供应,减少贷款利差。而在金融危机中,银行蒙受了巨大损失,并对其他经济领域造成了信贷紧缩。从而,银行泡沫放大了经济波动,使得信贷呈现显著的顺周期性。储户持有泡沫不会影响信贷供应,相应的对经济的影响较为有限。Miao and Wang(2015)考虑了银行部门的内生融资约束对泡沫的影响,发现信念的变化也可能导致泡沫破裂以及金融危机。在银行泡沫破裂后,存款收缩,贷款下降,信贷息差上升,导致实际投资和产出双双下降。董丰等(2023b)构建了包含银行体系和资产泡沫的新凯恩斯DSGE模型,发现银行泡沫对经济存在"加速—缓冲—挤出"作用机制。加速机制是指银行泡沫会通过资产负债表的传导,致使金融系统放大经济波动;缓冲机制是指银行泡沫会提高银行系统提供资金的能力,降低经济波动对实体经济的冲击;挤出机制则是指银行泡沫会挤出银行对于生产资本的配置,导致宏观经济"脱实向虚"。

当存在金融摩擦时,资产泡沫的波动会通过"金融加速器"效应传导到实体经济,而当银行等金融中介部门持有泡沫时,泡沫的波动会通过信贷渠道产生更大影响。因此,针对金融机构的风险监管尤为重要。杨子晖等(2020)基于混合频率法研究了我国金融市场与实体经济之间的风险传染关系,发现金融市场为风险冲击的净输出方,金融风险导致利率、货币和消费者信心等出现明显变动,对宏观经济部门产生显著冲击。在我国,地方银行和影子银行等金融机构在信贷市场上是不可忽视的部分(Chen et al., 2018),这些机构往往通过提供较高收益率以吸收存款,并将资金投资于风险较高的项目。由于高收益率要求和监管部分缺位,这些机构可能更容易选择持有高风险高收益的资产泡沫,因而泡沫的破裂可能对这些机构造成较大的影响,并进而影响实体经济的运行,甚至可能带来系统性风险。

2. 资产泡沫与风险传染

随着金融发展程度的提高和全球金融一体化的不断发展，各个行业和企业均相互关联，一种资产的价格波动有时会引发经济中其他资产的价值联动，带来金融风险的传染和系统性风险。①Acemoglu et al.（2015）和 Kopytov（2023）等研究讨论了金融网络（机构间风险共同承担）对于冲击传染和放大的影响。除了金融网络，部门间以投入产出关系为代表的生产网络也可能放大和传导针对单个部门的冲击（Long Jr and Plosser, 1983; Horvath, 2000; Acemoglu et al., 2012; Baqaee and Farhi, 2018; 倪红福, 2022）。从泡沫的视角来看，一个部门的股票泡沫破裂可以引发其他部门的股票泡沫破裂（Dong et al., 2021a），从而造成更大的影响。由于经济中存在多个部门，企业能够借贷的程度不仅取决于其自身的股票价值，也取决于其他部门企业的股票价值，这为泡沫传染留下了空间。当部门间金融联系牢固时，泡沫传染更有可能发生。此外，与其他部门联系紧密的关键部门，其泡沫破裂的传染性最强，对经济的影响最大。董丰等（2024）在内生增长的框架下引入了部门间金融网络，发现部门间的泡沫破灭风险可能相互传染，而"去杠杆"和限制部门间联系的政策可以减轻泡沫破灭传染的风险。

随着我国的产业链发展和金融化程度加深，不同部门间的生产联系和金融联系也在不断加深，因此针对某个部门的冲击有可能通过生产网络和金融网络影响到整个经济，形成系统性风险。大量研究讨论了我国金融市场以及银行体系中潜在的系统性风险传染（马君潞等, 2007; 范小云等, 2013; 苟文均等, 2016; 方意, 2016; 杨子晖和李东承, 2018b; 杨子晖等, 2019, 2020, 2023b; 陈少凌等, 2021），发现部门间的紧密联系带来了风险传染的可能性，而房地产、地方债以及金融部门已经成为我国系统性风险的重要来源，需要完善监管体系，对系统重要性金融机构进行更加严格的监管，防止系统性风险的产生和扩散。

---

① 有关系统性风险相关研究的系统综述，参见杨子晖等（2022a）。

同时，在全球化加深以及各国金融联系更加紧密的当下，一国的金融波动可能会通过国际金融市场传导到其他国家，从而带来金融风险的扩散。Miranda-Agrippino and Rey（2020, 2022）研究了国际金融周期（global financial cycle），发现全球资产价格存在一个统一的动态因子，可以解释超过25%的资产价格波动。因此，一国的泡沫波动也可能会影响到其他国家的资产价格，进而影响资产泡沫的产生与破灭。陈雨露（2020）指出，随着全球金融一体化的发展，中央政府需要谨慎考虑资本流动对国内金融市场的冲击。Basco（2014）将资产泡沫纳入包含一个发达国家和若干发展中国家的多国模型，发现金融一体化加深意味着更多发展中国家参与国际信贷市场，这增加了对发达国家金融资产的需求，从而理性泡沫更容易在发达国家产生。Martin and Ventura（2015）构建了一个包含借贷约束的多国开放模型，发现投资者情绪冲击导致某国出现信贷泡沫，同时资本流入。与文献一致，信贷泡沫对投资存在正负两种效应，而在金融一体化下，泡沫的正向效应留在国内，而负面效应通过利率转嫁到其他国家，降低其他国家的信贷和投资。一国出现信贷泡沫会导致资本流入和信贷扩张，反之，泡沫破灭会导致"突然停止"（sudden stop）和信贷紧缩。Miao et al.（2021）构建了一个小型开放经济体中存在国内和国际金融市场摩擦的DSGE模型，重点考察了外生的国外利率对资产泡沫的影响。当国外利率低于国内利率时，资本流入，且外国对国内债券需求的增加导致国内利率降低，增加了对泡沫的需求。当国外利率上升时，资本开始流出，导致经常账户盈余或经常账户赤字的收缩，进口下降降低了国内产出，从而降低了投资和消费。与此同时，在国际金融市场上的投资挤出了用于购买国内泡沫资产的资源。因此，资本流出削弱了对泡沫资产的需求，抑制了资产泡沫。当外国利率足够高时，资产泡沫就会破裂。

此外，一些研究文献聚焦于资产泡沫与贸易余额间的关系。Ventura（2012）构建了一个国际资本市场缺失的多国模型，发现泡沫出现在生产率较低的国家，挤出国内投资。这种需求的转变降低了全球范围内投资品相对于消费品的价格，增加了高生产率国家的投资。资源从低生产率国家向高生产率国家的转移是通过价格进行的，没有任何实际的资本流动，泡沫充当了国际资本流动的替代品。Ikeda and Phan（2019）基于包含发达国家和发展中国家的两国模型解释全球失衡（global imbalance）。泡沫资产可以放松借贷约束，而金融一体化与资产泡沫相互促进：一方面，开放信贷市场后，发达国家更低的贷款利率更容易滋生泡沫，发展中国家为了寻求价值储藏会购买发达国家的泡沫，导致泡沫规模扩大；另一方面，新创造的资产泡沫提高了发达国家的投资收益率，吸引更多资本流入，贸易失衡加剧。

自2001年加入WTO（世界贸易组织）后，我国在国际商品和金融市场上的参与度不断加深，这一方面为我国发展提供了巨大的市场和空间，但另一方面也增加了我国经济金融体系受到外部冲击影响的风险。一系列研究表明，尽管现阶段中国资本市场呈稳定发展态势并具有较强韧性，但外部风险溢出已经成为我国系统性风险的重要来源(杨子晖和周颖刚，2018a；陈创练等，2021；何德旭等，2021；杨子晖和王姝黛，2021；杨子晖等，2022b，2023a)。在新冠肺炎疫情期间，世界各国为了应对疫情释放了大量流动性，变相提高了资产泡沫存在的风险。随着疫情结束和全球迈入加息周期，资产价格将全面承压，泡沫破裂风险卷土重来，外部资产价格波动对我国金融市场的冲击也可能成为不可忽视的风险来源。同时，研究表明美国和欧洲的货币政策是驱动全球金融周期的重要因素，随着国际关系的变动和美联储货币政策的变动，资产价格波动风险的溢出也可能对我国金融体系稳定性形成冲击。

⊙ 1.2 双支柱调控：货币政策与宏观审慎政策

在讨论资产泡沫与双支柱调控框架的关系之前，本书首先对于我国货币政策和宏观审慎政策双支柱调控框架的建设和发展历程做一个简要的回顾，为后文更加深入的讨论奠定基础。双支柱调控框架也是现代中央银行制度的重要组成部分。

1.2.1 货币政策

1984年之后，随着中国人民银行开始独立行使央行职能，我国独立的货币政策框架才开始建立并逐渐完善。货币政策框架包括货币政策目标、货币政策工具以及货币政策传导机制。《中华人民共和国中国人民银行法》规定我国货币政策目标是保持货币币值的稳定，并以此促进经济增长。货币政策目标往往包含操作目标、中介目标和最终目标三个层级。最终目标是货币政策最终想要达到的目标效果，一般包括物价稳定、经济增长、充分就业、国际收支平衡、金融稳定等。中介目标介于操作目标和最终目标之间，一般需要具备可测性、可控性和相关性的良好性质，对于货币政策具有较好的指示意义。在数量型货币政策下，中介目标一般是货币供应量，如社会融资规模、M2等；而在价格型货币政策之下，中介目标往往是中长期利率，如存贷款利率。操作目标则是央行能够通过相关政策工具直接产生影响的指标，在数量型货币政策之下，操作目标一般是基础货币供给，而在价格型货币政策之下，操作目标一般是短期利率。

我国货币政策调控体系已经偏向价格型，中国人民银行多次表示公开市场操作的重点在价不在量。利率市场化的不断完善以及利率传导效率的增强为我国构建完善价格型货币政策调控体系奠定了基础。易纲（2021）指出利率是资金的价格，对宏观经济均衡和资源配置有重要导向意义，同时也通过影响消费需求和投资需求调节宏观经济运行。图1.6对于我国货币政策利率调控体系和传导路径进行了总结。我国目前已经形成了货币政策利率、市场基准利率和市场利率等多级利率体系。央行的利率传导主要分为三条路径：一是，逆回购利率引导银行间市场利率的走向，尤其是以DR007为代表的市场基准利率（DR007表示银行间存款类金融机构以利率债为质押的7天期回购利率），进而影响货币市场利率。二是，在LPR（贷款市场报价利率，loan prime rate）改革之后，LPR已逐渐成为贷款利率定价的主要参考基准，并且形成了"政策利率—LPR利率—信贷市场利率"的利率传导机制，从货币政策利率向实体经济利率传导的过程变得更加畅通，央行通过利率工具实现宏观经济调节的能力在逐步增强。三是，货币政策利率在某种程度上决定了金融机构的资金成本，而国债是金融机构重要配置资产，因此金融机构的资产成本会在一定程度上决定国债收益率。国债收益率在某种程度上接近于无风险收益率，因此对金融市场的资产定价和资产配置会产生非常重要的影响。

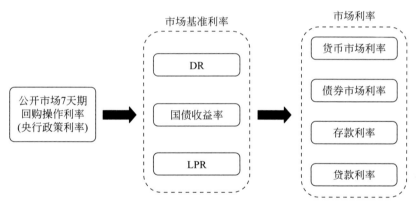

图 1.6　我国货币政策利率调控体系和传导路径

资料来源：参考易纲（2021）进行整理。

1.2.2　宏观审慎政策

2008年由美国房地产泡沫破灭引发的次贷危机席卷全球，金融危机在各个国家和机构之间迅速蔓延，同时实体经济遭受重创，经济增长陷入低谷。国际金融危机之后，人们开始反思与总结金融监管体系存在的缺陷，对危机形成原因的剖析也让人们对金融监管有了更加深刻的认识，在此背景下，宏观审慎管理政策逐渐成为主要经济体应对宏观金融稳定的有力政策工具。"宏观审慎"一词早在20世纪70年代末的库克委员会上就被使用，2000年年初时任国际清算银行（Bank for International Settlements, BIS）总经理的克罗基特（Crockett）首次定义了"宏观审慎"概念，微观审慎和宏观审慎作为金融稳定的两个层面，前者侧重个体金融机构的稳定，而后者侧重整体金融系统的稳定。"宏观审慎"并不是一个全新的概念，但是在危机之前，人们对"宏观审慎"没有引起足够的重视，对于宏观审慎政策的认识也大多停留在基本概念的层面，更不用说将其付诸政策实践，政策部门更加关注微观层面的监管或者说微观审慎监管。

微观审慎监管关注个体金融机构的稳定而忽视了整体金融系统的风险，金融危机的爆发清楚地说明了缺乏能够对系统性风险进行有效监管的政策所造成的代价是巨大的。监管部门开始更加关注金融系统性风险和尾部风险的管理。这是因为个体金融机构的稳定并不能够代表整体金融系统的稳定，当个体最优化决策时，很难将自身行为对金融系统造成的外部性效应内生化，这就造成了所谓的"合成谬误"问题。在现实中，即便巴塞尔协议Ⅱ对银行资本充足率提出了更高的要求，出现危机的银行大多满足该资本充足率要求，甚至远高于巴塞尔协议Ⅱ的资本金要求。这也意味着以微观审慎监管为主的巴塞尔协议Ⅱ难以完成维护金融稳定的职能，针对这一缺陷，巴塞尔协议Ⅲ将宏观审慎管理融入监管体系之中，金融稳定的重要性日渐凸显，"宏观审慎"的监管思想也被大多数国家所接受并应用于政策实践之中。

宏观审慎管理主要关注系统性风险，从金融系统角度全面权衡收益和风险，协调各项审慎管理政策，旨在维护金融稳定，限制系统性危机发生的可能性以及在危机发生时降低整个金融体系对实体经济带来的高损失。与微观审慎监管不同，宏观审慎管理着眼于整个金融体系，并考察系统内的关联和风险传染，逆周期调控金融系统，防范系统性危机，一旦危机发生，则通过资本缓冲等降低危机带来的损失。宏观审慎管理旨在解决系统性风险的两个特定维度：时间维度和空间维度。

时间维度主要反映金融体系固有的顺周期性，即在经济上行（繁荣）时，金融系统倾向于增加风险敞口，而在经济下行（萧条）时过度地厌恶风险。信贷、流动性和资产价格常表现出顺周期性，与此同时，系统性风险也随之在繁荣时期不断积聚，这种内生周期不仅提高了危机发生的可能性，而且增加了危机带来的系统性成本。关于顺周期性的解释，理论界中影响力较大的是"金融加速器"效应：当经济上行时，借款方可以凭借价值上涨的抵押品获得更多的外部融资，刺激投资和产出上升，经济更加繁荣；而当经济下行时，由于信息不对称，抵押约束的存在使得借款方难以获得融资，甚至可能出现抛售，导致抵押价值进一步缩水，加剧融资困难，进一步抛售的恶性循环，投资乃至经济总产出进一步下降。针对时间维度，应对顺周期性的代表性政策工具包括逆周期资本缓冲（countercyclical capital buffers）、随时间变化的贷款价值比率上限（loan-to-value cap，LTV）、动态拨备（dynamic provisioning）等。

空间维度则反映在某一时间点，金融体系内的风险分布。风险分布是机构的规模、杠杆率、业务集中度以及机构间相互关联度的函数，由于金融机构可能对某类风险资产有共同的特殊偏好，或是由于关联交易而间接地承受该类风险资产的风险敞口，因此跨机构、跨行业之间金融机构的投资组合和关联风险需要受到特别关注。以房地产为例，如果多家机构都具有相同的偏好（如美国次贷危机前期，房地产市场繁荣时）而直接或间接持有相关资产，尤其是有系统性重要金融机构的参与下，那么一旦受到外部经济的冲击，该资产价格下跌，导致该资产的流动性以及整个金融系统的融资流动性临近枯竭，金融市场流动性不足，极易导致金融危机。在金融系统关联较为紧密的情况下，这样的拥挤交易更容易导致风险传染，大大增强金融系统性风险的波动性。此外，目前大部分金融机构都采用已有的复杂数学模型和方法来衡量和管理风险头寸，风险管理方法差异性弱，使得金融机构之间具有相同的风险暴露，而且处理风险方式也近乎同步。如今，金融体系已形成一个由资产负债表相互关联的网络。其中系统重要性金融机构处于中心环节，该机构一旦出现问题，就会产生溢出效应，通过错综复杂的金融网络，将风险扩散放大，传播蔓延到与之相关的金融机构，甚至导致系统性风险传染。对此，在宏观审慎管理上区分系统重要性金融机构和风险行业，对其实施精准有效监管是十分必要的。空间维度的代表性政策工具包括系统性资本附加要求（systemic capital surcharge）、系统性流动性附加要求（systemic liquidity surcharges）等。

习近平总书记指出，打好防范重大风险攻坚战，重点是防控金融风险。宏观审慎政策已经逐渐成为我国应对宏观金融系统性风险的重要政策工具。我国加强对于宏观审慎管理的重视，逐步建立宏观审慎管理体制。2009年11月，"宏观审慎"一词首次出现在《中国货币政策执行报告》中，中国人民银行指出要"逐步建立起宏观审慎管理的制度并纳入宏观调控政策框架"。2010年5月，国务院批转发改委《关于2010年深化经济体制改革重点工作意见》，明确提出"建立宏观审慎管理框架，强化资本和流动性要求，确立系统性金融风险防范制度"。2012年9月，由中国人民银行、中国银行业监督管理委员会、中国证券监督管理委员会、中国保险监督管理委员会以及国家外汇管理局共同制定的《金融业发展和改革"十二五"规划》（下称《规划》）正式颁布实施。该项规划是指导我国金融体制改革，引导金融产业发展的导向性、纲领性文件，新规划着重突出了宏观审慎政策理念，并将其作为主要内容贯穿《规划》的各个方面。2017年，党的十九大报告指出要"健全货币政策和宏观审慎政策双支柱调控框架"，将宏观审慎政策在政策实践层面提到了前所未有的高度。近年来，"十四五"规划提出实施金融安全战略，强调要"完善宏观审慎管理体系"，宏观审慎管理的重要性毋庸置疑。2021年12月31日，中国人民银行发布《宏观审慎政策指引（试行）》，明确了建立健全我国宏观审慎政策框架的要素，包括宏观审慎政策框架、宏观审慎政策目标、宏观审慎政策工具、传导机制和治理机制等。

　　具体管理措施方面，我国金融监管部门已经采取一系列宏观审慎政策措施来降低系统性风险，提高金融体系的稳健性。在国际金融危机爆发后，中国人民银行在总结国际经验教训的基础上，根据中央的有关部署，于2011年引入了差别准备金动态调整机制，将传统静态审慎监管转为动态宏观审慎管理，并结合微观金融机构的系统重要性、经营情况和宏观经济的景气状况，将信贷投放与资本水平相联系，并根据宏观经济形势发展变化和微观个体状况和政策执行情况，适时适度调整相关政策参数，进行逆周期调节，并适时纳入新影响因素，及时纳入巴塞尔协议III的一些新要求。随着我国经济形势更加复杂，金融创新快速发展，仅盯住狭义贷款越来越难以有效实现宏观审慎政策目标，为此，中国人民银行从2016年起将差别准备金动态调整机制"升级"为宏观审慎评估体系（MPA），从以往盯住狭义贷款转为对广义信贷实施宏观审慎管理，通过一系列评估指标，针对时间维度和跨部门维度，构建以逆周期调节为核心、依系统重要性程度差别考量的宏观审慎评估体系。MPA从资本和杠杆情况、资产负债情况、流动性、定价行为、资产质量、跨境融资风险和信贷政策执行七个方面进行考核，按每季度的数据进行事后评估，同时按月进行事中事后监测和引导，并根据评估结果，将金融机构分为A、B、C三个不同档次，采取相应的激励约束措施，达到引导金融机构广义信贷合理增长、加强系统性风险防范的目的。

　　宏观审慎政策工具可按照时间维度和结构维度两种属性划分，部分政策工具可能兼具两种属性。时间维度的工具用于逆周期调节，平滑金融体系的顺周期波动；结构维度的工具，通过提高对金融体系关键节点的监管要求，防范系统性金融风险跨机构、跨市场、跨部门和跨境传染，具体分类如表1.1所示。①

---

① 资料来源：中国人民银行于2021年12月31日发布的《宏观审慎政策指引（试行）》，具体内容可参考http://www.pbc.gov.cn/goutongjiaoliu/113456/113469/4437051/index.html。

表 1.1　我国宏观审慎政策工具的分类

政策工具	作用对象	政策功能
时间维度		
资本管理工具	调整对金融机构资本水平施加的额外监管要求、特定部门资产风险权重等	抑制由资产过度扩张或收缩、资产结构过于集中等导致的顺周期金融风险累积
流动性管理工具	调整对金融机构和金融产品的流动性水平、资产可变现性和负债来源等施加的额外监管要求	约束过度依赖批发性融资以及货币、期限严重错配等,增强金融体系应对流动性冲击的韧性和稳健性
资产负债管理工具	对金融机构的资产负债构成和增速进行调节,对市场主体的债务水平和结构施加影响	防范金融体系资产过度扩张或收缩、风险敞口集中暴露,以及市场主体债务偏离合理水平等引发的系统性金融风险
金融市场交易行为工具	调整对金融机构和金融产品交易活动中的保证金比率、融资杠杆水平等施加的额外监管要求	防范金融市场价格大幅波动等可能引发的系统性金融风险
跨境资本流动管理工具	对影响跨境资本流动顺周期波动的因素施加约束	防范跨境资本"大进大出"可能引发的系统性金融风险
结构维度		
特定机构附加监管规定	对系统重要性金融机构提出附加资本和杠杆率、流动性等要求,对金融控股公司提出并表、资本、集中度、关联交易等要求	增强相关机构的稳健性,减轻其发生风险后引发的传染效应
金融基础设施管理工具	强化有关运营及监管要求	增强金融基础设施稳健性
跨市场金融产品管理工具	加强对跨市场金融产品的监督和管理	防范系统性金融风险跨机构、跨市场、跨部门和跨境传染
阻断风险传染的管理工具	强化金融机构及金融基础设施风险处置安排,当发生重大风险时根据预案恢复持续经营能力或实现有序处置,保障关键业务和服务不中断	避免引发系统性金融风险或降低风险发生后的影响

1.2.3　货币政策与宏观审慎政策协调

宏观审慎政策能够在资产泡沫的环境下,实现维护金融稳定的目的,但是其也存在一定的局限性。首先,过于严格的宏观审慎政策可能会降低金融机构运行的效率，对于资产价格形成过度打压，提高借贷成本，从而对经济增长形成较大的阻力，在进行决策时，需要充分考虑"稳增长"和"防风险"之间的权衡；其次，Stein（2013）指出只有利率政策能够直接影响所有机构（get in all the cracks），因此货币政策在覆盖面上可能优于宏观审慎政策，在利率传导机制完善的市场中，货币政策能够影响到几乎所有资产的定价，而宏观审慎政策可能很难直接干预到监管体系以外的经济主体，因而可能造成监管漏洞；再次，逆周期的宏观审慎政策在经济下行周期会放松监管，对危机主体进行救助，当然"事后清理"的货币政策也有同样的问题，这会造成潜在的道德风险问题，导致事前风险偏好程度的上升，反而不利于实现金融稳定的目标。货币政策和宏观审慎政策在理论上都能够通过收紧信贷条件来抑制资产泡沫。但是，仅仅依靠单一的政策并不能有效完成这一目标，因为每种政策都有其优势和局限，因此双支柱政策协调可能是更优的选择。

货币政策和宏观审慎政策的侧重点或政策目标在理论上存在差异，货币政策通过利率或货币等操作工具进行总量调控，调节宏观总需求，侧重物价稳定和就业增长；而宏观审慎政策则使用逆周期调节手段，旨在降低经济的顺周期波动和过度的杠杆水平，侧重维护金融系统的稳定。但是两者之间又关系紧密、相辅相成，有许多共通之处。首先，货币政策工具和宏观审慎工具都可以用来进行逆周期调节，当经济过热时，采用紧缩的货币政策或加强审慎监管；而当经济遇冷时，则可以使用宽松的货币政策或放松审慎监管。其次，金融稳定对于物价稳定和经济增长至关重要，数次危机的经历说明了金融系统大幅波动造成的危机最终会加大价格和产出的波动，因此宏观审慎政策间接地通过金融稳定能够达到稳定物价和经济增长的效果。如何协调使用双支柱框架对于降低资产泡沫风险和维护金融稳定是至关重要的。在不同的金融和经济环境下，采用何种政策工具组合将是决策部门需要重点思考的，在充分发挥好两种政策各自功能的同时，也要考虑到政策之间的相互影响和传导机制，只有这样，两种工具才能更好地配合完成宏观调控目标。

建设现代中央银行制度需要进一步完善双支柱调控框架。宏观审慎政策是对传统货币政策的有效补充，可以平滑经济活动，防范系统性风险，实现金融稳定。由于经济内生变量的交互作用，尽管货币政策关注价格稳定和产出增长，也会对金融稳定产生非直接、非系统性的影响；同时，以金融稳定为目的的宏观审慎政策也会对通胀和产出产生非直接影响。这意味着，通过调整货币政策能够消除宏观审慎政策对通胀和产出的影响，同样，通过调整宏观审慎政策能够消除货币政策对金融稳定的影响。在制定某项政策时，如果同时能够考虑对方政策的影响，那么就能取得最优解。货币政策和宏观审慎政策在目标上虽各有侧重，但并不彼此分割，而是相互作用的。货币政策能够影响金融稳定，而宏观审慎政策有助于货币政策更好地实现其目标，在履行保持币值稳定和维护金融稳定的目标组合中，货币政策和宏观审慎政策相辅相成。2016年第四季度的《中国货币政策执行报告》提出"防止资产价格泡沫离不开宏观审慎政策和货币政策的配合，需更好地发挥'货币政策＋宏观审慎政策'双支柱政策框架的作用"。

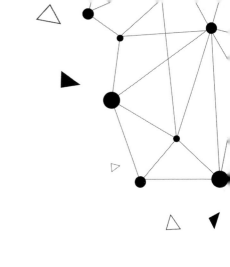

第2章　资产泡沫与双支柱调控：典型事实

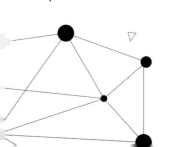

为了讨论双支柱体系对资产泡沫的调控作用，首先要回答一个最基本的问题：货币政策和宏观审慎政策到底会导致资产价格上涨还是下跌？学界目前关于货币政策对资产价格的影响还存在争议，尤其是存在资产泡沫的情况下。传统观点往往认为，资产价格是现金流的折现值，紧缩性政策会导致利率上升，从而导致资产价格下降。但这个论述依赖于两个重要假设：资产价格中没有泡沫，以及紧缩性政策不会导致资产对应的现金流上升。当资产价格存在泡沫时，无套利条件表明泡沫项增速必须与利率相同，那么更高的利率反而可能导致泡沫增长空间变大（Galí, 2014）。进一步地，由于房产的居住投资双重属性，货币政策紧缩有可能导致房屋的持有和租住结构发生变化，反而导致房租增加（Dias and Duarte, 2019）。因此，在存在金融摩擦和潜在资产泡沫的经济体中，货币政策对房价和股价的影响仍然是值得研究的问题。在我国，房产还具备安全资产和财富储存的作用（Dong et al., 2021b），并且对房价存在一定的刚性预期，经济增速放缓和政策不确定性提升都有可能导致资金"逃"向房地产市场，货币政策的紧缩到底会提升还是降低房价，都是需要系统讨论的问题。

在金融危机后，各国普遍开始重视宏观审慎政策对经济的调控，对宏观审慎政策有效性的讨论也逐渐增加。宏观审慎政策的主要目的在于限制金融系统的顺周期性和防止金融风险传染，主要内容包括对银行的各类要求（包括资本要求、流动性要求和杠杆率要求等)、对系统重要性机构的特别要求以及会计标准等(周小川,2011),可以大致归为两类:针对信贷的限制(如贷款价值比限制、贷款收入比限制)以及金融机构风险持有的约束(如银行的流动性要求和资本要求)。直观来讲,宏观审慎政策的收紧往往意味着信贷约束的加强,因此宏观审慎政策对信贷和风险的约束作用已经基本成为国际共识,但审慎政策本身会如何影响资产价格依然存在争议。一些研究认为,宏观审慎政策通过对信贷的约束可以有效抑制资产价格上涨,而另一些研究认为即使宏观审慎政策能够降低信贷增速,其对资产价格的影响也是不显著的。

在本章中,我们首先简要梳理现有文献针对双支柱调控政策对资产价格影响的相关研究,从货币政策和宏观审慎政策两个方面分别梳理现有讨论,并且着重梳理对我国双支柱调控体系的相关实证研究。在最后一个小节,我们基于中国的月度数据,利用包含双支柱调控政策的TVP-SVAR模型估计了货币政策和宏观审慎政策对股价和房价的影响,并且讨论了其时变特征。

2.1 货币政策对资产泡沫的调控

货币政策到底如何影响资产价格?这是一个学术上争论不休的问题。大量研究通过实证计量方法发现货币政策的紧缩可以抑制房价和股价泡沫,而宽松的货币和信贷政策是房价和股价上升的重要原因。Rozeff(1974)是最早研究货币政策和股价的代表性学者之一,他发现货币增速的下降会对股票收益率产生下行的压力。类似地,Ehrmann and Fratzscher(2004)也发现货币政策紧缩会导致股票收益率下降,带来股价下行。Rigobon and Sack(2004)基于联邦公开市场委员会(The Federal Open Market Committee,FOMC)例行会议前后利率的变动识别货币政策冲击,利用事件研究法估计了短期利率上升对股票价格的影响,发现3个月期利率上调25个基点,标准普尔500

指数下跌1.7%，纳斯达克指数下跌2.4%。Bernanke and Kuttner（2005）估计了利率对股价的影响，发现联邦基金利率上调25个基点会导致股价下降约1.2%，其中货币政策冲击对股票风险超额收益的影响效应占主导。类似地，Gürkaynak et al.（2005）通过基于日度高频数据的估计也发现紧缩性货币政策冲击会导致股票等多种资产价格下降。Bjørnland and Leitemo（2009）利用SVAR模型讨论美国货币政策与股价之间的关系，在假设货币政策和股价可以当期互相影响，但货币政策对股价没有长期效应的情况下，发现联邦基金利率上升10个基点会导致标普500指数下降1.5%。Paul（2020）研究了美国货币政策如何共同影响资产价格和实体经济，并实证检验了影响效应的时变特征。他发现货币紧缩通常会降低经济活动和资产价格。然而，股票和房价对货币政策冲击的反应具有显著的时变特征。房价的反应与房价水平密切相关：房价高时对货币政策冲击的反应较弱，房价低时对货币政策冲击的反应较强。Blot et al.（2020）强调货币政策对股市影响的非对称性，即扩张性货币政策并不会导致股价上升，而紧缩性货币政策会导致股价下降。Bauer and Swanson（2023）扩展了货币政策冲击的范畴，并基于高频数据发现利率上升100个基点会导致标普500指数下降5.4%。

房价方面，Iacoviello（2000）和Iacoviello（2005）基于欧洲六国数据，利用SVAR模型分析了货币政策对房产价格的影响，发现紧缩性货币政策冲击会导致实际房价长期低于稳态值。Ahearne et al.（2005）较早讨论了货币政策和房价的周期相关性，并发现在房价高点的前1~3年经济往往经历过货币政策宽松。Del Negro and Otrok（2007）基于跨国季度数据估计了货币政策对房价的影响，发现紧缩性货币政策会导致房贷利率提升和房价因子立刻下降，但这种影响会逐渐消退。Goodhart and Hofmann（2008）利用面板VAR回归讨论了17个工业化国家货币政策与实体经济的关系，发现利率上升25个基点会导致房价下降约0.8%，并且这种影响是长期的。Jarocinski and Smets（2008）采用贝叶斯VAR模型（BVAR）估计了美国货币政策与房价的关系，发现货币政策紧缩会导致房价下降，但这种效应只能持续约20个季度。Kuttner（2012）指出房租和房价可能存在协整关系，并利用误差调整模型（VECM）分析了货币政策与房价以及房租的关系，发现利率下降10个基点会导致房价缓慢上升，在15期达到高点后逐渐下降。Jordà et al.（2015a）讨论了发达经济体140年历史中货币政策与房价以及实体经济的关系，发现宽松货币政策导致的利率下降是房市繁荣和泡沫产生的重要原因。Aastveit and Anundsen（2022）强调扩张性和紧缩性货币政策对不同区域房价的不同效应，发现扩张性货币政策在房价供给弹性较低的地区影响较大，紧缩性货币政策在房价供给弹性较高的地区影响较大。Ehrenbergerova et al.（2023）总结了31篇文献中关于货币政策对房价影响的1 447个估计结果，发现平均而言货币政策紧缩能够抑制房价，而且这种效应在信贷市场更发达的国家更为显著。

在国内的研究中，郭金龙和李文军（2004）基于Ross无套利模型探讨一定时期内股票最高价和最低价的影响因素，发现利率上升会导致股票均衡价格显著下降。王擎和韩鑫韬（2009）、周晖和王擎（2009）用BEKK模型和GARCH均值方程模型实证检验了房地产价格、货币供应量与经济增长的波动相关性，发现货币供应量增长率与房价增长率的联动变化非常剧烈。李健和邓瑛（2011）通过一个协整的VAR模型框架，同时对美国、日本和中国三个国家的典型房价泡沫积聚时期的数据进行实证比较，发现货币供给量的增加是推动房地产价格上升的重要因素。徐忠等（2012）讨论了房价、货币政策和通胀等变量之间的协整关系，发现价格型货币政策和数量型货币政策均可以抑制房价，其中价格型货币政策紧缩对房价的抑制作用更强。陈继勇等（2013）利用SVAR模型分析了1998—2011年期间我国货币政策和资产价格的关系，发现利率对股价和房价的影响效应较小，但信贷收缩可以显著抑制房价，而M2增速下降可以显著抑制股价上涨。余华义和黄燕芬（2015）基于区域VAR（GVAR）模型讨论了数量型货币政策对城市房价的影响以及这种影响的区域异质性，发现货币供应量上升可以显著提升房价，但这种效应在不同城市之间有较大差异，货币供应量调整对中西部城市房价影响小，但对东部地区房价影响大。朱小能和周磊（2018）基于媒体预测将货币政策变动分解为可预期部分和未预期的货币政策冲击，发现我国货币政策对于股票市场的影响日趋突出，并且宽松货币政策对股市的影响大于紧缩货币政策。陈创练和戴明晓（2018）基于时变 VAR 模型探讨了货币供应和利率政策对房价的影响，发现价格型货币政策紧缩只能在短期内抑制房价，而数量型货币政策对房价的调控作用较强且持久。

但同时，有部分研究认为货币政策对于资产价格的影响程度有限，紧缩性货币政策甚至有可能导致资产价格提升。孙华好和马跃（2003）基于动态滚动 VAR 模型讨论了广义货币供应量和利率对股价的影响，发现所有货币数量（M0、M1、M2）对股市都没有影响，但利率上升在一定时间段内可以导致股价提升。Dokko et al.（2009）基于 VAR 模型发现，在美国房产泡沫前后，联邦基金利率代表的货币政策并未"过分宽松"，因此相比泰勒规则过分宽松的货币政策并不一定会带来房价的提升。Campbell et al.（2009）基于方差分解讨论了利率等因素对美国 23 个大城市租售比的影响，发现未来利率预期对租售比的影响相对较小。Belke and Beckmann（2015）利用协整向量自回归模型，分析了 5 个发达经济体和 3 个新兴经济体的股票市场与货币政策之间的长期关系和短期动态。他们的实证结果表明，在发达经济体中，央行调节政策利率和货币供给对股价的影响非常有限。对股价不存在影响的一个潜在原因可能是，充裕的流动性被房地产和大宗商品所吸收。在 8 个经济体中，只有 3 个经济体观察到短期利率对股价产生长期影响。当资产价格存在泡沫时，无套利条件表明泡沫项 B_t 增速必须与利率 r_t 相同，那么紧缩性政策导致利率上升，反而可能增加泡沫的增长空间（Galí, 2014）。在此理论基础上，Galí and Gambetti（2015）利用时变结构向量自回归模型（TVP-SVAR），基于美国的数据，发现紧缩的货币政策冲击使得资产价格上升，并且价格的上升不能被基本面的变动解释。袁越和胡文杰（2017）借鉴上述模型，使用中国数据得到了类似的结果，即M2增速的放缓反而可能导致股价上升。Coibion et al.（2017）分析了紧缩性货币政策对实体经济以及不平等的影响，发现货币政策的紧缩会导致股价和房价的上升，进而增加资产收入提升不平等。此外，Blot et al.（2018）使用主成分分析法来估计美国股票和房地产市场的泡沫指标，指出货币政策对资产泡沫的影响是不对称的，紧缩的货币政策并不能抑制泡沫，但宽松货币政策会促进泡沫的形成。

近年来，一些研究强调观测到的货币政策变化中货币政策操作冲击和信息冲击（information shock, Delphic shock）的不同作用，即观测到的货币政策变化中除了外生冲击的部分，还有一部分来自央行对于经济形势的看法或预测，即紧缩性的政策冲击很可能是因为央行预测到经济可能过热，从而预先实施货币紧缩，紧缩性政策冲击反而可能反映经济向好的预期，可能对资产市场有促进作用。Lakdawala and Schaffer（2019a）基于私人部门和央行对经济预测的不同识别出了央行的私有信息，进而区分了货币政策操作冲击和货币政策信息冲击，发现两种冲击的紧缩都可以降低股价，其中货币政策操作冲击的作用更大，但在某些情况下，紧缩的信息冲击反而可能提升股价。Jarociński and Karadi（2020）基于VAR回归中的符号约束（sign restriction）将货币政策冲击分解为政策冲击和信息冲击，发现只有紧缩性政策冲击才能导致资产价格下降。类似地，Lakdawala（2019b）基于包含工具变量的SVAR模型讨论了货币政策中操作冲击和信息冲击的不同经济效应，发现货币政策操作冲击可以对经济产生紧缩效应，而对长期利率预期的信息冲击反而可能带来经济扩张。

综合以上分析，可以看出现有文献对货币政策紧缩对资产价格的影响尚未达成共识，并且货币政策对股价和房价的影响可能存在异质性。同时，由于我国同时存在价格型和数量型货币政策，不同类型的货币政策对资产价格的影响也可能不同，对股市和房市的影响也可能存在异质性和时变特征，需要基于统一的框架进行系统的分析。

2.2 宏观审慎政策对资产泡沫的调控

金融危机后，学者和政策制定者都开始关注非传统货币政策以及宏观审慎政策对经济的调控作用，尤其是对资本市场的调控，并且进行了一系列的相关研究。宏观审慎政策主要针对信贷市场和金融机构，注重对信贷宽松程度（如贷款价值比率）和金融机构风险（如资本充足比率）的调控。Nadauld and Sherlund（2009）指出信贷宽松是房价泡沫产生的重要原因，Cerutti et al.（2017b）发现信贷繁荣可以很好地预测房价繁荣，因此针对信贷的宏观审慎政策可能是控制房价、防止泡沫产生的重要因素。大部分实证文献都发现宏观审慎政策能够降低经济中的风险，但对于资产价格的影响程度并不一致。一些研究认为宏观审慎政策调控可以传导到资本市场，带来房价和股价等资产价格的下降。IMF（2012）考查了贷款价值比（loan-to-value, LTV）、资本要求（capital requirement，CR）、债务收入比（debt-to-income, DTI）和准备金率（reserve ratio, RR）对实体经济和资本市场的影响，发现贷款价值比和资本要求的收紧可以显著降低房价，而准备金率的变化对房价影响不显著。Arregui et al.（2013）基于对38个国家的动态面板回归，发现LTV和DTI等约束可以有效限制房价增速和信贷增长，Vandenbussche et al.（2015）通过对欧洲诸国的研究也发现了类似的结果，即信贷相关的宏观审慎政策可以阻止房价过度上升。Richter et al.（2018）认为央行越来越依赖宏观审慎措施来管理金融周期。他们量化了最大贷款价值比的变化对资产价格（股票价格和房地产价格）的影响，研究发现在实施紧缩措施后，能够有效抑制信贷，实际股价和房价都会下跌。但是该政策对于房地产价格的影响更为显著。根据经验，LTV收紧10个百分点的影响可以被视为与政策利率上调25个基点的影响大致相当。此外，收紧LTV限制比放松LTV限制的经济效应更大。Martin et al.（2021）对相关的实证研究进行了总结，发现宏观审慎政策能有效遏制信贷增长、杠杆和房价，进而降低系统性风险。

但也有一些研究认为宏观审慎政策虽然能够降低信贷，但对资产价格影响并不显著。Kuttner and Shim（2016）基于57个国家的面板数据，通过事件研究法发现只有与房产相关的税收能够显著抑制房价，而其他常见的宏观审慎政策如LTV、DTI虽然能显著降低信贷，但不能抑制房价。Araujo et al.（2020）从58项实证研究中构建了一个新的宏观审慎政策效应数据库，包含了6 000多个关于各种工具和结果变量的结果。研究发现对信贷的影响在统计上显著，但在工具之间存在相当大的异质性。增加对于贷款价值比或偿债收入比（debt-service-to-income，DSTI）的限制，能够减少家庭信贷，但对房价的影响较弱且不精确。Akinci and Olmstead-Rumsey（2018）基于动态面板模型讨论了宏观审慎政策收紧的作用，发现宏观审慎政策的收紧可以显著降低信贷增速，但反而会带来房价的提升。Cerutti et al.（2017a）基于国际货币基金组织（IMF）的调查数据分析了119个国家对宏观审慎政策的使用及其效果，发现发展中国家对宏观审慎政策的应用更频繁，宏观审慎政策收紧可以显著抑制信贷增长，尤其是房产相关的信贷，但对房价增速的影响不显著。

我国进行了大量的宏观审慎政策实践，也有大量研究讨论了我国各类宏观审慎政策的有效性，但多为基于宏观经济模型的理论分析，实证分析较少。Wang and Sun（2013）基于2010—2011年间31个省份171家银行的信贷数据讨论了宏观审慎政策对我国信贷增速和房价的影响，发现准备金约束以及房产相关的其他审慎政策收紧可以显著降低房价增速，但这种影响在中西部地区却不显著。刘澜飚等（2018）利用2009年4月—2016年12月的数据，运用事件分析法研究了我国的宏观审慎监管沟通对股票市场收益率的影响以及影响机制。研究表明，乐观的宏观审慎监管沟通会对股票市场收益率产生显著的正面影响，悲观的宏观审慎监管沟通的警示作用并不显著，只有房地产行业指数表现出显著的负面反应。荆中博和方意（2018）基于定性向量自回归（Qual VAR）模型讨论了我国不同宏观审慎政策的效果，发现紧缩的 LTV 和准备金率会在短期提升房价增速，而长期降低房价增速，同时 LTV 政策对房价的影响更强。

2.3 基于中国数据的 TVP-SVAR 分析

在本部分，我们基于 Galí and Gambetti（2015）构建包含中国"双支柱"调控体系的 TVP-SVAR 模型，利用月度数据分析我国货币政策和宏观审慎政策对资产价格中基本面和泡沫项的影响。

2.3.1 资产价格的分解

首先，我们基于 Galí and Gambetti（2015）讨论资产价格中基本面和泡沫项的分解。注意资产定价方程可以写作：

$$Q_t = Q_t^F + Q_t^B \qquad (2.1)$$

其中 Q_t^F 代表基本面，即资产本身能带来无风险现金流的价值；而 Q_t^B 代表泡沫项，即资产价格中不能被基本面所解释的部分。如前所述，基本面定义为资产产生的现金流的无风险折现价值，即：

$$Q_t^F \equiv E_t \left\{ \sum_{k=1}^{\infty} \left(\prod_{j=0}^{k-1} \frac{1}{R_{t+j}} \right) D_{t+k} \right\} \qquad (2.2)$$

其中 R_{t+j} 代表经济中的无风险利率，而 D_{t+k} 代表该资产可以产生的现金流（股票的分红、房产的租金等）。将上式在稳态周边对数线性化后容易得到：

$$q_t^F = \text{const} + \sum_{k=0}^{\infty} \varphi^k \left[(1-\varphi) E_t d_{t+k+1} - E_t r_{t+k} \right] \qquad (2.3)$$

其中小写字母代表偏离稳态的百分比，即 $x = \dfrac{\hat{X}}{X}$，$\varphi = \dfrac{G}{R}$ 代表稳态现金流增速和稳态无风险利率的比值。我们假设 $\varphi < 1$，否则资产的基本面价值趋于无穷。

基于式（2.1），可以计算基本面和泡沫项对某种政策冲击的响应：

$$\frac{\partial q_{t+k}}{\partial \varepsilon_t} = (1-\gamma)\frac{\partial q_{t+k}^F}{\partial \varepsilon_t} + \gamma \frac{\partial q_{t+k}^B}{\partial \varepsilon_t} \qquad (2.4)$$

其中 $\gamma = \dfrac{Q^B}{Q}$ 代表稳态资产价格中泡沫的占比，由方程（2.3）容易计算得到政策冲击对基本面的影响：

$$\frac{\partial q_{t+k}^F}{\partial \varepsilon_t} = \sum_{k=0}^{\infty} \varphi^k \left[(1-\varphi) E_t \frac{\partial d_{t+k+1}}{\partial \varepsilon_t} - E_t \frac{\partial r_{t+k}}{\partial \varepsilon_t} \right] \qquad (2.5)$$

注意到资产价格和基本面的响应之差为：

$$\frac{\partial (q_{t+k} - q_{t+k}^F)}{\partial \varepsilon_t} = \gamma \left(\frac{\partial q_{t+k}^B}{\partial \varepsilon_t} - \frac{\partial q_{t+k}^F}{\partial \varepsilon_t} \right) \qquad (2.6)$$

经济中不存在泡沫时，显然有 $\dfrac{\partial (q_{t+k} - q_{t+k}^F)}{\partial \varepsilon_t} = 0$。而现实中往往泡沫的波动远大于基本面的波动，因此当 $\dfrac{\partial (q_{t+k} - q_{t+k}^F)}{\partial \varepsilon_t} > 0$ 时，可以认为资产价格中存在泡沫，并且泡沫出现扩张，而 $\dfrac{\partial (q_{t+k} - q_{t+k}^F)}{\partial \varepsilon_t} < 0$ 时，认为资产价格中的泡沫在政策冲击下紧缩。

2.3.2 实证模型设定与估计

在本部分，我们基于Galí and Gambetti（2015），设计包含7个变量的TVP-SVAR模型，讨论货币政策和宏观审慎政策对股价和房价中基本面和泡沫的影响。对于股价，本部分聚焦于上证50指数，而对于房价，本部分聚焦于国家统计局提供的70城房价数据。

$$\boldsymbol{x}_t = \boldsymbol{A}_{0,t} + \boldsymbol{A}_{1,t} \boldsymbol{x}_{t-1} + \cdots + \boldsymbol{A}_{p,t} \boldsymbol{x}_{t-p} + \boldsymbol{u}_t \qquad (2.7)$$

其中 $\boldsymbol{x}_t = [\Delta y_t, \Delta d_t, \Delta p_t, \Delta p_t^c, \text{prud}_t, i_t, \Delta q_t]$。$\Delta y_t$ 代表当月工业增加值的实际环比增速，Δp_t 代表当月CPI的实际环比增速，Δp_t^c 代表当月大宗商品指

数的实际环比增速，Δd_t 代表对应资产基本面的实际变动，Δq_t 代表对应资产价格（房价和股价）的实际变动。对于股价基本面，我们选取了上证50指数实际股息；而对于房价基本面，我们选取了居民消费指数中房租指数的实际变化率。股价的数据范围为2002年1月至2021年12月，房价的数据范围为2005年1月至2021年12月。本部分所用数据均来自WIND数据库。

prud_t 和 i_t 分别为宏观审慎政策指标和货币政策指标。针对宏观审慎政策，本部分选取了IMF（国际货币基金组织）构建的宏观审慎政策变动指标（Alam et al., 2019）。该指标包含17个层面的子指标，每个子指标紧缩为+1，宽松为−1，不变为0，再将17个子指标加总得到总指标，因此宏观审慎政策 prud_t 为离散型变量，取值越高代表当期宏观审慎政策收紧程度越大。每个子指标的具体含义如表2.1所示。为了方便分析，我们将总指标进行标准化，使其方差为1。

表 2.1 宏观审慎政策指标

指标名称	含义
CCB	逆周期超额资本要求
Conservation	缓冲资本要求
Capital	风险资本要求
LVR	银行杠杆率要求
LLP	贷款损失准备金要求
LCG	信贷增速要求
LoanR	其他信贷要求
LFC	外币信贷要求
LTV	贷款价值比要求
DSTI	信贷收入比要求
Tax	相关税收政策
Liquidity	流动性储备要求
LTD	存贷比要求
LFX	外汇头寸限制
RR	宏观审慎相关准备金储备
SIFI	系统重要性金融机构监管
Other	其他宏观审慎政策

对于货币政策指标，我们选取了价格型和数量型两类政策指标。易纲（2021）指出，目前我国已经基本形成了市场化的利率形成和传导机制，央行通过政策利率调整市场基准利率，并最终影响到货币市场利率、信贷市场利率和债券市场利率。考虑数据可得性和实际情况，我们选取FR007作为货币政策的短期强度指标，选取10年期国债收益率为货币政策的长期强度指标。同时，由于盛松成和吴培新（2008）指出货币供应量M2是我国货币政策作用于金融市场的最重要解释指标，我们也选取了M2增速作为数量型货币政策指标进行检验。篇幅所限，这里将使用FR007为货币政策指标的模型作为基准情况展示。

针对结构性冲击的识别，参考Christiano et al.（2005），采用基于Cholesky分解的冲击识别方式。该方式认为变量排列顺序代表变量的外生性强弱：位置靠上的变量冲击会在当期影响位置靠下的变量，反之则不会。因此可以将方程（2.7）中的冲击项分解：

$$\boldsymbol{u}_t = \boldsymbol{S}_t \boldsymbol{\varepsilon}_t \tag{2.8}$$

其中$E(\boldsymbol{\varepsilon}_t \boldsymbol{\varepsilon}_t') = \boldsymbol{I}$，$E(\boldsymbol{\varepsilon}_t \boldsymbol{\varepsilon}_{t-k}') = \boldsymbol{0}$，$\boldsymbol{S}_t$为$\boldsymbol{\Sigma}_t$的Cholesky分解。由于宏观审慎政策往往对应对信贷以及银行资本的管控，可能对利率产生当期影响，模型中宏观审慎政策处于货币政策之前，其他关键变量的排列顺序与Galí and Gambetti（2015）一致。

为了估计变量对货币政策冲击的脉冲响应，考虑将原本的模型改写为以下形式：

$$\tilde{\boldsymbol{x}}_t = \tilde{\boldsymbol{\mu}}_t + \tilde{\boldsymbol{A}}_t \tilde{\boldsymbol{x}}_{t-1} + \tilde{\boldsymbol{u}}_t \tag{2.9}$$

其中$\tilde{\boldsymbol{x}}_t = [\boldsymbol{x}_t', \cdots, \boldsymbol{x}_{t-p+1}']'$，$\tilde{\boldsymbol{u}}_t = [\boldsymbol{u}_t', 0, \cdots, 0]'$，$\tilde{\boldsymbol{\mu}}_t = [\boldsymbol{A}_{0,t}', 0, \cdots, 0]'$。从而可以求解模型变量对结构性冲击的响应为：

$$\frac{\partial \boldsymbol{x}_{t+k}}{\partial \varepsilon_t} = \frac{\partial \boldsymbol{x}_{t+k}}{\partial \boldsymbol{u}_t'} \frac{\partial \boldsymbol{u}_t}{\partial \varepsilon_t} = \boldsymbol{B}_{t,k} \boldsymbol{S}_t \tag{2.10}$$

其中$\boldsymbol{B}_{t,k} = \frac{\partial \boldsymbol{x}_{t+k}}{\partial \boldsymbol{u}_t'} = \left[\tilde{\boldsymbol{A}}_t^k\right]_{n,n}$，即$\tilde{\boldsymbol{A}}_t^k$矩阵的前$n$行$n$列（$n$为变量个数）。

模型参数的估计方式是基于Gibbs抽样的贝叶斯估计（Del Negro and Primiceri, 2015）。定义模型参数向量为$\theta_t = \text{vec}(A_t')$，其中$A_t = [A_{0,t}, \cdots, A_{p,t}]$，并假设$\theta_t$向量服从随机游走：

$$\theta_t = \theta_{t-1} + \omega_t \tag{2.11}$$

其中$\omega_t \sim \mathcal{N}(0, \Omega)$。对于残差协方差矩阵，假设$\sum_t = F_t D_t F_t'$，其中$F_t$是对角元为1的下三角矩阵，$D_t$为对角矩阵，$D_t^{1/2}$矩阵的对角元列向量$\sigma_t$满足：

$$\log \sigma_t = \log \sigma_{t-1} + \zeta_t \tag{2.12}$$

而F_t^{-1}中第$i+1$行非零元组成的向量$\phi_{i,t}$服从：

$$\phi_{i,t} = \phi_{i,t-1} + \nu_{i,t} \tag{2.13}$$

其中白噪声ζ_t和$\nu_{i,t}$，协方差矩阵为Ξ、Ψ_i。为了估计模型参数，参考Galí and Gambetti（2015）利用前$\tau = 48$期数据常系数SVAR确定参数初值，并从$\tau/2 + 1$期开始抽取后验分布。在本部分的估计中，我们抽样10 000次，并舍弃前8 000次抽样结果，得到2 000个抽样样本作为后验分布，并通过抽样轨迹图（trace plot）来验证抽样收敛性。

2.3.3 基准估计结果：常系数VAR估计

在进行时变VAR分析之前，首先进行常系数SVAR估计作为基准分析。常系数SVAR的结构性冲击识别方式与基准模型一致，即基于Cholesky分解的结构性冲击识别。对于货币政策结构性冲击，将其标准化为名义利率当期上升1个基点；对于宏观审慎政策结构性冲击，由于其本身并不具有实际含义，这里直接展示1单位宏观审慎政策结构性冲击的脉冲响应。

图2.1和图2.2展示了货币政策紧缩（FR007）上升对股票市场和房地产市场的影响。可以看出，紧缩性货币政策对实体经济和资本市场均有一定的紧缩作用：名义利率上升一个基点后，工业增加值、CPI和大宗商品指数均呈现

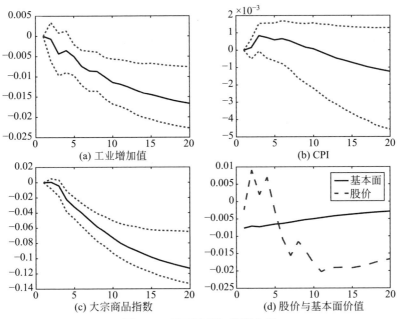

图 2.1 货币政策与股票市场

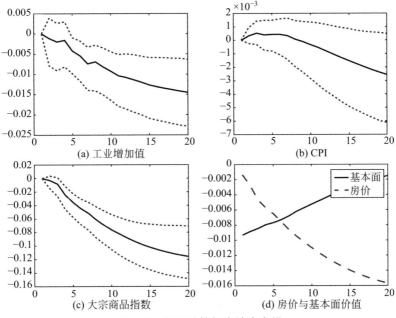

图 2.2 货币政策与房地产市场

下降趋势，其中CPI会先上升3~4期后开始下降，这与Galí and Gambetti（2015）的回归结果是一致的。无论是讨论股市还是房市，名义利率上升一个基点的紧缩都大约会在20个月内导致实际工业增加值下降0.02%。值得注意的是，货币政策的紧缩对股价和房价中的基本面和泡沫项均有较强的抑制作用。货币政策紧缩后，股价和房价中的基本面部分均立刻下降，并在之后缓慢恢复原有稳态值。名义利率上升一个基点会导致股价和房价中的基本面部分下降约0.01%。相比基本面，货币政策紧缩对资产价格中的泡沫项影响更大，也更持久。货币政策紧缩会导致股价波动下降，在20个月后大约下降0.025%；房价的脉冲响应与股价类似，货币政策的紧缩会导致房价持续下降，20个月后下降约0.016%，相比之下货币政策紧缩对股价的影响波动更大并且程度更强。由于货币政策紧缩对基本面的影响在20期后基本趋于0，可以认为脉冲响应所展示的货币政策对股价和房价的长期影响主要是由泡沫项的波动产生的，即货币政策紧缩会导致资产价格中的泡沫项缩小，并且这种抑制作用是较为长期的。

图2.3和图2.4展示了常系数SVAR回归中宏观审慎政策对股票市场和房地产市场的影响，这里展示的是1单位结构性宏观审慎政策冲击对经济的影响，即宏观审慎政策收紧的影响。与货币政策类似，宏观审慎政策紧缩也会对实体经济带来抑制效应：工业增加值波动下降，CPI和大宗商品指数均呈现下降趋势。对于资本市场，回归发现宏观审慎政策紧缩也对股价和房价存在显著的抑制作用。宏观审慎政策紧缩对股价基本面的影响可以忽略不计，但会导致股价出现较大下滑：1单位结构性宏观审慎政策紧缩会导致股价迅速下降，并在10个月左右后保持相对稳定，在20个月内下降约3.5%。宏观审慎政策对房价也具有较强的抑制作用：1单位结构性宏观审慎政策紧缩会导致房价基本面下降约0.1%，但这种影响会逐渐消退；相比之下宏观审慎政策紧缩对房价本身存在较为长期的幅面影响，1单位结构性宏观审慎政策紧缩会导致房价持续下降，并在20个月内下降约0.25%。与货币政策的相关结果

第2章 资产泡沫与双支柱调控：典型事实 53

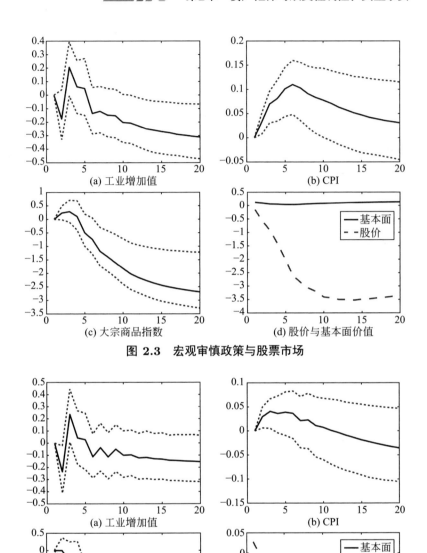

图 2.3 宏观审慎政策与股票市场

图 2.4 宏观审慎政策与房地产市场

类似，房价对宏观审慎政策紧缩的响应也相对较小。

基于以上的常系数SVAR分析，可以得出结论：我国的数量型货币政策紧缩和宏观审慎政策紧缩都对股价和房价存在较为显著的抑制作用，相比之下房价的响应较小且较为稳定。同时，回归普遍发现紧缩性政策对资产价格基本面的影响远小于对资产价格本身的影响，这可能说明我国的股价和房价中均存在泡沫，而政策紧缩会对股价和房价中的泡沫项带来较为长期的紧缩效应。

2.3.4 基于时变VAR模型的估计

本部分展示基于TVP-SVAR模型的估计结果。与常系数SVAR模型估计结果一致，我们将货币政策冲击标准化为名义利率上升1个基点，宏观审慎政策冲击为1单位结构性宏观审慎政策紧缩冲击。

2.3.4.1 货币政策与资产价格

图2.5和图2.6分别展示了时变SVAR模型估计的货币政策和宏观审慎政策对经济的影响。可以看出，无论讨论的是股市还是房市，货币政策紧缩都对实体经济有一定的紧缩效应，但这种效应均呈现出先缩减后增强的趋势：约2013年之前，货币政策紧缩对实体经济的传导效应逐渐减弱，这部分体现出了我国"脱实向虚"的趋势，即货币政策的宽松和紧缩均主要作用于资本市场，而没有实际作用于实体经济；同时，2013年之前我国利率市场化程度不高，央行货币政策难以通过市场化的方式影响利率市场，从而导致货币政策向实体经济的传导不畅。2013年之后这种趋势得到一定扭转，这体现出我国利率市场化改革后央行货币政策通过利率市场的传导更加顺畅，货币政策对宏观经济的调控作用加强。

从图2.5和图2.6中可以看出，货币政策对股价和房价的影响也呈现出较

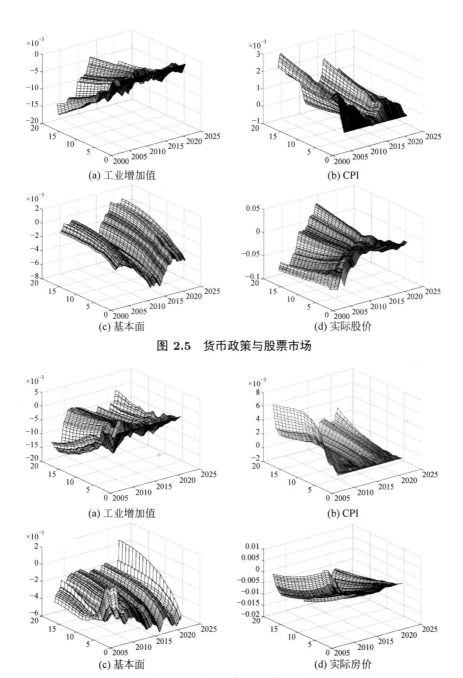

(a) 工业增加值　　(b) CPI

(c) 基本面　　(d) 实际股价

图 2.5　货币政策与股票市场

(a) 工业增加值　　(b) CPI

(c) 基本面　　(d) 实际房价

图 2.6　货币政策与房地产市场

为显著的时变特征。为了更加清晰地展示货币政策对资产价格和泡沫的时变调控作用，图2.7和图2.8展示了不同时间点上货币政策紧缩对应的资产价格中基本面和泡沫项（股价减去基本面）的当期、1个月、6个月和1年脉冲响应函数值。可以看出，货币政策对股价泡沫项的调控作用呈现"倒U型"的时变特征：在2015年之前，货币政策紧缩对股价中泡沫项的抑制作用逐渐减弱，在2015年之后货币政策紧缩（利率上升）甚至会导致股价中的泡沫项扩张。这一定程度上体现出了我国在2015年前后愈演愈烈的"脱实向虚"趋势：货币政策传导不畅，大量资金流入股市等泡沫部门，导致泡沫扩张；货币政策紧缩后利率上升，导致投机者对股价增速的预期上升，反而购入股票，导致股价泡沫进一步扩张。2015年年底的中央经济工作会议上，习近平总书记就对我国宏观经济结构存在"脱实向虚"的潜在趋势做出明确判断，指出"大量资金流向虚拟经济，使资产泡沫膨胀，金融风险逐步显现，社会再生产中的生产、流通、分配、消费整体循环不畅"。此后，随着利率市场化改革的逐步推进和抑制"脱实向虚"的各项政策实施，货币政策对股价泡沫的抑制作用逐渐凸显，"脱实向虚"的趋势得到扭转。但在2020年前后，由于疫情冲击背景下的其他政策力度较大，货币政策对股价泡沫的传导作用有所削弱。2020年之后，平均而言名义利率上升1个基点能够使得股价泡沫收缩4个基点，对股价泡沫的抑制作用较为显著。

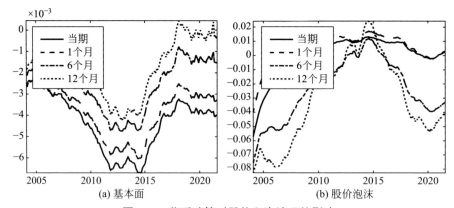

图 2.7 货币政策对股价和泡沫项的影响

图2.8显示，相对股市，货币政策紧缩对房产市场的影响较为稳定。除去2008年金融危机前全球普遍的房价高涨阶段外，货币政策紧缩都能较为有效地抑制房价的基本面和泡沫部分。但与股票价格不同的是，货币政策对房价的影响存在一定的滞后性：从图2.8中可以看出，货币政策在作用初期（当期和1个月内）都有可能促进房产泡沫的扩张，在6个月后才能对房产泡沫产生有效的压缩作用。自2010年以来，货币政策紧缩对房产泡沫的紧缩作用较为稳定，一个基点的货币政策紧缩平均而言能在一年内将房产泡沫压缩0.5个基点。相比股价泡沫，货币政策对房产泡沫的影响存在一定的滞后性，并且影响幅度显著较小，这可能是因为房地产资产是我国居民实际意义上的储蓄资产，具备一定安全资产的属性（Dong et al., 2021b），存在一定的刚性预期，从而导致房产价格和房产泡沫对政策紧缩的反应相对较弱，且存在一定滞后性。

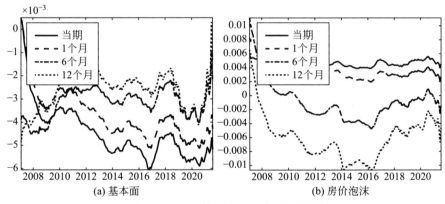

图 2.8　货币政策对房价和泡沫项的影响

2.3.4.2　宏观审慎政策与资产价格

本部分讨论宏观审慎政策对资产价格的作用。图2.9和图2.10展示了宏观审慎政策收紧对经济的时变影响。宏观审慎政策收紧对实体经济的影响波动较大，但总体而言紧缩性宏观审慎政策对实体经济存在一定抑制作用。同时，宏观审慎政策对股价和房价的抑制作用也存在较强的时变效应，如图2.11和

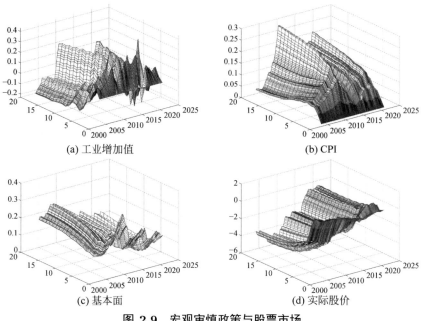

图 2.9　宏观审慎政策与股票市场

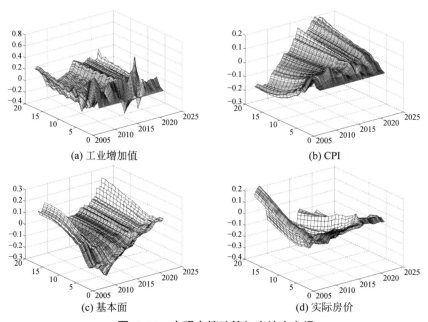

图 2.10　宏观审慎政策与房地产市场

图 2.12 所示。图 2.11 表明，在整个样本内，宏观审慎政策紧缩都可以显著地抑制股价泡沫，而对基本面的影响相对较小，但这种紧缩作用在 2015 年之后有所减弱。在 2005—2015 年期间，1 单位结构性宏观审慎政策紧缩可以导致股价泡沫下降约 4%，但在 2020 年以后这种结构性宏观审慎政策紧缩只能导致股价泡沫下降约 1%。这种紧缩作用的下降可能是因为后危机时代宏观审慎政策更加注重维持金融稳定和对特定潜在危险源进行针对性调控，因而对整体股市的影响有所削弱。

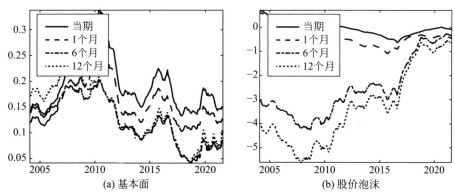

图 2.11　宏观审慎政策对股价和泡沫项的影响

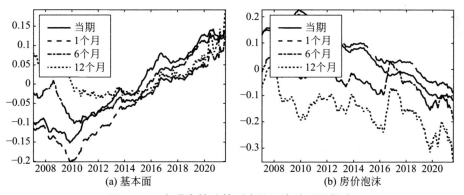

图 2.12　宏观审慎政策对房价和泡沫项的影响

与之相对的，图 2.12 表明，从 2008 年金融危机以来，宏观审慎政策对房价泡沫始终有较强的抑制作用，并且抑制作用逐渐增强。2008 年前后宏观审慎政策收紧基本不能抑制房价泡沫的扩张，但 2020 年之后 1 单位结构性宏观审慎政策紧缩平均而言可以导致房价泡沫下降0.2%。宏观审慎政策对房产泡沫抑制作用的增强一定程度上体现了中央对房地产市场的调控力度上升。从2003年到2016年，我国平均房产销售价格从约2 000元/平方米上涨到约7 000元/平方米，一线城市的房价上涨更为剧烈。高房价虽然带来了相关行业的繁荣和经济的高增长，但也潜藏了重要的系统性风险，导致了贫富差距增大、社会结构失衡等问题。为此，2016年中央经济工作会议提出"房子是用来住的，不是用来炒的"的明确定位，强调房地产市场的本质功能是满足人民群众的住房需求，而非作为投机工具。此后，中央多次通过限购、限制首付比例等宏观审慎工具调控房产市场，有效抑制了房产投机和房产泡沫的扩张。本部分的实证结果也表明，2016年之后，宏观审慎政策对房价泡沫的抑制作用逐渐提升，与政策趋势一致。

综合以上分析，我们认为：货币政策和宏观审慎政策紧缩均对实体经济和资产市场存在一定的紧缩作用；货币政策对实体经济的传导体现出显著的"倒U型"特征，在2013年之前货币政策向实体经济的传导相对不畅，而2013年之后，随着利率市场化改革的不断推进，紧缩性货币政策向实体经济的传导作用不断增强；宏观审慎政策对实体经济的影响波动较大，但总体上对实体经济有一定抑制作用。货币政策对股价泡沫的抑制作用呈现"倒U型"特征，2015年之前"脱实向虚"趋势加剧，货币政策向股市传导不畅，紧缩性货币政策难以抑制股价泡沫；2015年后货币政策对股市的传导作用不断增强，紧缩性货币政策可以较好地抑制股价泡沫的扩张，但在疫情期间有所反弹。货币政策对房价泡沫的抑制作用在2008年之后逐渐增强，但在2016年后这种抑制作用有所减弱。宏观审慎政策对股价泡沫始终有较强的抑制作用，但这种抑制作用在2015年后有所下降；宏观审慎政策对房价的调控作用在2008年后逐渐增强，并且在2016年后这种调控作用的加强更加显著。相对而言，房价泡沫对紧缩性货币政策和宏观审慎政策的响应程度较小，且存在一定滞后性，这可能是因为房价在我国经济中具备安全储备资产的性质，存在一定刚性预期。

2.3.5 稳健性检验

本部分对相关实证结果进行稳健性检验,具体而言,我们尝试更换货币政策的代理指标,讨论不同货币政策对资产价格的调控作用,以及对应情况下宏观审慎政策的作用。

首先考虑长期利率相比短期利率的影响差异。基准模型中采用的是短期利率FR007作为货币政策的代理变量,但如易纲(2021)所指出的,利率市场化改革后我国已经形成了短期—中期—长期的市场化利率决定体系,短期利率和长期利率从不同层面反映了货币政策的相关信息。在扩展模型中,我们将货币政策指标i_t更换为10年期国债利率,并进行相同的实证分析,讨论货币政策紧缩对股价和房价泡沫的抑制作用,相关结果如图2.13所示。

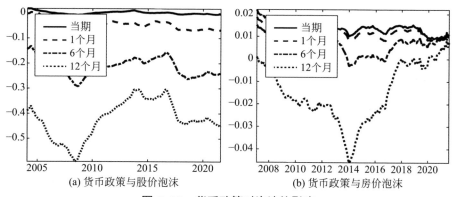

图 2.13 货币政策对泡沫的影响

图中可以看出,即使更换了长期利率作为货币政策的指标,紧缩性货币政策在长期依然可以有效控制股价泡沫和房价泡沫,这与基准模型的实证结果一致。但相比基准模型,长期利率变动对股价泡沫与房价泡沫的影响均存在更强的滞后性,尤其是股价泡沫,在政策实施的1年后才有较为显著的效果。相比基准模型,长期利率上升对应的货币政策收紧对股价泡沫的影响虽然依然呈现"倒U型"趋势,即2008—2015年期间货币政策收紧对股价泡沫的抑制作用有所下降,2015年之后逐渐上升,但这种趋势相比基准模型更加平缓,这可能是因为长期利率变动不会立刻影响短期经济周期,因此整体作用较为稳定。长期利率紧缩对房价泡沫也存在一定的抑制作用,这种抑制作用在2014年之前逐渐增强,但在2014年之后逐渐减弱,这与基准模型的结果也较为类似。但相比基准模型,疫情后(2020年之后)长期利率对房价泡沫的抑制作用并没有增强。相比股价,房价泡沫对货币政策紧缩的响应较为滞后并且强度较低,这对应房价在我国具有安全资产和价值储存属性的事实,因而存在一定刚性预期。

同时,之前的分析考虑的均为价格型货币政策影响,并未考虑数量型政策对资本市场的调控作用。这里我们将季节调整后的M2环比增速作为货币政策的强度指标进行分析,讨论M2环比增速下降1个基点的货币政策紧缩对资产价格的效应。注意当货币政策指标选取为M2增速时,无法计算实际利率对政策冲击的响应,因此无法基于式(2.3)计算基本面的脉冲响应函数,也就无法计算泡沫项的脉冲响应。因此这里只展示货币政策和宏观审慎政策紧缩对资产价格的影响。

数量型货币政策紧缩对资产价格的影响如图2.14所示。可以看出,当更换了M2增速作为货币政策指标后,紧缩性货币政策(M2增速下降)反而可能导致股价和房价的上升,这与袁越和胡文杰(2017)的回归结果是一致的。更换数量型货币政策指标后,M2增速下降1个基点可能导致12个月内股价上升2.5~3.5个基点,房价上升0.1~0.2个基点。从2008年到2015年期间,数量型货币政策对房价的调控作用逐渐减弱,1个基点的货币政策紧缩对房价的影响从降低0.7个基点变化到了上升0.2个基点,代表数量型货币政策向房市的传导作用逐渐减弱。

在数量型货币政策对资产市场的控制作用减弱的情况下,宏观审慎政策效果如何呢?图2.15展示了扩展模型中宏观审慎政策紧缩对股价和房价的影响。可以看出，即使模型中考虑的数量型货币政策工具对资产价格不存在抑制作用，宏观审慎政策收紧依然能够带来股价和房价的下降。与基准模型一致，宏观审慎政策紧缩对股价的抑制作用在2008年后逐渐减弱，而审慎政策紧缩对房价的抑制作用呈现增强的趋势，尤其是在2016年之后。这也进一步印证了基准模型的结论：后危机时代的宏观审慎政策着重对房地产等潜在中长期风险源的调控，而对股价的抑制作用相对有所减弱，但宏观审慎政策紧缩依然可以有效抑制股价；相比股价，房价对紧缩性宏观审慎政策的响应存在一定滞后性，并且程度更小。

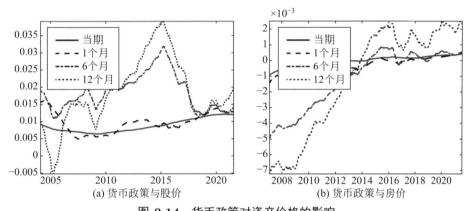

图 2.14　货币政策对资产价格的影响

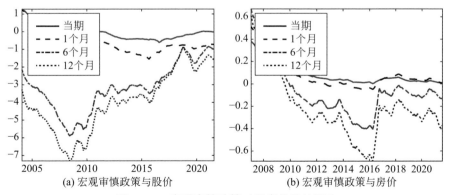

图 2.15　宏观审慎政策对资产价格的影响

2.3.6 小结

在本部分我们基于中国的月度数据,利用 TVP-SVAR 模型分析了我国货币政策和宏观审慎政策紧缩对资产价格中基本面和泡沫的影响,并通过扩展模型检验了结论的稳健性。实证分析表明,当采用价格型货币政策时,无论是短期利率还是长期利率上升都对股价和房价以及对应的资产泡沫有较为显著的抑制作用,而相对而言对资产价格中基本面部分影响较小。紧缩性货币政策对股价泡沫的抑制作用呈现"倒U型"特征:2008—2015年期间货币政策紧缩对股价泡沫的抑制作用逐渐减弱,部分体现了"四万亿"刺激计划导致的宏观经济"脱实向虚"趋势;2015年之后随着"脱实向虚"趋势的逐渐扭转,紧缩性货币政策向股市的传导也更加顺畅。紧缩性货币政策能够一定程度上抑制房价泡沫,其抑制作用在 2008—2016 年期间逐渐增强,但之后有所减弱。宏观审慎政策能够有效地抑制股价泡沫和房价泡沫,但其对股价泡沫的抑制作用在 2015 年后有所减弱,对房价泡沫的抑制作用逐渐增强,对应 2016 年后中央基于"房住不炒"的定位对房产市场进行的宏观审慎调控加强。价格型货币政策和数量型货币政策相比,前者能够较为有效地抑制股价和房价泡沫,而后者的紧缩(M2增速下降)反而可能导致房价和股价上升。相比而言,房价对货币政策和宏观审慎政策紧缩的反应程度更小,且存在一定滞后性,这可能是因为房产在我国经济中具有储蓄资产和安全资产的性质,因此可能存在刚性预期,政策调控难以立刻见效。

值得注意的是,本部分的分析框架中我们事实上控制了"双支柱"调控框架,即同时控制了货币政策和宏观审慎政策强度后,考察这两种政策紧缩性冲击对资产价格的影响。实证分析结果表明,货币政策和宏观审慎政策都对资产价格有相对独立的影响,但两者又各有侧重:相对而言,货币政策对股价的影响较为显著,而宏观审慎政策更注重对房价泡沫的控制。在 2016 年之后,这种各有侧重的特征逐渐增强,说明"双支柱"调控框架并不是简单的两种政策同时影响两类资产价格，而是两种政策各有侧重，相互配合：宏观审慎政策更侧重从信贷角度调控，针对的是房地产等由于高杠杆运行带来长期潜在系统性风险的金融部门；而货币政策更加侧重短期调控，直接通过利率影响股市等二级金融资产部门，防止这类资产价格波动过大导致经济出现过度波动。

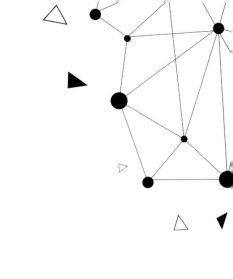

第3章 资产泡沫与货币政策

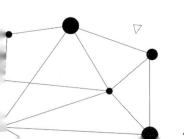

3.1 货币政策是否应当盯住资产价格?

货币政策是大多数国家进行宏观调控的主要工具,其最终目标一般是价格稳定和产出增长。《中华人民共和国中国人民银行法》规定货币政策目标是保持货币币值的稳定,并以此促进经济增长。关于货币政策是否应该对资产价格或资产泡沫做出反应以维持金融稳定,存在长期争论。1996年,美联储主席格林斯潘对股市可能出现非理性繁荣表示担忧,立即引发了一场关于货币政策与资产价格关系的争论,至今仍未解决。关键的争议在于货币政策是否需要在事前对资产价格的波动或资产泡沫进行干预。在全球金融危机之前,以西方国家为代表的观点认为货币政策在事前不应该以资产价格为目标,货币政策的首要目标仍然是价格稳定,这也被称为杰克逊霍尔(Jackson Hole)共识(Greenspan, 2002; Blinder and Reis, 2005)。另一类相反的观点则主张即使识别资产泡沫存在困难,货币政策仍然应该在资产价格快速上涨的时期逆风干预,防止资产泡沫的进一步扩大,形成更大的金融风险(Cecchetti et al., 2000; Borio and Lowe, 2002)。这是因为资产泡沫的尾部风险爆发所造成的成本是巨大的,资产泡沫的破灭所造成的金融不稳定会对实体经济产生深远的负面影响。与其如此,不如事先对资产泡沫进行积极干预,并且使用货币政策干预资产泡沫的收益超过其成本。当前主要经济体的经济发展对央行宽松货币政策的依赖性增强，容易引发资产泡沫的风险（易纲，2019；郭树清，2020），宽松货币政策的退出成本上升，当经济步入加息周期之后，前期累积的金融风险会逐渐显现，很有可能成为下一次危机的导火索。关于货币政策是否需要盯住资产价格或资产泡沫，需要回答好以下问题：货币政策能否影响资产价格或资产泡沫？如果能，货币政策如何影响资产价格或资产泡沫？货币政策是否应该对资产价格的波动或资产泡沫做出反应？在央行的货币政策调控框架下，盯住资产价格的操作能否有效维护金融稳定？这与现有政策目标冲突吗？干预资产市场的潜在收益和成本是什么？如何构建最优货币政策框架？这些都是进一步完善货币政策框架需要重点考虑的问题。

20世纪80年代以来，资产价格波动明显加大逐渐成为世界各国经济运行中的新现象，尤其是工业化国家，其股票和房地产价格出现了明显的繁荣-萧条周期（Jordà et al., 2015b）。这些资产泡沫对金融稳定和经济运行的影响也逐渐受到广泛关注。在全球金融危机以前，主流观点认为货币政策的职能是稳定通胀，而不需要干预资产价格。他们认为货币政策不应该在事前干预资产泡沫，但是当资产泡沫破裂造成经济衰退或金融不稳定时，货币政策需要积极干预，减轻危机造成的影响，也被称为事后清理策略（mop-up strategy）。支持货币政策不干预资产泡沫的观点可以总结为以下几点：一是，资产泡沫本身难以测度，央行并不具备额外的信息优势，目前并没有得到一致认可的指标可以用来区分资产的基本面价值和泡沫部分，Conlon（2015）就指出当央行不具备信息优势时，央行针对泡沫的行动将产生逆向选择问题，并降低投资者的福利；二是，政策制定者干预资产价格的手段有限，货币政策的主要目的仍然是保持通胀稳定，多元化的目标在某种程度上加大了货币政策的执行难度；三是，资产之间差异较大，当部分资产价格过热时，其他资产可能并没有泡沫化倾向，通过上调利率来抑制泡沫的货币政策不仅会影响泡沫资产，同样可能使得不存在泡沫的资产的市场价格被扭曲；四是，针对资产泡沫的货币政策可能具有较高的成本，刺破泡沫导致经济走向衰退，其成本可能会高过收益，在使用货币政策时需要格外谨慎。Cogley（1999）认为货币政策试图戳破资产价格泡沫，可能会给经济带来更大的不确定性。冯用富（2003）认为在中国特定的约束条件下，投资者的非理性行为、信息不对称和卖空机制的不完善使得货币政策干预股市的波动是无效的。在此观点之下，货币政策被认为不应该在事前盯住资产泡沫，仅仅应该在泡沫破灭之后做好及时的善后工作，履行"最后贷款人"的职责，以及加强金融系统的稳健性。

Bernanke and Gertler（2001）使用随机模拟的方法评估 Bernanke and Gertler（1999）模型框架下不同货币政策规则的表现，发现当存在资产泡沫时，灵活的通胀目标制规则能够同时稳定通胀和产出，加入资产价格目标并未带来明显的改善。但是该框架对于资产泡沫的经济理论并没有太多深入的逻辑分析，并且其规模会逐渐趋向于零，资产泡沫与经济的内生关系不足可能也是该模型框架和结论逻辑的缺陷之一。2008年全球金融危机的爆发与房地产长期繁荣后的房价快速下跌有关。在危机带来了严重的负面影响之后，人们转而认同央行应该对资产价格做出反应。央行应该采用"逆风政策"（leaning-against-the-wind policy），即应提高利率以抵消泡沫驱动的资产价格通胀，即使是以暂时偏离通胀或产出缺口目标为代价。陈昆亭和周炎（2020）总结了金融经济周期（financial business cycle）相关研究，并指出为了应对系统性风险需要实行"长期透明导向、价值稳定相统一的规则性货币政策"，弥补传统货币政策只关注短期波动而不关注长期价值的问题。但是，"逆风政策"有一个重要的核心假设：利率上升会减少资产泡沫。与之相对的是，Galí（2014）从理论上挑战了传统观点背后的利率与资产价格泡沫之间的联系。原因在于，至少在理性资产价格泡沫的情况下，在均衡时泡沫必须以与利率相等的速度增长。则利率上升，反而会推动泡沫上升。因此，货币政策需要在稳定产出缺口和稳定泡沫波动之间进行权衡。Galí and Gambetti（2015）采用时变参数的结构向量自回归（TVP-SVAR）模型对 Galí（2014）的结论进行了检验，发现在假定货币政策不对当期资产价格采取反应时，提高利率会导致股票价格上升；当允许名义利率对当期股票价格进行反应且反应系数达到一定程度之后，传统"逆风政策"是有效的。袁越和胡文杰（2017）采用中国数据进行实证检验，也得到了与 Galí and Gambetti（2015）一致的结论。但是，我们前一章节的研究推翻了这一结论，我们发现紧缩的货币政策和宏观审慎政策都能够有效抑制股市泡沫和房地产泡沫。

近年来，也有部分学者对 Galí（2014）的结论提出批评，探讨了逆风货币政策的有效性。Miao et al.（2019）在 Galí（2014）的基础上引入适应性学习，发现在泡沫冲击序列相关的情况下"逆风政策"是最优货币政策，且其对应的均衡具有期望稳定性（expectational stability）。Allen et al.（2023）指出，在 Galí（2014）的框架下，无论考虑哪个均衡，足够紧缩的货币政策都可以挤压泡沫规模，但他们并没有考虑最优货币政策问题，因为给定强度下政策对经济的影响取决于所考虑的均衡。Asriyan et al.（2021）从资产短缺角度进行分析，提出经济中可以有两种无担保资产用于价值储藏，一种是企业提供的泡沫资产，另一种是央行提供的货币。央行可以通过调整货币供应来完全稳定经济的无担保资产的总供应，以消除泡沫，因此货币政策总可以确保帕累托最优。Galí（2021）构建了一个世代交叠新凯恩斯（OLG-NK）模型，发现总泡沫规模的波动是总需求和总产出波动的一个潜在来源，"逆风政策"可以有效防范泡沫，并成功地使产出免受泡沫波动的影响。同时，部分研究在传统DSGE模型中引入名义粘性和货币当局来探究最优货币政策对资产价格的反应。Hirano et al.（2017）发现不论泡沫规模如何，正向的货币政策冲击（利率提高）都会降低产出、投资、通胀和资产价格泡沫，从而"逆风政策"可以抑制泡沫，但同时也对整体经济有抑制作用。Dong et al.（2020）引入金融中介及存款准备金要求，构建了一个新凯恩斯框架下的理性泡沫模型，发现货币政策可以影响泡沫存在的条件和规模，尽管货币政策对资产价格进行反应是最优的，但会在降低泡沫波动的同时加剧通胀波动。

传统的货币政策以价格稳定为重要目标，但是若价格指标（如消费者物价指数CPI）本身不能反映经济的真实情况，那么就可能导致货币政策出现偏差。张晓慧等（2010）指出通胀的稳定和资产价格上升能够同时出现，如果货币政策只关注通胀，似乎取得了不错的成绩，但是泡沫正在逐渐扩大，当CPI明显上涨时，泡沫临近破灭边缘，此时再采取货币政策干预可能为时已晚。周小川（2020）指出央行关注通胀指标的目的是关心提高居民福祉的程度，促进经济体系稳定运行的程度等，在指标的度量中忽视投资品价格和资产价格会带来失真。Christiano et al.（2005）和Ikeda（2022）在实证中发现当资产价格繁荣时，通胀仍然能够保持温和，表明如果在股市泡沫期间通胀处于低位，仅以通胀为目标的利率规则实际上会破坏资产市场和整个经济的稳定。董丰等（2023a）在新凯恩斯框架分析货币政策和资产泡沫的关系，证明了泡沫既能够通过总需求效应使通胀上行，同时泡沫的存在将放松企业的借贷约束，降低借贷的边际成本和影子价格，进而使得通胀下行。基于两种相反的效应，资产泡沫的存在在推高资产价格的同时能够维持通胀温和，当后者占主导时，严格盯住通胀的货币政策会进一步加速经济偏离趋势。进一步地，通过福利分析，董丰等（2023a）发现在货币政策中适当纳入资产价格目标可能有助于提升社会福利水平。事实证明，通胀指标的失真可能会造成货币政策操作的偏误，此时，适当盯住资产价格的货币政策可能能够起到一定的效果。

此外，杰克逊霍尔共识主张的事后清理政策为许多研究者诟病之处在于这是一种非对称的策略，可能会引致严重的道德风险问题，加强了投资者参与泡沫投机的风险偏好（张晓慧，2009）。在实际操作上，为了应对21世纪初的互联网泡沫危机、全球金融危机以及新冠疫情造成的负面冲击，发达国家央行均采用宽松货币政策，试图以低利率刺激经济复苏。事实上，这种非对称的货币政策可能导致了危机的阶段性爆发，因为投资者认定中央银行必定会在风险爆发时积极救市，导致事前对于风险投资的偏好大幅上升，资产价格的波动加剧，但是资产价格的波动在很大程度上被货币政策所忽视。当互联网泡沫破裂后，美联储降低利率，宽松政策的引入在一定程度上催生了后续的房地产泡沫，最终泡沫再次破裂导致了金融危机爆发。金融危机使得央行需要重新审视泡沫的不对称方法，因为事实已经非常清楚地证明，等到资产泡沫破裂后再对其做出反应的成本可能非常高。事前干预相对而言可以在一定程度上规避事后清理政策所引发的道德风险问题，抑制资本市场的非理性波动，从而增强金融系统的稳定性。

总结而言，关于传统的货币政策是否需要关注资产泡沫始终是存在争议的，这主要还是因为货币政策已经被赋予了稳定通胀和实现充分就业的主要目标，因此增加资产泡沫或金融稳定目标可能会使得货币政策目标更加多元化。当多目标之间发生冲突时，货币政策需要在目标之间权衡，操作难度将会提高。但是金融稳定的重要性愈加凸显的背景下，货币政策无法忽视金融稳定对于通胀和经济稳定的影响，如果货币政策忽视资产价格的波动，那么很有可能会引发资产泡沫风险，进而加剧金融市场和宏观经济的波动。并且，当资产价格波动对金融体系的稳定性和总体经济活动产生影响时，传统货币政策的有效性也会被削弱，因此盯住资产泡沫的货币政策具备学理基础。一方面，可以让货币政策负担起一定的金融稳定职能，另一方面，可以在货币政策之外寻找能够发挥金融稳定效力的补充政策工具，如宏观审慎政策，本书后续也将对宏观审慎政策与资产泡沫和金融稳定之间的交互关系进行探讨。

⊙ 3.2 理论与定量分析

在本部分，我们介绍一系列有关货币政策与资产泡沫的经典模型。

3.2.1 世代交叠模型框架下的货币政策与资产泡沫

我们首先介绍Galí（2014）针对货币政策和资产泡沫之间关系的重要论述。Galí注意到了资产价格中基本面和泡沫项的不同性质：基本面是资产带来的现金流的折现值,而泡沫项不对应任何现金流。因此,利率上升的情况下,资产的基本面由于折现率的提高可能下降,但泡沫项本身并非如此。事实上,更高的利率反而可能给了资产泡沫更大的增长空间,因此货币政策面临稳定实体经济和稳定泡沫波动之间的权衡取舍。

1. 一个简单的局部均衡模型

考虑一个产生股息流 $\{D_t\}$ 的无限久期资产。R_t 表示无风险利率,Q_t 表示资产的市场价格。在均衡状态下,资产价格满足 $Q_t R_t = E_t\{D_{t+1} + Q_{t+1}\}$,其中 Q_t^F 表示基本面,而 Q_t^B 表示资产价格中的泡沫项,$Q_t = Q_t^F + Q_t^B$。两部分分别满足如下方程:

$$Q_t^F = E_t\left\{\sum_{k=1}^{\infty} D_{t+k} \left(\prod_{j=0}^{k-1}(1/R_{t+j})\right)\right\} \quad (3.1)$$

$$Q_t^B R_t = E_t Q_{t+1}^B \quad (3.2)$$

资产价格的基本面等于现金流的预期折现值,而泡沫项不对应任何现金流。因此,如果泡沫存在,则无套利条件要求其预期增长率等于无风险利率。基于以上分析,可以得出以下结论:利率上升会降低 Q_t^F,但会提高泡沫的预期增长 $E_t\{Q_{t+1}^B/Q_t^B\}$。

为了更准确地分析资产价格基本面和泡沫项的动态,对以上系统对数线性化:

$$q_t^B = q_{t-1}^B + r_{t-1} + \xi_t \quad (3.3)$$

其中 $x_t = \log(X_t) - \log(X)$,$X$ 代表对应变量的稳态值,ξ_t 是一个均值为 0 的鞅过程,满足 $\xi_t = \xi_t^* + \psi_r(r_t - E_{t-1}\{r_t\})$,其中 ξ_t^* 是与利率冲击垂直的均值为 0 的鞅,$E\{\xi_t^* r_{t-k}\} = 0$。假设 r_t 遵循平稳 AR(1) 过程 $r_t = \rho_r r_{t-1} + \varepsilon_t^r$,其中 $\rho_r \in (0,1)$,那么泡沫 q_t^B 对利率冲击的响应为:

$$\frac{\partial q_{t+k}^B}{\partial \varepsilon_t^r} = \psi_r + \frac{1-\rho_r^k}{1-\rho_r} \quad (3.4)$$

上式表明,只要 $\psi_r > -1/(1-\rho_r)$,资产泡沫对利率的响应就应当为正,而基本面对利率冲击的响应为：

$$\psi_r = \frac{\partial q_t^F}{\partial \varepsilon_t^r} = -\frac{R}{R-\rho_r} \quad (3.5)$$

在长期，泡沫对利率的响应一定为正，因为：

$$\lim_{k \to \infty} \frac{\partial q_{t+k}^B}{\partial \varepsilon_t^r} = \frac{\rho_r(R-1)}{(R-\rho_r)(1-\rho_r)} > 0 \quad (3.6)$$

这个简单的模型告诉我们，由于资产泡沫的预期增长率等于实际利率，因此利率上升可能会进一步吹大泡沫。传统的"逆风而行"政策看似并没有遏制泡沫，最终却助长了泡沫。但随着利率上升，资产的基本价值将会下降，利率上升对整体资产价格的影响仍然可能是负面的。

2. 一般均衡模型

上一部分展示的是局部均衡模型，本部分展示在OLG模型的基础上构建的一般均衡模型，其中不包括人口增长。模型中每个个体存活2期，在t时期出生的代表个体的期望效用函数为：

$$\log C_{1,t} + \beta E_t \{\log C_{2,t+1}\} \quad (3.7)$$

其中年轻时的消费为$C_{1,t} \equiv \left(\int_0^1 C_{1,t}(i)^{1-\frac{1}{\epsilon}} \, \mathrm{d}i\right)^{\frac{\epsilon}{\epsilon-1}}$，年老时的消费为$C_{2,t+1} \equiv \left(\int_0^1 C_{2,t+1}(i)^{1-\frac{1}{\epsilon}} \, \mathrm{d}i\right)^{\frac{\epsilon}{\epsilon-1}}$。每个人都被赋予了生产差异化商品的"专业知识"，我们用一家"公司"来表示这一个个体。该公司只有在一个时期（即当其所有者年老时）之后才变得富有成效，并且仅在一个时期内产生其所有者应计的利润。

假设个体生来就拥有$\delta \in [0,1]$的泡沫禀赋，其实际价格为$Q_{t|t}^B \geqslant 0$。并且在每个时期，δ比例的资产泡沫都会消失，而经济中的泡沫总量仍为1。消费者年轻和年老时的预算约束可以表示为：

$$\int_0^1 \frac{P_t(i)C_{1,t}(i)}{P_t} \, \mathrm{d}i + \frac{Z_t^M}{P_t} + \sum_{k=0}^{\infty} Q_{t|t-k}^B Z_{t|t-k}^B = W_t + \delta Q_{t|t}^B \quad (3.8)$$

$$\int_0^1 \frac{P_{t+1}(i)C_{2,t+1}(i)}{P_{t+1}} \mathrm{d}i = D_{t+1} + \frac{Z_t^M(1+i_t)}{P_{t+1}} +$$
$$(1-\delta)\sum_{k=0}^{\infty} Q_{t+1|t-k}^B Z_{t|t-k}^B \quad (3.9)$$

其中 $P_t \equiv \left(\int_0^1 P_t(i)^{1-\epsilon} \mathrm{d}i\right)^{\frac{1}{1-\epsilon}}$，$Z_t^M$ 表示1期债券的价格，W_t 是经济中的工资，D_{t+1} 表示企业给家庭的分红。由以上关系，我们容易得到 $\int_0^1 \frac{P_t(i)C_{1,t}(i)}{P_t} \mathrm{d}i = C_{1,t}$，$\int_0^1 \frac{P_{t+1}(i)C_{2,t+1}(i)}{P_{t+1}} \mathrm{d}i = C_{2,t+1}$。

求解消费者最优化问题，容易得到对每种商品的需求为：

$$C_{1,t}(i) = \left(\frac{P_t(i)}{P_t}\right)^{-\epsilon} C_{1,t} \quad (3.10)$$

$$C_{2,t+1}(i) = \left(\frac{P_{t+1}(i)}{P_{t+1}}\right)^{-\epsilon} C_{2,t+1} \quad (3.11)$$

经济中的实际利率为 $R_t \equiv (1+i_t)E_t\left\{\frac{P_t}{P_{t+1}}\right\}$。

假设企业的生产函数是劳动力的线性函数 $Y_t(i) = N_t(i)$，并且在其运营期结束后变得非生产性。通过假设价格是预先设定的来引入名义刚性：

$$\max_{P_t^*} E_{t-1}\left\{\Lambda_{t-1,t} Y_t\left(\frac{P_t^*}{P_t} - W_t\right)\right\} \quad (3.12)$$

其中 $Y_t = (P_t^*/P_t)^\epsilon C_t$，$\Lambda_{t-1,t} \equiv \beta(C_{1,t-1}/C_{2,t})$。企业的最优化问题条件为：

$$E_{t-1}\left\{\Lambda_{t-1,t} Y_t\left(\frac{P_t^*}{P_t} - \mathcal{M}W_t\right)\right\} = 0 \quad (3.13)$$

其中 $\mathcal{M} \equiv \frac{\epsilon}{\epsilon-1}$ 表示实际价格和工资之间的楔子，代表企业本身的垄断势力。

央行基于泰勒规则设定名义利率：

$$1 + i_t = RE_t\{\Pi_{t+1}\}(\Pi_t/\Pi)^{\phi_\pi}(Q_t^B/Q^B)^{\phi_b} \quad (3.14)$$

其中 $\Pi_t \equiv P_t/P_{t-1}$ 代表实际通胀，Π 为央行设定的通胀目标。Q_t^B 代表 t 期经济中泡沫的总规模，Q^B 为稳态泡沫大小。考虑对称均衡，即 $P_t(i) = P_t = P_t^*$，市场出清条件包括：

- 商品市场出清：
$$Y_t = C_{1,t} + C_{2,t} = D_t + W_t \quad (3.15)$$

其中 $C_{1t} = W_t - B_t$，$C_{2,t} = D_t + B_t$。

- 劳动力市场出清：

$$1 = \int_0^1 Y_t(i)\, \mathrm{d}i = Y_t \tag{3.16}$$

- 资产市场出清：

$$Z_t^M = 0 \tag{3.17}$$

$$Z_{t|t-k}^B = \delta(1-\delta)^k \tag{3.18}$$

注意此时由对称均衡的性质和商品市场出清可以将个体厂商的定价方程改写为：

$$E_{t-1}\left\{\frac{1}{C_{2,t}}(1 - \mathcal{M}W_t)\right\} = 0 \tag{3.19}$$

定义经济中总的泡沫存量为 Q_t^B，其中在 t 期之前就已经产生的部分为 B_t：

$$Q_t^B \equiv \delta \sum_{k=0}^{\infty} (1-\delta)^k Q_{t|t-k}^B \tag{3.20}$$

$$B_t \equiv \delta \sum_{k=1}^{\infty} (1-\delta)^k Q_{t|t-k}^B \tag{3.21}$$

新产生的泡沫量满足 $U_t \equiv \delta Q_{t|t}^B$，其中：

$$Q_t^B \equiv B_t + U_t = \beta E_t\left\{\frac{C_{1,t}}{C_{2,t+1}} B_{t+1}\right\} \tag{3.22}$$

假设 $\{U_t\}$ 服从外生的独立同分布且均值为 U 的分布。

首先讨论不存在外生冲击的情况，其中 $U_t = U > 0$，$B_t - E_{t-1}\{B_t\} = 0$。这意味着 $W_t = 1/\mathcal{M}$，$D_t = 1 - 1/\mathcal{M}$，$C_{1,t} = 1/\mathcal{M} - B_t$，$C_{2,t} = 1 - 1/\mathcal{M} + B_t$。此时实际利率满足：

$$R_t = \left(\frac{1}{\beta}\right)\frac{1 - 1/\mathcal{M} + B_{t+1}}{1/\mathcal{M} - B_t} \equiv R(B_t, B_{t+1}) \tag{3.23}$$

而泡沫的规模变化满足：

$$\frac{B_t + U}{1/\mathcal{M} - B_t} = \frac{\beta B_{t+1}}{1 - 1/\mathcal{M} + B_{t+1}} \tag{3.24}$$

$$B_{t+1} = \frac{(1-1/\mathcal{M})(B_t + U)}{\beta/\mathcal{M} - (1+\beta)B_t - U} \equiv H(B_t, U) \tag{3.25}$$

有泡沫稳态定义为一组 (B, U) 使得 $B = H(B, U)$,其中 $B \in (0, 1/\mathcal{M})$。以下定理说明了有泡沫稳态的存在性条件:

> **定理 3.1 泡沫存在性条件**
>
> 不存在冲击的情况下,有泡沫稳态存在的充分必要条件为:
>
> $$\mathcal{M} < 1 + \beta \tag{3.26}$$
>
> 进一步地,上述系统在 $U \in [0, \bar{U}]$ 区间存在两个稳态(一个稳定,一个不稳定),其中 $\bar{U} \equiv \beta + (1+\beta)(1-W) + 2\sqrt{\beta(1+\beta)(1-W)}$。

在稳态中,经济的实际利率 $\mathcal{R}(B) < 1$。上述分析表明,由于价格完全灵活,货币政策是中性的,泡沫的存在不受货币政策的影响。

接下来我们考虑 $\{U_t\}$ 是随机变量的情况。在上述稳态周边对模型均衡条件做对数线性化可以得到:

$$0 = \hat{c}_{1,t} + \beta R \hat{c}_{2,t} \tag{3.27}$$

$$\hat{c}_{1,t} = E_t\{\hat{c}_{2,t+1}\} - \hat{r}_t \tag{3.28}$$

$$\hat{c}_{2,t} = (1-\Gamma)\hat{d}_t + \Gamma \hat{b}_t \tag{3.29}$$

$$\hat{q}_t^B = R\hat{b}_t + (1-R)\hat{u}_t = E_t\{\hat{b}_{t+1}\} - \hat{r}_t \tag{3.30}$$

$$E_{t-1}\{\hat{w}_t\} = E_{t-1}\{\hat{d}_t\} = 0 \tag{3.31}$$

$$\hat{r}_t = \phi_\pi \hat{\pi}_t + \phi_b \hat{q}_t^B \tag{3.32}$$

其中 $R = \mathcal{R}(B)$,$\Gamma = \epsilon B/(\epsilon B + 1)$。注意到在理性预期下,方程(3.30)可以改写为:

$$\hat{b}_t = R\hat{b}_{t-1} + (1-R)\hat{u}_{t-1} + \hat{r}_{t-1} + \xi_t \tag{3.33}$$

其中 $\{\xi_t = \hat{b}_t - E_{t-1}\{\hat{b}_t\}\}$ 为任意的鞅差分过程,即 $E_{t-1}\{\xi_t\} = 0$。

在灵活定价的均衡中，$\hat{w}_t = \hat{d}_t = 0$，很容易证明货币政策对泡沫的动态没有影响，因为它不改变利率。而在粘性价格均衡下，$E_{t-1}\{\hat{w}_t\} = E_{t-1}\{\hat{d}_t\} = 0$，$E_{t-1}\{\pi_t\} = \pi_t$，泡沫和通货膨胀的动态由下式给出：

$$\hat{b}_t = \chi \hat{b}_{t-1} + (\phi_b + 1)(1-R)\hat{u}_{t-1} + \xi_t + (\phi_b - \epsilon B(1+\beta))R\xi_{t-1} \quad (3.34)$$

$$\hat{\pi}_t = \chi \hat{\pi}_{t-1} - (1/\phi_\pi)(\phi_b - \epsilon B(1+\beta)R)(\phi_b + 1)\varepsilon_{t-1} \quad (3.35)$$

其中 $\varepsilon_t \equiv R\xi_t + (1-R)\hat{u}_t$，$\chi \equiv R(1 + \epsilon(1+\beta)B)$。容易看到，此时货币政策会通过 ϕ_b 影响泡沫的大小和波动。

首先考虑 ϕ_b 对泡沫波动的影响，基于泡沫项的波动方程可以得到：

$$\text{var}\{\hat{q}_t^B\} = \left(\frac{R^2(\phi_b+1)^2}{1-\chi^2} + 1\right)\sigma_\varepsilon^2 \quad (3.36)$$

其中 $\sigma_\varepsilon^2 \equiv R^2 \sigma_\xi^2 + (1-R)^2 \sigma_u^2$。上式表明，当 $\phi_b > 0$ 时，即货币政策对泡沫进行逆风反应时，泡沫的波动反而会增加，而当 $\phi_b = -1$ 时，泡沫的波动最小。

下面考虑最优货币政策。对个体的效用函数在稳态周边做二阶展开可以得到：

$$E\{\log C_{1,t} + \beta \log C_{2,t+1}\} \simeq \log C_1 + \beta \log C_2 \\ - \frac{1}{2}(\text{var}\{\hat{c}_{1,t}\} + \beta \text{var}\{\hat{c}_{2,t}\}) \quad (3.37)$$

由于 $C_{1,t} + C_{2,t} = 1$，$\text{var}\{\hat{c}_{1,t}\}$ 和 $\text{var}\{\hat{c}_{2,t}\}$ 成正比。因此为了最大化社会福利只需要最小化 $\text{var}\{\hat{c}_{2,t}\}$。注意到 $\hat{c}_{2,t} = (1-\Gamma)\hat{d}_t + \Gamma \hat{b}_t$，因而其波动程度满足：

$$\text{var}\{(1-\Gamma)\hat{d}_t + \Gamma \hat{b}_t\} \propto \left((\phi_b - \epsilon B)^2 + \frac{(\beta R \epsilon B)^2 (\phi_b+1)^2}{1-\chi^2}\right)\sigma_\varepsilon^2 \quad (3.38)$$

因此，最优的 ϕ_b 满足：

$$\phi_b^* = (-1)\Psi + \epsilon B(1-\Psi) \quad (3.39)$$

其中 $\Psi \equiv (\beta R \epsilon B)^2/(1-\chi^2 + (\beta R \epsilon B)^2) \in [0,1]$。当泡沫规模很大，即 $\chi \to 1$ 时，最优货币政策为 $\lim_{B \to \tilde{B}} \phi_b^* = -1 < 0$。货币政策的选择需要在稳定总需求（需要逆周期政策）和稳定泡沫本身（需要顺周期政策）之间取得平衡。因此，最优的 ϕ_b 正负是不确定的，取决于哪个因素更重要。如图3.1所示，当泡沫过

大时，政府需要更加注意控制泡沫的波动性，从而导致 $\phi_b < 0$。

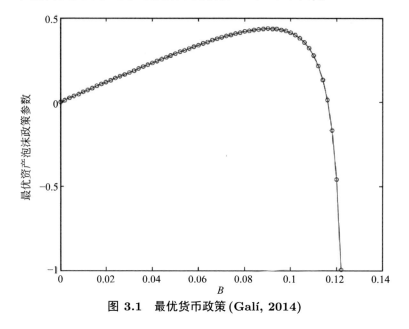

图 3.1 最优货币政策 (Galí, 2014)

3.2.2 基于世代交叠新凯恩斯模型的分析

上一部分中，我们讨论了资产泡沫与货币政策之间的关系，以及逆风政策潜在的扩张泡沫风险。但在 Galí（2014）的框架中，泡沫的波动并不会影响总产出，泡沫本身只具有再分配效应。相比之下，Galí（2021）基于标准的新凯恩斯模型框架讨论了泡沫波动会如何影响实体经济运行，并分析了这种情况下的最优政策响应。

1. 消费者

经济中人口总量为1，每个个体生存到下一期的概率为 $\gamma \in (0,1)$，同时为了总人口保持不变，假设每期有 $1-\gamma$ 的人口出生。经济中有两种类型的主体：活跃的和不活跃的。假设一位活跃的个体拥有一家公司并提供劳动力进行生产，而一位不活跃的个体则退出劳动力市场。活跃者以 $1-\nu \in [0,1)$ 的概率转移到不活跃状态，不活跃者将保持其状态。假设新生人口全部为活跃类型，则任何时期经济中的活跃人口为 $\alpha \equiv (1-\gamma)/(1-\nu\gamma) \in (0,1]$。

在 s 期出生的个体最优化其终身效用：

$$E_s \sum_{t=s}^{\infty} (\beta\gamma)^{t-s} \log C_{t|s} \tag{3.40}$$

其中 $\beta = 1/(1+\rho) \in (0,1)$ 为折现率，$C_{t|s}$ 代表 s 期出生的个体在 t 期的消费。假设在 t 期开始时，该个体拥有财富 $A_{t|s}$ 并以工资率 W_t 提供劳动力 $N_{t|s}$，消费品 $C_{t|s}(i)$ 的价格为 $P_t(i)$，其中 $i \in [0, \alpha]$，则预算约束可以写为：

$$\frac{1}{P_t} \int_0^{\alpha} P_t(i) C_{t|s}(i) \, di + E_t\{\Lambda_{t,t+1} Z_{t+1|s}\} = A_{t|s} + W_t N_{t|s} \tag{3.41}$$

其中总消费为 $C_{t|s} \equiv \left(\alpha^{-\frac{1}{\epsilon}} \int_0^{\alpha} C_{t|s}(i)^{1-\frac{1}{\epsilon}} di\right)^{\frac{\epsilon}{\epsilon-1}}$，经济中价格指数为 $P_t \equiv (\alpha^{-1} \int_0^{\alpha} P_t(i)^{1-\epsilon} di)^{\frac{1}{1-\epsilon}}$。$Z_{t+1|s}$ 为 t 期购买的 1 期债券的利息，只有活跃的个体才可以在资产市场上进行交易，$E_t\{\Lambda_{t,t+1} Z_{t+1|s}\}$ 是这种资产在 t 期的市场价值，$\Lambda_{t,t+1}$ 为随机折现因子。

$A_{t|s}$ 表示在 t 期开始时，出生在 s 期的个体所持有的金融资产，对于在第 t 期之前出生的个体，有 $A_{t|s} = Z_{t|s}/\gamma$，即我们假设退出经济的个体手中的财富会被平均分给还留在经济中的同一代消费者。假设活跃的个体提供劳动力 $N_{t|s}^a = N_t/\alpha$，不活跃的个体不提供劳动力，即 $N_{t|s}^r = 0$，从而总的劳动力供给为 N_t。偿付能力约束要求 $\lim_{T\to\infty} \gamma^T E_t\{\Lambda_{t,t+T} A_{t+T|s}\} \geqslant 0$。基于以上分析，可以将预算约束改写为：

$$C_{t|s} + \gamma E_t\{\Lambda_{t,t+1} A_{t+1|s}\} = A_{t|s} + W_t N_{t|s} \tag{3.42}$$

代表性消费者的最优化条件为：

$$\Lambda_{t,t+1} = \beta \frac{C_{t|s}}{C_{t+1|s}} \tag{3.43}$$

$$\lim_{T\to\infty} \gamma^T E_t\{\Lambda_{t,t+T} A_{t+T|s}\} = 0 \tag{3.44}$$

其中式（3.44）为横截性条件（transversality condition）。由于我们选用了对数效用函数，由方程（3.42）、方程（3.43）和方程（3.44）可以方便地求得活跃个体和不活跃个体的消费：

$$C_{t|s}^a = (1-\beta\gamma)\left[A_{t|s}^a + \frac{1}{\alpha}\sum_{k=0}^{\infty}(\nu\gamma)^k E_t\{\Lambda_{t,t+k}W_{t+k}N_{t+k}\}\right] \quad (3.45)$$

$$C_{t|s}^r = (1-\beta\gamma)A_{t|s}^r \quad (3.46)$$

2. 企业

活跃个体经营企业并获取收益，企业的生产函数为：

$$Y_t(i) = \Gamma^t N_t(i), i \in [0,\alpha], \quad \Gamma \equiv 1+g \geqslant 1 \quad (3.47)$$

其中 $Y_t(i)$ 为商品 i 的总产出，$N_t(i)$ 为劳动总需求，Γ 代表生产效率增速。各种中间品组合生产最终消费品 $C_{t|s} \equiv \left(\alpha^{-\frac{1}{\epsilon}}\int_0^{\alpha} C_{t|s}(i)^{1-\frac{1}{\epsilon}}\mathrm{d}i\right)^{\frac{\epsilon}{\epsilon-1}}$，$t$ 期的总消费 C_t 满足：

$$C_t \equiv (1-\gamma)\sum_{s=-\infty}^{t}\gamma^{t-s}C_{t|s} \quad (3.48)$$

价格粘性的设定与 Calvo（1983）一致，每一期企业有 $1-\theta$ 的概率可以调整价格 P_t^* 以最大化预期利润：

$$\max_{P_t^*}\sum_{k=0}^{\infty}(\nu\gamma\theta)^k E_t\left\{\Lambda_{t,t+k}Y_{t+k|t}\left(\frac{P_t^*}{P_{t+k}} - \mathcal{W}_{t+k}\right)\right\} \quad (3.49)$$

企业面临的需求函数为：

$$Y_{t+k|t} = \frac{1}{\alpha}\left(\frac{P_t^*}{P_{t+k}}\right)^{-\epsilon}C_{t+k} \quad (3.50)$$

其中 $\mathcal{W}_t \equiv W_t/\Gamma^t$ 为经过生产率调整后的实际工资。企业定价问题的最优化条件为：

$$\sum_{k=0}^{\infty}(\nu\gamma\theta)^k E_t\left\{\Lambda_{t,t+k}Y_{t+k|k}\left(\frac{P_t^*}{P_{t+k}} - \mathcal{MW}_{t+k}\right)\right\} \quad (3.51)$$

其中 $\mathcal{M} \equiv \dfrac{\epsilon}{\epsilon-1}$ 为灵活定价下的最优价格楔子，经济中总体价格指数满足：

$$P_t^{1-\epsilon} = \theta P_{t-1}^{1-\epsilon} + (1-\theta)(P_t^*)^{1-\epsilon} \quad (3.52)$$

结合方程（3.51）和（3.52）并在稳态周边做对数线性化，我们得到通胀满足的动态方程：

$$\pi_t = \Lambda\Gamma\nu\gamma E_t\{\pi_{t+1}\} - \lambda(\mu_t - \mu) \tag{3.53}$$

其中 $\pi_t \equiv p_t - p_{t-1}$ 为通胀率的对数，$\lambda \equiv (1-\theta)(1-\Lambda\Gamma\nu\gamma\theta)/\theta > 0$，$\mu_t \equiv p_t - \psi_t = -\log \mathcal{W}_t$，$\psi_t \equiv \log P_t\mathcal{W}_t$，$\mu \equiv \log \mathcal{M}$，$\Lambda \equiv 1/(1+r)$。

给定以上方程，我们可以推导模型的菲利普斯曲线。假设实际工资的决定式为 $\mathcal{W}_t = \left(\frac{N_t}{\alpha}\right)^\varphi$，潜在产出（即灵活定价均衡中的产出）为 $Y_t^n = \Gamma^t \mathcal{Y}$，其中 $\mathcal{Y} \equiv \alpha\mathcal{M}^{-\frac{1}{\varphi}}$（注意到 $\mathcal{M}\mathcal{W}_t = 1$）。从而模型对应的菲利普斯曲线为：

$$\pi_t = \Lambda\Gamma\nu\gamma E_t\{\pi_{t+1}\} + \kappa\hat{y}_t \tag{3.54}$$

其中 $\kappa \equiv \lambda\varphi$，$\hat{y}_t \equiv \log(Y_t/Y_t^n)$ 代表产出缺口。

3. 资产市场

接下来考虑在模型中引入资产泡沫，时期 t 的名义利率为 i_t：

$$1 = (1+i_t)E_t\left\{\Lambda_{t,t+1}\frac{P_t}{P_{t+1}}\right\} \tag{3.55}$$

单个企业 i 的股价 $Q_t^F(i)$ 是其分红的折现值：

$$Q_t^F(i) = D_t(i) + \nu\gamma E_t\{\Lambda_{t,t+1}Q_{t+1}^F(i)\} \tag{3.56}$$

其中分红满足 $D_t(i) \equiv Y_t(i)\left(\frac{P_t(i)}{P_t} - \mathcal{W}_t\right)$，从而总股价为 Q_t^F：

$$Q_t^F \equiv \int_0^\alpha Q_t^F(i)\mathrm{d}i = \sum_{k=0}^\infty (\nu\gamma)^k E_t\{\Lambda_{t,t+k}D_{t+k}\} \tag{3.57}$$

其中 $D_t \equiv \int_0^\alpha D_t(i)\mathrm{d}i$。注意到这里的股价 Q_t^F 可以理解为金融资产的基本面。

假设经济中还有一种无用资产（即基本面为零）Q_t^B，称之为资产泡沫，泡沫的演化方程为：

$$Q_t^B = U_t + B_t \tag{3.58}$$

$$Q_t^B = E_t\{\Lambda_{t,t+1}B_{t+1}\} \tag{3.59}$$

其中 B_t 是 t 期期初已经存在的泡沫，U_t 是新引进的泡沫。假设 $U_t \equiv Q_{t|t}^B \geq 0$，

从而 $B_t \equiv \sum_{s=-\infty}^{t-1} Q_{t|s}^B \geq 0$。给定以上设定，时期 t 出生的个体的初始资产禀赋为：

$$A_{t|t} = Q_{t|t}^F + U_t/(1-\gamma) \tag{3.60}$$

其中 $Q_{t|t}^F$ 是公司价值禀赋。

4. 市场出清

市场出清条件由以下方程给出：

- 商品市场出清：

$$Y_t = \left(\alpha^{-\frac{1}{\epsilon}} \int_0^\alpha Y_t(i)^{1-\frac{1}{\epsilon}} \mathrm{d}i\right)^{\frac{\epsilon}{\epsilon-1}} \tag{3.61}$$

$$Y_t = (1-\gamma) \sum_{s=-\infty}^{t} \gamma^{t-s} C_{t|s} = C_t \tag{3.62}$$

- 劳动力市场出清：

$$N_t = \int_0^\alpha N_t(i)\mathrm{d}i = \mathcal{Y}_t \tag{3.63}$$

其中 $\mathcal{Y}_t \equiv Y_t/\Gamma^t$ 为调整后的总产出。

- 资产市场出清：

$$(1-\gamma) \sum_{s=-\infty}^{t} \gamma^{t-s}(\nu^{t-s} A_{t|s}^a + (1-\nu^{t-s})A_{t|s}^r) = Q_t^F + Q_t^B \tag{3.64}$$

- 总资源约束：

$$C_t = (1-\beta\gamma)(Q_t^B + X_t) \tag{3.65}$$

其中 $X_t \equiv \sum_{k=0}^{\infty} (\nu\gamma)^k E_t\{\Lambda_{t,t+k} Y_{t+k}\}$ 代表经济中所有非泡沫资产的总价值。

在均衡增长路径（balanced growth path）上，我们容易得到：

$$\mathcal{C} = (1-\beta\gamma)\left[\mathcal{Q}^B + \frac{1}{1-\Lambda\Gamma\nu\gamma}\mathcal{Y}\right] \tag{3.66}$$

其中 $\mathcal{C}$ 和 $\mathcal{Q}^B$ 分别代表均衡增长路径上经生产率调整之后的总消费和总泡沫规模。记 $q^B \equiv \mathcal{Q}/\mathcal{Y}$，$u \equiv \mathcal{U}/\mathcal{Y}$，并注意到商品市场出清要求

$\mathcal{C} = \mathcal{Y}$，进而我们可以求解 q^B 和 u：

$$q^B = \frac{\gamma(\beta - \Lambda\Gamma\nu)}{(1-\beta\gamma)(1-\Lambda\Gamma\nu\gamma)} \quad (3.67)$$

$$u = \left(1 - \frac{1}{\Lambda\Gamma}\right)q^B \quad (3.68)$$

在无泡沫稳态中，$q^B = u = 0$，由方程（3.67）得到 $\Lambda\Gamma\nu = \beta$，这意味着利率为 $r = (1+\rho)(1+g)\nu - 1 \equiv r_0$。而在有泡沫稳态中 $q^B > 0$，由方程（3.67）容易得到 $\Lambda\Gamma\nu < \beta$，而 $u \geqslant 0$ 又要求 $\Lambda\Gamma \geqslant 1$（即 $r \leqslant g$），这两个条件同时成立当且仅当 $\nu < \beta$。在一个特殊的情况下 $\Lambda\Gamma = 1$（即 $r = g$），没有新泡沫产生，而经济中泡沫总量 $\bar{q}^B$ 满足：

$$q^B = \frac{\gamma(\beta - \nu)}{(1-\beta\gamma)(1-\nu\gamma)} \equiv \bar{q}^B \quad (3.69)$$

由以上分析可知，当 $\beta \leqslant \nu \leqslant 1$ 时，均衡增长路径是唯一且无泡沫的，并且与 $r_0 \geqslant g$ 给出的实际利率相关。当 $0 < \nu < \beta$ 时，多个均衡增长路径共存。除了无泡沫路径之外，还存在有泡沫增长路径，由实际利率 $r \in (r_0, g]$ 决定，稳态路径上泡沫大小为 $q^B \in (0, \bar{q}^B]$，如图 3.2 所示。

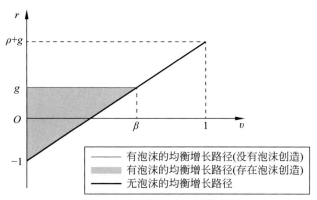

图 3.2 最优资产泡沫政策参数

下面讨论模型局部动态以及货币政策。首先对均衡系统进行对数线性化，商品市场出清表明：

$$\hat{y}_t = \hat{c}_t \quad (3.70)$$

其中 $\hat{c}_t \equiv \log(C_t/\Gamma^t\mathcal{C})$, $\hat{y}_t \equiv \log(Y_t/\Gamma^t\mathcal{Y})$。对总消费进行线性化可以得到：

$$\hat{y}_t = (1-\beta\gamma)(\hat{q}_t^B + \hat{x}_t) \tag{3.71}$$

其中 $q_t^B \equiv Q_t^B/(\Gamma^t\mathcal{Y})$, $x_t \equiv X_t/(\Gamma^t\mathcal{Y})$, $\hat{q}_t^B = q_t^B - q^B$, $\hat{x}_t = x_t - x$。对 X_t 的定义式进行对数线性化可以得到：

$$\hat{x}_t = \Phi E_t\{\hat{x}_{t+1}\} + \frac{1-\beta\gamma}{\beta\gamma}\hat{q}_t^B - \frac{\Phi}{1-\beta\gamma\Phi}\hat{r}_t^B \tag{3.72}$$

其中 $\Phi \equiv \dfrac{\Lambda\Gamma\nu}{\beta}$，实际利率为 $\hat{r}_t = \hat{i}_t - E_t\{\pi_{t+1}\}$，名义利率满足 $\hat{i}_t = \log\left(\dfrac{1+i_t}{1+r}\right)$。对资产泡沫波动方程线性化可以得到：

$$\hat{q}_t^B = \Lambda\Gamma E_t\{\hat{b}_{t+1}\} - q^B\hat{r}_t \tag{3.73}$$

$$\hat{q}_t^B = \hat{b}_t^B + \hat{u}_t \tag{3.74}$$

其中 $\hat{u}_t = u_t - u$, $\hat{b}_t = b_t - b$。注意到在之前的分析中，我们已经得到了模型的菲利普斯曲线：

$$\pi_t = \beta\gamma\Phi E_t\{\pi_{t+1}\} + \kappa\hat{y}_t \tag{3.75}$$

方程（3.70）～方程（3.75）描绘了模型在无政策的情况下在均衡增长路径周边的波动情况。为了引入政策，我们考虑货币政策的泰勒规则：

$$\hat{i}_t = E_t\{\pi_{t+1}\} + \phi_y\hat{y}_t + \phi_q\hat{q}_t^B \tag{3.76}$$

当 $\phi_q \geqslant 0$ 时，我们称政策是"对泡沫逆风"（leaning against the bubble）的。

当经济中不存在泡沫波动，即 $\hat{q}_t^B = \hat{u}_t = 0$ 时，由以上系统可以得到产出缺口的波动方程为：

$$\hat{y}_t = \Xi E_t\{\hat{y}_{t+1}\} \tag{3.77}$$

其中 $\Xi \equiv \dfrac{\Phi(1-\beta\gamma\Phi)}{1-\beta\gamma\Phi+\Phi(1-\beta\gamma)\phi_y}$。当 $\Xi \leqslant 1$，即

$$\phi_y \geqslant -\frac{(1-\Phi)(1-\beta\gamma\Phi)}{\Phi(1-\beta\gamma)} \equiv \phi_y^0 \tag{3.78}$$

时，模型存在唯一的平稳解 $\hat{y}_t = 0$，从而不存在泡沫波动时，政府总可以通过对产出缺口做反应来消除经济本身的波动。

接下来考虑泡沫波动带来的经济周期。首先讨论在无泡沫稳态周边的经济波动：

$$\hat{y}_t = \left(\frac{(1-\beta\gamma)(1-\nu\gamma)}{\beta\gamma} - \phi_q\right)\left(\frac{1}{1-\frac{\nu}{\beta}} + \phi_y\right)q_t^B \quad (3.79)$$

因此，如果 $\phi_q > \frac{(1-\beta\gamma)(1-\nu\gamma)}{\beta\gamma}$，货币政策对泡沫的过度响应会导致泡沫与产出缺口的波动呈现负相关。尽管货币政策对泡沫率本身没有影响，泡沫波动仍可能通过对货币政策的影响而影响总需求和产出。

接下来考虑在有泡沫稳态周边的经济波动。为了方便分析，不妨设 $\phi_y = 0$。此时泡沫的波动方程为：

$$\hat{q}_t^B = \frac{\Lambda\Gamma}{1+q^B\phi_q}E_t\{\hat{q}_{t+1}^B\} \quad (3.80)$$

当且仅当 $\phi_q > \frac{\Lambda\Gamma-1}{q^B} \equiv \phi_q^*$ 时，唯一的平稳解为 $\hat{q}_t^B = 0$，这意味着政府总可以通过足够强的逆风政策来消除泡沫波动以及其带来的产出波动，如图3.3所示。

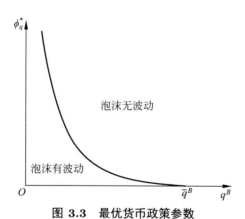

图 3.3 最优货币政策参数

如果 $0 \leqslant \phi_q < \phi_q^*$，则均衡中泡沫满足如下的AR(1)过程：

$$\hat{q}_t^B = \frac{1+q^B\phi_q}{\Lambda\Gamma}\hat{q}_{t-1}^B + \varepsilon_t \quad (3.81)$$

其中 $\varepsilon_t = b_t - E_t b_{t-1} + \hat{u}_t$。此时货币政策对泡沫响应的提高（$\phi_q$ 的上升），反而可能导致泡沫波动增加。综上所述，泡沫的波动可能会引起总产出的波动。由于价格粘性，货币政策不再是中性的。对泡沫的逆风利率政策有助于使产出和通胀免受总体泡沫波动的影响，这对经济有利。

3.2.3 资产泡沫与货币政策：基于新凯恩斯DSGE模型的分析

Dong et al.（2020）构建了一个包含资产泡沫的动态新凯恩斯模型，该模型将 Miao et al.（2015b）和 Miao and Wang（2018）为代表的异质性个体泡沫模型嵌入传统的动态新凯恩斯DSG模型框架中，进而讨论了货币政策和资产泡沫之间的关系。该模型具有相当强的可扩展性，以下对其模型结构和核心结论做简要介绍。

1. 代表性家庭

经济中有一系列相同的家庭，总量为1，每个代表性家庭包含劳动者、企业家和银行家。其中，企业家经营公司，劳动者为公司提供劳动力，代表性的银行家经营银行。家庭和企业可以通过存款进行储蓄，银行利用存款给借款人放贷。经济中还有一类代表性零售商，它们从中间品生产企业手里批发购买产品，之后打包零售给最终品生产者。代表性家庭持有经济中所有企业的股权。每个代表性家庭选择消费 C_t、劳动力供给 N_t 和存款 $S_{a,t+1}$ 以最大化终身效用：

$$\max_{C_t, S_{a,t+1}, N_t} E_0 \sum_{t=0}^{\infty} \beta^t (\ln C_t - \psi N_t) \tag{3.82}$$

家庭的预算约束为

$$C_t + \frac{S_{a,t+1}}{P_t} = w_t N_t + D_t + \frac{R_{t-1} S_{at}}{P_t} + X_t \tag{3.83}$$

其中 w_t 为真实工资，D_t 为银行家、企业和零售商提供的所有分红，X_t 代表政府的税收或补贴。为了方便分析，假设家庭不能借贷，即 $S_{a,t+1} \geqslant 0$。容易得到家庭的一阶条件为：

$$w_t = \frac{\psi}{\Lambda_t} \tag{3.84}$$

$$1 \geqslant E_t \left[\frac{\beta \Lambda_{t+1}}{\Lambda_t} \frac{R_t}{\Pi_{t+1}} \right] \quad (3.85)$$

其中 $\Lambda_t = 1/C_t$。

2. 银行

经济中有一系列总量为1的代表性银行,银行获取存款 S_{t+1} 并选择贷款 L_{t+1} 和准备金 M_{t+1}。为了方便分析,假设不存在银行资本以及准备金收益,从而银行的资产负债表为:

$$L_{t+1} + M_{t+1} = S_{t+1} \quad (3.86)$$

银行面临准备金约束

$$M_{t+1} \geqslant \lambda S_{t+1} \quad (3.87)$$

并通过选择资产配置以最大化预期利润:

$$\max_{M_{t+1}, L_{t+1}} E_t \frac{\beta \Lambda_{t+1}}{\Lambda_t} \left(\frac{L_{t+1} R_{lt} + M_{t+1} - S_{t+1} R_t}{P_{t+1}} \right) \quad (3.88)$$

其中 R_{lt} 为贷款利息。当 $R_{lt} > R_t$ 时,显然有 $M_{t+1} = \lambda S_{t+1}$,进而存贷利差满足:

$$R_{lt} = \frac{R_t - \lambda}{1 - \lambda} \quad (3.89)$$

注意到上式满足时,银行的利润为0。

3. 企业

每个企业家 $j \in [0,1]$ 经营一家企业,利用劳动力 N_{jt} 和资本 K_{jt} 生产批发性中间品,生产技术为:

$$Y_{jt} = A_t K_{jt}^{\alpha} N_{jt}^{1-\alpha} \quad (3.90)$$

其中全要素生产率 A_t 满足一个 AR(1) 过程。企业批发价格为 p_{wt},因而当期利润最大化问题为

$$R_{kt} K_{jt} = \max_{N_{jt}} p_{wt} A_t K_{jt}^{\alpha} N_{jt}^{1-\alpha} - w_t N_{jt} \quad (3.91)$$

即当期利润是资本存量的线性函数。

在每期,企业家都会接收到一个投资效率冲击 ε_{jt},给定冲击下,企业的

资本积累方程为:

$$K_{jt+1} = (1-\delta)K_{jt} + \varepsilon_{jt}I_{jt} \qquad (3.92)$$

假设冲击 ε 的累积分布函数为 F,密度函数为 f。企业家选择以 R_t 的利率向银行存款 S_{jt+1},并以 R_{lt} 的利率从银行借贷 L_{jt+1}。每一期每位企业家会得到 δ_h 数量的泡沫资产禀赋,这种资产的名义价值为 $P_{t|t}^h$,同时每期有 δ_h 比例的泡沫失去价值,以保证经济中泡沫总量始终为 1,企业家可以交易所有泡沫资产。用 $H_{j,t+1|t-k}$ 代表企业家 j 在 t 期选择持有的 $t-k$ 期引入经济的泡沫资产总量,价格为 $P_{t|t-k}^h$,与文献一致,我们假设 $H_{j,t|t} = \delta_h/(1-\delta_h)$。企业面临借贷约束:

$$0 \leqslant L_{jt+1} \leqslant \mu P_t K_{jt} \qquad (3.93)$$

企业的预算约束可以表示为:

$$\begin{aligned} D_{jt} + I_{jt} + \sum_{k=0}^{\infty} p_{t|t-k}^h H_{j,t+1|t-k} + \frac{1}{P_t}(S_{jt+1} + L_{jt}R_{lt-1}) \\ = R_{kt}K_{jt} + \frac{1}{P_t}(S_{jt}R_{t-1} + L_{jt+1}) + (1-\delta_h)\sum_{k=0}^{\infty} p_{t|t-k}^h H_{j.t|t-k} \end{aligned} \qquad (3.94)$$

其中 $p_{t|t-k}^h$ 代表泡沫资产的实际价格。进一步引入股权融资约束,即

$$D_{jt} \geqslant 0 \qquad (3.95)$$

企业家选择投资与泡沫持有以最大化其分红流的折现值,即:

$$\begin{aligned} & V_t\left(K_{jt}, S_{jt}, L_{jt}, \{H_{j,t|t-k}\}, \varepsilon_{jt}\right) \\ & = \max_{I_{jt}, S_{jt+1}, L_{jt+1}, H_{jt+1}} D_{jt} + \\ & \beta E_t \frac{\Lambda_{t+1}}{\Lambda_t} V_{t+1}\left(K_{jt+1}, S_{jt+1}, L_{jt+1}, \{H_{j,t+1|t-k}\}, \varepsilon_{jt+1}\right) \end{aligned} \qquad (3.96)$$

而企业的边际托宾 Q 值为:

$$q_t^k = \frac{\partial}{\partial K_{jt+1}} E_t \frac{\beta\Lambda_{t+1}}{\Lambda_t} V_{t+1}\left(K_{jt+1}, S_{jt+1}, L_{jt+1}, \{H_{j,t+1|t-k}\}, \varepsilon_{jt+1}\right) \qquad (3.97)$$

可以证明，企业的投资决策满足一个触发策略：

定理 3.2 企业决策规则

一个 $R_{lt} > R_t > 1$ 的均衡中，存在两个临界值 ε_t^* 和 ε_t^{**}，使得当 $\varepsilon_t < \varepsilon_t^*$ 时企业不投资 $I_{jt} = 0$，而当 $\varepsilon_t \geqslant \varepsilon_t^*$ 时有

$$I_{jt} = R_{kt}K_{jt} + \frac{1}{P_t}\left(S_{jt}R_{t-1} - S_{jt+1} + L_{jt+1} - L_{jt}R_{lt-1}\right) + \\ (1-\delta_h)\sum_{k=0}^{\infty} p_{t|t-k}^h H_{j,t|t-k} \tag{3.98}$$

企业的存贷款决策为：

$$S_{jt+1} = \begin{cases} 0, & \varepsilon_{jt} \geqslant \varepsilon_t^* \\ \text{不确定}, & \text{其他} \end{cases} \tag{3.99}$$

$$\frac{L_{jt+1}}{P_t} = \begin{cases} 0, & \varepsilon_{jt} < \varepsilon_{jt}^{**} \\ \mu K_{jt}, & \text{其他} \end{cases} \tag{3.100}$$

$$H_{j,t+1|t-k} = \begin{cases} 0, & \varepsilon_{jt} \geqslant \varepsilon_t^* \\ \text{不确定}, & \text{其他} \end{cases} \tag{3.101}$$

两个临界值满足：

$$\varepsilon_t^* = \frac{1}{q_t^k} \tag{3.102}$$

$$\varepsilon_t^{**} = \frac{R_{lt}}{R_t}\varepsilon_t^* \tag{3.103}$$

经济中的价格满足：

$$q_t^k = \beta E_t \frac{\Lambda_{t+1}}{\Lambda_t} R_{kt+1}\left[1 + \int_{\varepsilon_{t+1}^*}\left(q_{t+1}^k \varepsilon - 1\right)\mathrm{d}F(\varepsilon)\right] + \\ \beta E_t \frac{\Lambda_{t+1}}{\Lambda_t} q_{t+1}^k (1-\delta) + \\ \beta E_t \frac{\Lambda_{t+1}}{\Lambda_t}\mu \int_{\varepsilon_{t+1}^{**}}\left(q_{t+1}^k \varepsilon - \frac{R_{lt}}{R_t}\right)\mathrm{d}F(\varepsilon) \tag{3.104}$$

$$1 = \beta E_t \frac{\Lambda_{t+1}}{\Lambda_t} \frac{R_t}{\Pi_{t+1}} \left[1 + \int_{\varepsilon_{t+1}^*} (q_{t+1}^k \varepsilon - 1) \, dF(\varepsilon) \right] \quad (3.105)$$

$$p_{t|t-k}^h = (1-\delta_h)\beta E_t \frac{\Lambda_{t+1}}{\Lambda_t} p_{t+1|t-k}^h$$
$$\left[1 + \int_{\varepsilon_{t+1}^*} (q_{t+1}^k \varepsilon - 1) \, dF(\varepsilon) \right] \quad (3.106)$$

4. 零售商

经济中存在一系列垄断竞争的零售商，他们从企业家手里以价格 p_{wt} 批发中间品并将中间品 j 以价格 P_{jt} 销售。中间品通过CES函数形式加总为最终品：

$$Y_t = \left[\int_0^1 Y_{jt}^{\frac{\sigma-1}{\sigma}} dj \right]^{\frac{\sigma}{\sigma-1}} \quad (3.107)$$

从而容易得到零售商的需求函数为 $Y_{jt} = \left(\frac{P_{jt}}{P_t}\right)^{-\sigma} Y_t$，其中价格指数为 $P_t = \left[\int_0^1 P_{jt}^{1-\sigma} dj\right]^{\frac{1}{1-\sigma}}$。为了引入定价黏性，参考Calvo（1983），假设每期零售商只有 $1-\xi$ 的概率重新定价，同时假设当零售商无法重新定价时，其价格以稳态通胀率 Π 增长。当零售商可以选择价格时，其定价问题为：

$$\max_{P_t^*} \sum_{k=0}^{\infty} \xi^k E_t \left[\frac{\beta^k \Lambda_{t+k}}{\Lambda_t} \left((1+\tau) \frac{\Pi^k P_t^*}{P_{t+k}} - p_{w,t+k} \right) Y_{jt+k}^* \right] \quad (3.108)$$

其中 $Y_{jt+k}^* = \left(\frac{Pi^k P_t^*}{P_{t+k}}\right)^{-\sigma} Y_{t+k}$。求解上述问题容易得到最优定价为：

$$P_t^* = \frac{1}{1+\tau} \frac{\sigma}{\sigma-1} \frac{E_t \sum_{k=0}^{\infty} (\beta\xi)^k \Lambda_{t+k} p_{w,t+k} P_{t+k}^\sigma Y_{t+k} (\Pi^k)^{-\sigma}}{E_t \sum_{k=0}^{\infty} (\beta\xi)^k \Lambda_{t+k} P_{t+k}^{\sigma-1} (\Pi^k)^{1-\sigma} Y_{t+k}} \quad (3.109)$$

设 $1+\tau = \sigma/(\sigma-1)$ 以消除垄断竞争带来的定价扭曲，设 $p_t^* = P_t^*/P_t$，则可以将上式改写为：

$$p_t^* = \frac{\Gamma_t^a}{\Gamma_t^b} \quad (3.110)$$

其中:

$$\Gamma_t^a = \Lambda_t p_{wt} Y_t + \beta \xi E_t \left(\frac{\Pi_{t+1}}{\Pi}\right)^\sigma \Gamma_{t+1}^a \qquad (3.111)$$

$$\Gamma_t^b = \Lambda_t Y_t + \beta \xi E_t \left(\frac{\Pi_{t+1}}{\Pi}\right)^{\sigma-1} \Gamma_{t+1}^b \qquad (3.112)$$

总体价格指数满足:

$$P_t = \left[\xi(\Pi P_{t-1})^{1-\sigma} + (1-\xi)(P_t^*)^{1-\sigma}\right]^{\frac{1}{1-\sigma}}$$

或等价地:

$$1 = \left[\xi\left(\frac{\Pi}{\Pi_t}\right)^{1-\sigma} + (1-\xi)p_t^{*1-\sigma}\right]^{\frac{1}{1-\sigma}} \qquad (3.113)$$

5. 货币政策

与传统新凯恩斯模型一致,通过泰勒规则引入货币政策,特别地,可以考虑两类政策:传统泰勒规则和锚定未来通胀率的货币政策。

$$\ln R_t = \ln R + \phi_\pi \ln(\Pi_t/\Pi) + \phi_y \ln(Y_t/Y) + \phi_p \ln(p_t^h/p^h) + \nu_t \qquad (3.114)$$

$$\ln R_t = \ln R + \phi_\pi E_t \ln(\Pi_{t+1}/\Pi) + \phi_p \ln(p_t^h/p^h) + \nu_t \qquad (3.115)$$

由于经济中存在通胀,货币供给的增速是内生的,假设货币供给(即准备金)满足:

$$M_{t+1} = M_t \exp(g_t) \qquad (3.116)$$

其中 g_t 为货币总量的内生增速,货币总量增加带来的铸币税完全返还给家庭。

6. 加总与均衡

信贷市场、存款市场和泡沫资产市场的出清条件分别为:

$$\int L_{jt}\mathrm{d}j = L_t, \int S_{jt}\mathrm{d}j + S_{at} = S_t, \int H_{j,t+1|t-k}\mathrm{d}j = \delta_h(1-\delta_h)^k \qquad (3.117)$$

注意到方程(3.105)表明经济中实际存款利率小于1,从而家庭不会选择存款。类似地,家庭也不会选择持有泡沫。总资产、总投资和总劳动力需求分别为 $K_t = \int K_{jt}\mathrm{d}j$, $I_t = \int I_{jt}\mathrm{d}j$, $N_t = \int N_{jt}\mathrm{d}j$。由于最优的劳动-资本比

值与 j 无关，加总后可以得到实际工资为：

$$w_t = (1-\alpha)p_{wt}A_t K_t^\alpha N_t^{1-\alpha} \tag{3.118}$$

下面考虑对泡沫的加总。定义 t 期中之前已经存在的泡沫为：

$$p_t^E = \sum_{k=1}^{\infty} p_{t|t-k}^h (1-\delta_h)^k \delta_h \tag{3.119}$$

t 期新引入的泡沫为 $p_t^N = \delta_h p_{t|t}^h$。因此经济中的总泡沫为 $p_t^h = p_t^E + p_t^N$，进而有：

$$p_t^h = \beta E_t \frac{\Lambda_{t+1}}{\Lambda_t} p_{t+1}^E \left[1 + \int_{\varepsilon_{t+1}^*} \left(q_{t+1}^k \varepsilon - 1\right) \mathrm{d}F(\varepsilon)\right] \tag{3.120}$$

所有的中间品企业事前同质，事后异质，因此总借贷满足：

$$\frac{L_{t+1}}{P_t} = \mu K_t (1 - F(\epsilon_t^{**}))$$

由于银行的准备金约束是紧约束，上式可以改写为：

$$m_{t+1} = \frac{\lambda}{1-\lambda}\mu K_t (1 - F(\epsilon_t^{**})) \tag{3.121}$$

其中 $m_{t+1} = M_{t+1}/P_t$，则上式给出了货币需求，而货币供给满足：

$$m_{t+1} = \frac{m_t}{\Pi_t}\exp(g_t) \tag{3.122}$$

通过将企业的决策规则加总，可以得到总投资为：

$$I_t = \left(R_{kt}K_t + \frac{m_t}{\Pi_t} + p_t^h\right)(1 - F(\varepsilon_t^*)) + \mu K_t(1 - F(\varepsilon_t^{**})) \tag{3.123}$$

其中 $\frac{m_t}{\Pi_t}$ 项代表企业的净存款。由于银行受到准备金约束，存贷款存在利差，从而存在净存款。

对单个企业的生产加总可以得到总产出为：

$$Y_t = \frac{A_t}{\Delta_t}K_t^\alpha N_t^{1-\alpha} \tag{3.124}$$

其中 $\Delta_t = \int \left(\frac{P_{jt}}{P_t}\right)^{-\sigma} \mathrm{d}j$ 代表经济中的价格分布程度，满足：

$$\Delta_t = (1-\xi)p_t^{*-\sigma} + \xi\left(\frac{\Pi}{\Pi_t}\right)^{-\sigma}\Delta_{t-1} \tag{3.125}$$

最后，如 Galí（2014）中强调的，新引入的泡沫和已经存在的泡沫不能同时独立求解，因此存在均衡的不确定性，我们认为新引入的泡沫与现存泡沫之间满足 $p_t^E = s_t p_t^h$，其中 s_t 服从均值为 s 的 log-AR(1) 过程。

给定以上模型，我们可以方便地基于 DSGE 模型理论分析不同冲击对泡沫的影响以及货币政策的最优响应。Dong et al.（2020）发现，货币政策对资产泡沫的响应增强会提升通胀波动，而降低泡沫本身的波动。由于金融摩擦的存在，泡沫波动会引起实体经济的波动，因此存在最优的货币政策响应系数。篇幅所限，这里不展示具体分析过程，只展示最优货币政策的结果，如表 3.1 所示。

表 3.1 最优货币政策规则

货币政策规则	情绪冲击 s_t		生产率冲击 A_t	
	响应参数 ϕ_p	福利提升/%	响应参数 ϕ_p	福利提升/%
$\hat{R}_t = 1.5\hat{\Pi}_t + 0.125\hat{Y}_t + \phi_p \hat{p}_{ht}$	−0.07	1.82	−0.07	0.09
$\hat{R}_t = 1.1 E_t \hat{\Pi}_{t+1} + \phi_p \hat{p}_{ht}$	−0.0009	0.03	−0.01	0.09
$\hat{R}_t = 2 E_t \hat{\Pi}_{t+1} + \phi_p \hat{p}_{ht}$	−0.04	0.10	−0.04	0.03

◉ 3.3 讨论与展望

货币政策制定者是否应该忽视资产价格变化并仅根据对未来通胀的预测以及可能的产出缺口来设定利率？大量研究对此做出了讨论。Bean（2003）检验了这样一种观点，即仅靠通胀目标制是不够的，有必要对资产价格变动和发展中的金融失衡采取额外的货币反应，以减少未来金融不稳定的风险。他发现，即使政策制定者需要讨论金融体系和资产价格波动带来的影响，这种考虑可以通过另一种更加灵活的通胀期望目标实现，前瞻性且灵活的通胀目标已经成功地考虑了金融体系失衡对利率带来的潜在影响，因此不需要额外再对资产价格做出反应。但是，Cecchetti et al.（2000）指出，如果央行想对于稳定通胀达到更好的效果的话，可以在原有的通胀以及产出缺口目标之外再考虑货币政策对资产价格的影响。陈诗一和王祥（2016）讨论了融资成本在货币政策应对资产价格波动中的作用。他们发现当社会融资成本较高时宽松的货币政策会导致房价显著上涨，盯住房价的货币政策可以提升社会福利，但随着社会融资成本的下降，这种政策的福利效应会逐渐下降。最近，Plantin（2023）表明，在具有价格调整成本的货币模型中，通胀目标货币政策可能会导致带有泡沫的多重均衡，而政策引发的泡沫总是会挤出投资。如前所述，Dong et al.（2020）提供了一个带有资产泡沫的动态新凯恩斯DSGE模型，并表明最优货币政策应该对泡沫做出响应。基于这个框架，Chan et al.（2023）讨论了绿色和棕色部门都存在泡沫时的最优货币政策反应。

在前一部分中我们介绍了一些有关货币政策与资产泡沫之间相互作用的代表性模型。除此之外，还有一系列研究从不同角度讨论了货币政策对资产泡沫的影响，并基于此讨论了中央银行是否应当对资产泡沫做出响应。Conlon（2015）从微观个体行为的角度，基于"博傻"模型讨论了央行是否应当戳破投机性价格泡沫。经济中信息不对称和卖空约束的存在导致了资产价格泡沫的产生，而中央银行可以通过向公众说明资产被过高定价以戳破泡沫，降低资产价格。作者发现，如果交易者知道央行遵从上述政策，那么如果央行没有选择戳破泡沫，就相当于给当时的资产价格做了背书，从而会提高这些时期的资产价格。在这种情况下，央行政策的福利效应取决于央行与个体交易者的信息差。在一种理想化的情况下，央行相比个体交易者有更多的信息，即使某些交易者不知道资产被过度定价，央行也知道资产的价格是否过高。在这种情况下，央行可以在适当的时间戳破泡沫，这样可以避免那些缺乏信息的交易者蒙受损失，同时提升正常时期资产价格，增加"好卖家"（即确实认为该资产具有价值的卖家）的福利。在另一种情况下，央行具有的信息有限，即所有交易者都知道存在泡沫的情况下，央行才能知道资产被过高定价。在这种情况下，央行的政策不能提供有关基本面的任何信息，只能让基本面的信息变为共识，即让所有人都知道其他人知道泡沫的存在。这种情况下，央行披露信息会导致资产交易更难进行，这可以保护资产交易者。但相对应地，在央行没有公布信息的时期，这种不作为相当于为资产价格提供了背书，会导致更多认为资产没有价值的个体能够以高价出售资产，反而使得逆向选择和劣质资产问题更加严重。

Asriyan et al.（2021）在一个包含金融摩擦和资产供给有限的经济中讨论了货币政策对资产泡沫的作用。他们在经济中引入了两类没有基本面的资产（unbacked asset）：由私人部门生产的泡沫资产和由央行发行的货币。相比有基本面的资产（backed asset，即债务），无基本面的资产的生产不需要成本，因而具有更高的收益率，储蓄者也倾向于持有无基本面的资产。在存在金融摩擦的经济体中，泡沫和货币都可以作为价值储存手段，因此两者之间存在相互作用，这也给了货币政策调控空间。与 Martin and Ventura（2012）等一致，这两种泡沫资产对实体经济均存在挤入和挤出效应。相比货币发行，泡沫资产买卖的收益属于生产它们的企业家，因此具有更高的挤入效应；但同时，相比受到市场情绪和预期影响的资产泡沫，货币的价格可以被央行控制；进一步地，由于挤入和挤出效应同时存在，无法保证均衡中市场上的泡沫总量是最优的。基于以上分析，一个自然的结论是：央行总可以调整货币发行量以调节市场上总的无基本面资产数量，并可以在某些情况下完全稳定无基本面资产的总供应量。同时，由于 OLG 模型中存在过度投资的问题，无基本面资产作为价值储存手段可以挤出过度投资。当市场内生的无基本面资产（即泡沫）供给量不足时，央行可以通过发行货币调节价值储存资产的总供给量，从而提高投资收益率，达到帕累托改进。

Allen et al.（2022）基于 Allen and Gale（2000），从风险转移的角度分析了资产泡沫和货币政策之间的相互作用。当资产回报存在风险时，由于借款人可以选择违约进而将风险转移给债权人，债务人在购买资产时只会考虑最高收益而非预期收益，而这会导致资产价格大于其基本面的折现，泡沫产生。这种风险转移行为会带来无谓的违约损失，降低经济效率。在这种背景下，政策规制的目的并非戳破资产泡沫，而是降低无谓违约损失。与Galí（2014）类似，在存在货币计价和名义黏性的经济体中，货币政策可以通过改变名义利率调控实体经济，而由于确定性的货币政策会导致预期稳定和政策失效，有效的货币政策必须是具有随机性的。Allen et al.（2022）证明，如果在 $t=0$ 时期央行通过紧缩性政策降低实际工资，会导致 $t=0$ 时期的资产价格下降和利率上升。由于利率上升会导致借贷减少，从而一定程度上限制了违约带来的无谓损失，因此在违约损失很高的情况下，适当的紧缩货币政策配合再分配虽然会降低产出，但有可能提高总福利。进一步地，央行可以通过承诺未来货币政策的紧缩来调整预期。如果央行承诺资产价格持续高涨会收紧货币政策，则会同时降低资产价格和借贷利率。相比确定性的紧缩，这种承诺政策具备更高的灵活性。

这些货币政策的效果如何？基于Galí（2014），Ciccarone et al.（2019）研究不同货币政策规则的后果，特别关注所谓的"逆风"政策。Ciccarone et al.（2019）发现，逆风货币政策会产生不同的存在泡沫的稳定均衡。在其中一些均衡中，泡沫资产的存在可以增加固定资本和产出的价值，而在另一些均衡中，泡沫资产的存在会减少固定资本和产出的价值。由于Galí（2014）讨论的是稳定均衡周边的性质，而其中存在多个泡沫均衡，Miao et al.（2019）进一步分析了其中不同均衡的性质。Miao et al.（2019）指出，Galí（2014）中所研究的稳定均衡不具备期望稳定性（expectation stationary），而在引入了适应性学习后，他们发现不稳定的泡沫均衡一定条件下是预期稳定的，而在这个均衡下货币政策收紧会导致资产泡沫收缩。Blot et al.（2018）评估货币政策对资产价格泡沫的线性和非线性动态影响。他们使用主成分分析，根据结构估计、计量经济学和统计方法来估计美国股票和房地产市场的新泡沫指标，并发现货币政策的效果不是对称的，对紧缩性冲击和扩张性冲击的反应必须有所区别。与"逆风"政策建议相反，紧缩性货币政策无法抑制资产价格泡沫，而扩张性政策却会助长股市泡沫。Caballero and Simsek（2020）假设总需求具有惯性，并且在模型中对资产价格的反应具有滞后性，并发现如果存在负产出缺口，则希望稳定产出缺口的央行会降低实际利率并推高资产价格，以尽快缩小产出缺口并加速复苏。Auclert（2019）评估再分配在货币政策向消费传导机制中的作用，明确货币政策变化会导致谁受益、谁受损，以及对总消费的影响。他发现，当获益者和受损者具有不同的边际消费倾向时，三个渠道会影响总支出：

1. 货币扩张增加了劳动力和资本利润收入，而这些收益的分配不太可能是平等的：一些个体往往会获得不成比例的收益，相反，一些个体往往会相对而言遭受损失。这称为货币政策的收益异质性渠道。

2. 未预期到的通货膨胀会重估名义资产负债表、名义债权人损失、名义债务人收益，这称为费雪渠道，自Fisher（1933）以来在文献中已有悠久的历史。

3. 实际利率下降创造了第三种更微妙的再分配形式。利率下跌增加了金融资产价格，但声称资产持有者普遍受益的说法是不正确的，相反，必须考虑他们的资产的久期是否比负债更长。重要的是，负债包括消费计划，资产包括人力资本。未对冲的利率风险敞口（unhedged interest rate exposures，URE）是某个时间点所有到期资产和负债之间的差额，是家庭资产负债表对实际利率变化风险的正确衡量，就像净名义头寸对价格水平变化的影响一样。这称为利率暴露渠道。

基于以上分解，Auclert（2019）讨论了货币政策变动的再分配效应以及加总的收入效应和替代效应。研究发现，只要受益者先比受损者有更高的边际消费倾向，货币政策的再分配效应就会加剧加总的收入效应和替代效应。Kaplan et al.（2018）也讨论了相同的问题，分析了异质个体新凯恩斯主义（HANK）模型中从货币政策到家庭消费的传导机制。论文发现，与代表家庭新凯恩斯主义（RANK）经济体相比，HANK模型中利率冲击的直接影响总是很小,而间接影响可能很大。货币政策只有在家庭可支配收入产生一般均衡反应的情况下才有效。在该框架中,尽管直接渠道的力量不大,但凭借这种间接渠道,总体消费反应可能很大。此外,直接效应与间接效应的相对大小决定了央行能够在多大程度上精确地瞄准其干预措施的扩张性影响。当直接效应占主导地位时(如在RANK模型中),货币当局若要提高总消费,改变实际利率就足以达到效果:跨期替代可确保支出做出反应。相反,在HANK模型中,货币当局必须依靠提高家庭收入的均衡反馈来影响总消费。对这些间接渠道的依赖意味着货币政策的整体效果可能更难以通过操纵名义利率来进行微调,劳动力和金融市场等复杂机构的精确运作以及与财政当局的协调程度在调节货币干预对宏观经济的影响方面发挥着至关重要的作用。

在所有有关货币政策的分析中,菲利普斯曲线居于核心地位。菲利普斯曲线的斜率 $\kappa = \frac{\partial \pi_t}{\partial u_t}$ 衡量了以通胀为目标的货币政策能够多么精准地调控实体经济(即失业率)。当 κ 较大时,调整通胀对失业率影响较小,因此也较为精准;而当 κ 较小时,通胀变动一单位会带来失业率的大幅波动,造成一定的不确定性。一系列研究发现美国的菲利普斯曲线的斜率可能从20世纪60年代至今出现了平坦化的现象(Blanchard, 2016; Stock and Watson, 2020)。在沃克尔担任美联储主席期间(即20世纪70和80年代),美国通胀出现了显著的下行,菲利普斯曲线较为陡峭;而国际金融危机期间,美国失业率大幅上升,但通胀并没有出现下降(即"消失的通胀"问题),这对现有的货币政策理论提出了新的挑战:如果菲利普斯曲线的斜率随时间变化的话,货币政策便难以对经济进行调控。一些学者认为这种估计结果的变化并不是菲利普斯曲线的真实斜率下降造成的,而是长期通胀预期的变动造成的(Bernanke et al., 2007; Mishkin, 2007):沃克尔时期通胀的快速下降并非由菲利普斯曲线的斜率驱动,而是因为长期通胀预期大幅下滑;而进入21世纪以来,美国的长期通胀预期较为稳定。另一些学者指出数据中观察到的菲利普斯曲线斜率下降是对美国长期货币政策的预期变动造成的,对长期货币政策预期的变动导致了对未来通胀预期的变化，并进而作用于当期通胀；同时，如果当期失业率缺口（或产出缺口）与未来货币政策预期存在负相关性（即当期的高失业会导致个体预期未来的低通胀），那么这种相关性的存在显然会导致菲利普斯曲线斜率的估计值偏高。一个自然的解决方法是在估计中控制通胀预期，但这种方法极度依赖数据序列的选择，会产生不稳健的估计结果（Mavroeidis et al., 2014）。近年来，有更多学者开始探讨如何设计新的估计方法以解决上述的预期控制问题以及传统的同时性问题（即供给冲击和需求冲击共同存在）。一些学者利用 VAR 模型同时控制供给和需求冲击，探讨不同冲击对通胀以及失业率的影响（Del Negro et al., 2020）；而一些学者转而使用横截面数据来解决上述问题：央行可以通过单个货币政策工具抵消加总需求冲击的影响，但无法通过这种政策抵消不同区域之间需求冲击的影响（Beraja et al., 2019; Hooper et al., 2020; Hazell et al., 2022）。其中，Hazell et al.（2022）构建了一个包含两个区域的货币联盟模型，讨论了区域菲利普斯曲线如何加总为总体菲利普斯曲线，发现通过面板回归估计地区间不可交易品对应的菲利普斯曲线可以消除长期通胀预期的影响。近期，一些研究转而关注生产网络对货币政策传导的影响。最近，一些学者开始关注生产网络对菲利普斯曲线的影响，并对菲利普斯曲线斜率的变动提出了新的解释。Rubbo（2023）构建了包含内生生产网络的多部门经济体，讨论生产网络变动对货币政策效应的影响。她发现中间品重要性的上升会导致部门和总体的菲利普斯曲线斜率出现下滑，而美国从 20 世纪 60 年代起的菲利普斯曲线斜率变动可以部分地用部门间投入产出联系的深化来解释。同时，由于部门间价格和产出存在相关性，单独以利率为工具的货币政策不能够同时稳定通胀和产出，需要在两者间进行权衡取舍。

国内的研究近年来也开始关注我国菲利普斯曲线斜率变动的问题。陈创练等（2016）较早地关注了我国菲利普斯曲线斜率和货币政策系数的时变特征，并基于 TVP-VAR-SV 模型对我国 1996—2015 年间的菲利普斯曲线以及货币政策规则进行了估计。他们发现菲利普斯曲线中产出冲击的响应系数虽然是时变的，但是呈现在一个均值周边上下波动的特征，并没有出现显著的下降。与之相对，何启志和姚梦雨（2017）采用不同方法衡量通胀预期，并基于控制通胀预期的模型估计了时变参数的菲利普斯曲线模型，发现菲利普斯曲线中产出缺口系数呈现下降趋势，但其变化幅度远小于通胀预期系数的变化幅度，对通胀波动本身影响较小。近年来，一些研究从不同角度分析我国菲利普斯曲线斜率的变动以及这种变动的原因。祝梓翔和高然（2022）基于加权的BVAR模型估计了2010年之前和之后的菲利普斯曲线，发现2010年之后的样本中通胀对产出缺口冲击的响应显著变弱。他们认为这种菲利普斯曲线斜率的下降是内生增长渠道的重要性在2010年后加强造成的：当经济存在内生增长时，经济扩张会导致知识资本积累加速，从而对生产成本产生向下的冲击，降低经济扩张对通胀的推动作用。陈创练等（2018）在混合型传统菲利普斯曲线中引入汇率因素并估计了菲利普斯曲线斜率的变动，发现通胀对需求和成本冲击的响应均有下降趋势，而通胀对外部因素（汇率）冲击的响应程度逐渐上升。祝梓翔和邓翔（2023）发现我国通胀受外部冲击影响在2010年后有所下降，而这种下降很大程度上是贸易开放度的下降造成的。

至于货币政策、利率及其相互作用，Borio and Lowe（2002）认为，金融失衡可能在低通胀环境中加剧，并且在某些情况下，政策采取措施遏制这些失衡是适当的。虽然事前识别金融失衡可能很困难，但一些经验证据表明这并非不可能。特别是，持续快速的信贷增长加上资产价格的大幅上涨增加了金融不稳定的可能性，政府应当对此做出反应。此外，Hellwig et al.（2006）研究了国内利率在典型的全球货币危机博弈中的作用。Hellwig et al.（2006）构建了一种程式化的货币危机模型，模型中不同投资者具有异质性信息，而投资者之间的博弈造成了内生决定的多重均衡。该模型捕捉了利率的三个关键特征：供给货币的机会成本受到投资者行为的影响；国内利率可能影响央行对固定汇率的偏好；国内利率作为公共信号，汇集了有关基本面的私人信息。他们发现，金融危机模型中的多重均衡是利率在协调个人投资决策以及直接或间接决定最终价值方面发挥的双重作用的结果。然而，程式化的全球协调博弈并未捕捉到这一点，该博弈抽象了利率的作用。

值得一提的是，大宗商品的繁荣与萧条也是经济波动的重要原因。现实中商品泡沫很常见，比如著名的荷兰郁金香泡沫。如今，随着商品期货市场的发展和避险需求的增加，商品期货已成为热门的资产类别。与此同时，正如 Tang and Xiong（2012）所指出的，指数投资的快速扩张加速了商品金融化的趋势，商品指数投资增加了各种商品之间的价格联动。一方面，大宗商品金融化的发展满足了投资者对冲风险的需求，有利于完善价格发现机制。另一方面，金融投机和市场情绪冲击也放大了大宗商品价格的波动性，从而将外部市场的价格波动波及大宗商品市场，这对金融稳定和金融市场的稳定构成了重大挑战。在国内的研究中，李剑等（2018）也分析了我国商品期货价格中的泡沫，发现金融危机期间商品期货泡沫化程度波动剧烈，同时货币供应量与利率对商品期货泡沫有显著影响。

囤积行为也会导致商品泡沫。从历史上看，由于商品囤积造成的价格异常波动很常见，尤其是在法治较差的社会。商品囤积不仅会严重扰乱市场秩序和价格信号，还可能引发严重的社会动荡。Hong et al.（2015）提供了一个由囤积行为引起的大米泡沫案例。由于印度政府在 2007 年底禁止大米出口，大米价格从 2007 年底到 2008 年 6 月间上涨了数倍，并蔓延到了美国。这导致了全球粮食出口下降和价格上涨。Lammerding et al.（2013）通过状态空间方法将油价基本面与泡沫成分区分，并找到 2010 年前后油价动态中存在投机泡沫的有力证据。由于大宗商品的繁荣和萧条对经济波动的重要性，一个重要的政策问题是如何通过政策来治理大宗商品价格的繁荣和萧条。He and Westerhoff（2005）开发了一种行为商品市场模型来表征商品价格波动的性质。他们研究了价格上限的经济影响，发现触底价格水平和触顶价格水平都可以消除价格系统中的同宿分叉，从而减少市场价格波动。

Drechsel et al.（2019）关注货币政策，并构建了一个分析货币政策与大宗商品价格繁荣和萧条之间关系的框架。其重点在于货币政策应如何应对大宗商品出口经济体的大宗商品繁荣和萧条。当前，大宗商品冲击对宏观经济波动的影响不断加大。而且，随着大宗商品金融化的加速，大宗商品价格与金融周期的相关性不断增强。Drechsel et al.（2019）考虑一个可能经历大宗商品价格冲击的小型开放经济体的最优货币政策。在该模型中，商品可以用作信贷的抵押品，而不仅仅是中间投入，因此可以通过"金融加速器"渠道对宏观经济产生影响。金融状况在放大商品价格冲击的经济影响方面发挥着重要作用，从而增加了其对货币政策的重要性。面对大宗商品价格冲击，出口企业在决策时面临着外部性，但又无法将外部性内部化，从而出现效率损失。以大宗商品价格上涨的外部性为例，当大宗商品价格上升时，国内中间产品的需求上升，内需上升推高国内通胀和实际利率，从而减少国内最终产品的消费。但国内企业并没有将升值的后一种影响内在化。在这种情况下，通胀目标货币政策并不是最优的，最优的货币政策反应是让货币升值并提高利率。

针对中国的货币政策，张晓慧等（2020）对中国当前货币政策传导机制进行了全面梳理和深入剖析，从总量、结构和新机理三个层次展开递进研究，全方位、多视角地剖析了近年来涉及货币政策传导机制的重要问题。首先，该书从总量视角讨论如何实现总量适度、传导顺畅的问题，其次，剖析了能否在运用结构性货币政策工具和宏观审慎政策并考虑金融稳定目标的条件下，有效优化资金流向，推动资金精准滴灌，最后进一步拓展研究视野，聚焦全球范围内有关货币政策传导机制出现的新情况和新问题，包括非常规货币政策常态化、"零利率陷阱"以及货币政策的国际协调等。

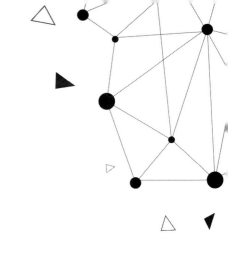

第4章　资产泡沫与宏观审慎政策

4.1 宏观审慎政策调控背景

2008年由房地产泡沫引发的次贷危机席卷全球，金融危机在各个国家和机构之间迅速蔓延，同时实体经济遭受重创，经济增长陷入低谷。国际金融危机之后，人们开始反思与总结金融监管体系存在的缺陷：金融体系的顺周期性、个体风险的传染性等可能加剧整体风险，个体最优化决策时，很难将自身行为对金融系统造成的外部性效应内生化，即存在"合成谬误"问题（张晓慧，2017）。对危机形成原因的剖析也让人们对金融监管有了更加深刻的认识，在此背景下，宏观审慎管理政策逐渐成为主要经济体应对宏观金融稳定的有力政策工具。政策研究者发现经济稳定和金融稳定存在相对独立性。根据"丁伯根法则"，仅通过货币政策难以实现经济稳定和金融稳定的双重目标，需要引入旨在实现金融稳定的宏观审慎政策（马勇，2019）。"宏观审慎"一词早在20世纪70年代末的库克委员会上就被使用，因此"宏观审慎"并不是一个全新的概念，但是在危机之前，人们对"宏观审慎"没有引起足够的重视，对于宏观审慎政策的认识也大多停留在基本概念的层面，更不用说将其付诸政策实践，政策部门更加关注微观层面的监管或者说微观审慎监管。而宏观审慎管理主要关注系统性风险，从金融系统角度全面权衡收益和风险，协调各项审慎管理政策，旨在维护金融稳定，限制系统性危机发生的可能性以及在危机发生时降低整个金融体系对实体经济带来的高损失（周小川，2011；张健华和贾彦东，2012）。

在全球金融危机爆发以前，宽松的市场环境使得金融资产价格持续上涨。乐观情绪和资产价格相互推动，资产泡沫开始累积。资产价格上涨通过资产负债表效应削弱投资者对风险的敏感度，导致过度承担风险的倾向。同时，金融市场的深化和金融产品结构的不断复杂化，增加了监管难度。在市场乐观情绪的推动下，投资者开始追求过度杠杆，资产泡沫持续扩大。随着美联储逐步加息，次级抵押贷款买家违约增多导致房价下跌，泡沫最终破裂，资产价格下跌。杠杆过高和资产负债表效应的逆转成为危机的推动力，导致次贷危机爆发，金融体系的稳定性受到严重损害。由于金融全球化的快速发展，全球主要金融机构通过复杂的金融交易和金融产品相互联系。危机在金融机构中迅速蔓延，最终演变成全球性金融危机，导致实体经济陷入衰退。

我们可以从危机中得到的教训是，首先，即使在危机之前就已经使用了微观监管政策进行调控，但仍然未能保证金融体系的稳定，却强化了经济的顺周期性。由于监管重点关注个体金融机构的稳定性，当经济繁荣、资产价格上涨时，金融机构的资产负债表显得较好，导致信贷或风险资产投资增加，产出和资产价格进一步上升。但当经济衰退、资产价格下跌时，资产负债表恶化会导致金融机构去杠杆化，从而导致信贷紧缩，进而进一步加剧经济衰退和资产价格下跌。个体稳健性并不代表整体稳健性。此外，市场普遍存在的"羊群效应"和投资者的非理性行为将进一步加剧顺周期波动。顺周期波动性增强，不利于金融稳定，加剧经济周期波动。其次，我们需要认识到，随着金融深化和金融全球化，金融机构联系更加紧密，层层嵌套使得金融产品和交易复杂化，监管困难，局部金融危机迅速向外蔓延，容易引发整体金融危机。宏观审慎政策是货币政策的有益补充。它弥补了原有宏观调控体系中非理性投资者容易造成过度偏差和波动的缺陷。因此，宏观审慎政策可以缓解杠杆率过高和顺周期行为对经济的负面影响，维护宏观金融体系的整体稳定。

作为总量政策和总需求管理的货币政策本身并不直接作用于金融稳定，学界对于货币政策是否需要干预资产泡沫仍然存在许多争论。宏观审慎政策是针对货币政策的一种有益补充，弥补了原有宏观调控体系的不足，直接和集中作用于金融体系本身。由于投资者存在非理性行为以及金融市场内生的波动，往往容易造成金融市场朝某一方向过度偏离，宏观审慎政策能够抑制过高的杠杆率和顺周期行为对经济的负面冲击，维护宏观金融体系的整体稳定（李波，2019）。马勇和付莉（2020）在DSGE模型中发现纳入宏观审慎政策的"双支柱"调控框架比单一使用货币政策具有相对更好的经济和金融稳定效应，并且这一有效性具有普遍的适用性，宏观审慎政策的金融稳定作用是对货币政策的经济稳定效应的有效补充。

当前，宏观审慎政策在全球主要国家发展迅速，政策工具逐步形成完善的体系。巴塞尔协议III在最低监管资本要求之上增加了逆周期资本缓冲（countercyclical capital buffer，CCyB）、系统重要性附加资本等新的要求。在资本充足率之外，还增加了对杠杆率和流动性的要求，对金融机构的抗风险能力提出了更高的要求，这都体现了宏观审慎政策逆周期调节、维护金融稳定的核心要求。不同的市场的风险来源可能是相异的，因此需要宏观审慎政策针对具体市场的特定风险结构使用适宜的政策工具，包括针对房地产市场的贷款价值比，针对资本市场的杠杆率和流动性工具以及针对国际资本流动的相应调节工具等。在时间轴上，宏观审慎政策工具强调缓解经济的顺周期波动，而在空间轴上则强调金融风险在不同市场和机构的传染。

近年来，关于资产泡沫与宏观审慎管理的讨论也逐渐增多，主要分为三类。第一类集中研究约束杠杆率等较为传统的宏观审慎政策；第二类从对信贷市场的动态调整角度，考察不同政策工具的"逆风"操作；第三类研究聚焦于泡沫破灭之后的救助政策，并讨论这些救助政策如何影响泡沫的产生、发展及其对经济的影响。

大量研究认为限制杠杆率可以控制由信贷驱动的资产泡沫的规模及其对经济的影响,但过于严格的杠杆率和资本充足率控制有可能会抑制生产。Miao et al.(2015b)指出限制贷款价值比率(LTV)可以有效防止土地泡沫产生。Miao and Wang(2015)认为银行资本金要求可以通过限制杠杆率来防止银行泡沫的形成,但如果资本金要求过于严格,将导致放贷减少,不利于生产。陈彦斌等(2018)指出中国存在的资产泡沫是高债务驱动的"衰退式泡沫":在隐性担保的环境下,债务可以通过"借新还旧"而维持,这一方面导致僵尸企业无法退出市场,加剧资源错配程度,另一方面大量资金刺激了投机行为,推动了泡沫扩张。在这种情况下,收紧杠杆率可以推进实体经济去杠杆,从根本上抑制资产泡沫。Caballero and Simsek(2019)指出,货币政策可以通过调整资产价格影响金融系统的稳定性,因此央行一定条件下可以采取"审慎货币政策"(prudential monetary policy),即在资产价格高涨时加息抑制价格和信贷以最大化社会福利。类似地,赵向琴等(2021)在货币政策规则中引入杠杆缺口,发现央行可以在杠杆过高时加息以抑制信贷,消除房价的逆周期性,有效遏制"炒房"行为。赵扶扬(2022)认为应当逐步调整土地抵押率,这不仅可以有效抑制土地泡沫,而且可以帮助地方财政与房地产市场逐步解绑,在短期金融稳定与长期资源配置效率间取得平衡。Acharya et al.(2022)指出针对房地产的宏观审慎政策,如贷款收入比(LTI)和贷款价值比(LTV)政策,有助于减少银行持有的房贷数量,促使银行对证券和企业的贷款增加,银行对房地产敞口减弱也在一定程度上促进了金融稳定。

信贷市场的"治乱循环"是常规宏观政策难以解决的难题,这是因为信贷周期具有内生性:在道德风险和信息不对称下,信贷繁荣会导致过度低效投资,降低平均生产率,恶化信贷条件,从而内生导致信贷市场突然冻结、银行危机、信贷紧缩和严重的金融衰退(Boissay et al., 2016; Dong et al., 2018)。作为抵押品,资产泡沫与信贷周期相结合会导致严重的系统性风险,加剧经济波动。由此，部分学者提出应采取逆周期调节等动态调整的宏观审慎政策。Martin and Ventura（2016）发现泡沫的挤入作用和挤出作用的综合影响导致存在一个最优的泡沫规模，基于此，可以采用信用管理机制或者运用财政手段：当泡沫过小时，通过补贴来增加抵押品以促进投资，而当泡沫过大时，通过税收来减少抵押品，使得信用抵押品市场保持在最优的状态。在开放环境下，Martin and Ventura（2015）发现应对投资者情绪冲击带来的信贷泡沫和经济波动，帕累托最优的方式是信贷约束政策，即在信贷过度扩张时对信贷征税，在信贷过度紧缩时补贴信贷，并且各国政策协调统一。一旦各国不采取合作方式约束信贷泡沫，各国在决策时将忽视政策外部性，即没有考虑到泡沫的负面效应被转移到国外，会对本国信贷过度补贴。

金融危机之后，许多国家都采取了非常规政策进行干预，如美国量化宽松政策和中国的财政刺激计划，但关于这类救市政策对经济的持续性影响，目前尚无定论。因此，泡沫破裂后的政府救助（bailout）或刚性兑付引发了学界和政策界的激烈讨论。Kocherlakota（2009）认为资产泡沫有助于提高资本配置效率，提高社会福利，政府在泡沫破灭时应当进行干预。一方面，政府应该分发政府债券来补偿因泡沫破灭而资产受损的企业家；另一方面，政府可以通过承诺信贷市场以有泡沫均衡下的均衡利率来进行借贷，提高企业家的投资回报。但在动态框架下，最优救助政策可能是时变的和状态或有的。Hirano et al.（2015）讨论了无限期框架下的最优救助政策，并认为"部分救助"的政策能够最大化福利，但他们的框架中储蓄者和企业家有不同的效用函数，难以定义真正意义上的"社会最优"。董丰和许志伟（2020）从金融系统风险的角度讨论最优救助政策，同时假定泡沫生产会部分消耗社会资源，发现存在最优救助水平，以最大化整体社会福利。Dong and Xu（2022）研究了泡沫破灭后的最优动态救助政策，发现通过财政转移的方式事后补偿泡沫持有者的政府救助政策，可以缓解市场流动性不足，但救助会带来道德风险问题，使得企业过度需求泡沫，加剧金融风险，从而存在最优静态救助水平。进一步地，他们引入了针对泡沫波动、旨在将泡沫规模和价格维持在稳态的动态政府救助规则，泡沫超过稳态值时，减少政府救助，反之增加政府救助以提供流动性。在这种规则下，存在社会福利最大化的动态最优救助政策。

4.2 理论与定量分析

宏观审慎政策的概念范围广，针对泡沫的监管也多种多样，包括传统的杠杆率限制、信贷限制，也包括针对潜在泡沫破灭风险的刚性兑付等。在本部分我们简要介绍一些最具代表性的定量模型分析，包括针对信贷的约束以及刚性兑付的相关分析。

4.2.1 资产泡沫与最优信贷税收政策

资产泡沫的出现往往与信贷相关，因此直觉上针对信贷的税收和补贴可以在一定程度上约束泡沫的产生，从而减小资产泡沫带来的潜在风险。Biljanovska et al.（2019）构建了包含偶然紧约束（occasionally binding constraint）和理性股价泡沫的无限期动态一般均衡模型来讨论针对借贷的最优税收政策。经济中存在信贷约束，而这种约束不一定总是紧的：当现有的债务很高的时候，未来的信贷约束更有可能约束个体行为，因此当前的借贷决策可能对未来产生金融外部性（pecuniary externality）。[①]社会计划者需要考虑这种金融外部性的影响，并进而对借贷行为做出决策。

资产泡沫的存在对最优宏观审慎税收有额外的影响。在信贷约束较紧的经济不景气时期，泡沫会放大金融外部性，恶化经济情况，这称为集约边际。然而，泡沫可以在未来放松抵押品约束，这对经济有利，称为广延边际。当集约边际占主导地位时，有泡沫均衡下的最优宏观审慎税收应高于无泡沫均

[①] 有关金融外部性的产生与影响，可以参考 Bianchi（2011）。

衡。当广延边际占主导地位时，有泡沫均衡下的最优宏观审慎税收应低于无泡沫均衡。

1. 模型设定

模型中有两类个体：家庭和企业。代表性家庭的总量为1，进行消费、买卖公司的股票并提供劳动力；企业的总量也为1，利用资本、劳动和中间品进行生产。企业可以在国际市场上进行借贷，但面临融资约束。代表性家庭的终身效用为：

$$\max_{c_t, l_t, \eta_{t+1}} E_t \sum_{t=0}^{\infty} \beta^t U((c_t) - G(l_t)) \tag{4.1}$$

并面临预算约束：

$$c_t + \int_j (V_t^j - D_t^j)\eta_{t+1}^j \, dj = \int_j V_t^j \eta_t^j \, dj + w_t l_t \tag{4.2}$$

其中企业j的股价为V_t^j，分红为D_t^j，η_t^j代表家庭在t期持有企业j的股票比例。容易得到家庭最优化的一阶条件为：

$$\lambda_t = U_{c,t} \tag{4.3}$$

$$w_t = G_{l,t} \tag{4.4}$$

$$V_t^j = \beta E_t \left(\frac{U_{c,t+1}}{U_{c,t}} V_{t+1}^j \right) + D_t^j \tag{4.5}$$

其中λ_t是融资约束对应的拉格朗日乘子。互补松弛条件为：

$$\lim_{T \to \infty} \beta^T \frac{U_{c,T}}{U_{c,t}} V_T^j = 0 \tag{4.6}$$

代表性的企业选择资本积累K_{t+1}、购买中间品v_t、雇佣劳动力l_t^d并借贷L_{t+1}进行生产，以最大化企业市场价值：

$$V_t(k_t, L_t) = \max_{k_{t+1}, L_{t+1}, v_t, l_t^d} D_t + \beta E_t \left(\frac{U_{c,t+1}}{U_{c,t}} V_{t+1}(k_{t+1}, L_{t+1}) \right) \tag{4.7}$$

企业的生产函数为$y_t = z_t F(k_t, l_t^d, v_t)$，并面临如下的资源约束：

$$D_t = y_t - p^v v_t - w_t l_t^d + \frac{L_{t+1}}{R} - L_t + q_t k_t - q_t k_{t+1} \tag{4.8}$$

其中 q_t 为资本价格，p^v 为中间品价格，R 为借贷利率，经济中的资本存量恒定 $K_t = 1$。在小型开放经济的模型设定下，借贷利率被认为是外生的。企业的信贷约束为：

$$\frac{L_{t+1}}{R_t} + \theta p^v v_t \leqslant m_t V_{t+1}(k_t, 0) \tag{4.9}$$

上式的含义为：企业价值的 m_t 部分可以用于抵押贷款，获得的资金用来支付中间品购买所需金额的 θ 部分。

基于企业生产函数的 Cobb-Douglas 性质，容易得到企业的价值函数为线性形式：

$$V_t(k_t, L_t) = [F_{k,t} + q_t(1 + m\mu_t)]k_t - L_t + b_t \tag{4.10}$$

其中 b_t 代表企业价值中的泡沫项。上式表明，企业的股价泡沫可以放松融资约束，帮助企业融资。给定线性价值函数的情况下，企业的融资约束可以改写为：

$$\frac{L_{t+1}}{R_t} + \theta p^v v_t \leqslant m_t \left[q_t k_t + \beta E_t \left(\frac{U_{c,t+1}}{U_{c,t}} b_{t+1} \right) \right] \tag{4.11}$$

经济中总的泡沫规模为：

$$B_t \equiv \beta E_t \left(\frac{U_{c,t+1}}{U_{c,t}} b_{t+1} \right) \tag{4.12}$$

综上所述，模型的均衡条件满足：

$$1 = \beta E_t \frac{U_{c,t+1}}{U_{c,t}} R + \mu_t \tag{4.13}$$

$$q_t = \beta E_t \left\{ \frac{U_{c,t+1}}{U_{c,t}} [z_{t+1} F_{k,t+1} + q_{t+1}(1 + m_{t+1}\mu_{t+1})] \right\} \tag{4.14}$$

$$w_t = z_t F_{l,t} \tag{4.15}$$

$$p^v(1 + \theta \mu_t) = z_t F_{v,t} \tag{4.16}$$

$$B_t = \beta E_t \left[\frac{U_{c,t+1}}{U_{c,t}} (1 + m_{t+1}\mu_{t+1}) B_{t+1} \right] \tag{4.17}$$

$$\mu_t \left[m_t(q_t k_t + B_t) - \frac{L_{t+1}}{R} - \theta p^v v_t \right] = 0 \tag{4.18}$$

注意这里我们应用了劳动力市场出清条件 $l_t^d = l_t$ 和股票市场出清条件 $\eta_t^j = 1$。

均衡中的资源约束为：

$$c_t + L_t = L_{t+1}/R + z_t F(1, l_t, v_t) - p^v v_t \quad (4.19)$$

方程（4.17）表明，由于泡沫可以放松企业融资约束，因而产生流动性溢价（liquidity premium）$m_{t+1}\mu_{t+1}$，流动性溢价的存在压低了泡沫的收益率，从而使得没有基本面价值的泡沫可能在均衡中出现。注意这里存在两个均衡：无泡沫均衡（$b_t = 0$）和有泡沫均衡（$b_t > 0$）。

2. 社会计划者最优问题

为了求解最优的宏观审慎政策，我们需要讨论社会计划者的最优化问题：

$$\max_{c_t, q_t, l_t, v_t, L_{t+1}, B_t} E_t \sum_{t=0}^{\infty} \beta^t U(c_t, l_t) \quad (4.20)$$

$$\text{s.t} \quad c_t + L_t + p^v v_t \leqslant z_t F(1, l_t, v_t) + \frac{L_{t+1}}{R}, (\lambda_t^p) \quad (4.21)$$

$$\frac{L_{t+1}}{R} + \theta p^v v_t \leqslant m_t(q_t + B_t), (\mu_t^p) \quad (4.22)$$

$$q_t U_{c,t} = \beta E_t \{U_{c,t+1}[(q_{t+1} + F_{k,t+1}) + m_{t+1}\mu_{t+1}q_{t+1}]\}, (\xi_t^p) \quad (4.23)$$

$$B_t = \beta E_t \left[\frac{U_{c,t+1}}{U_{c,t}}(1 + m_{t+1}\mu_{t+1})B_{t+1}\right], (\psi_t) \quad (4.24)$$

其中 λ_t^p、μ_t^p、ξ_t^p 和 ψ_t 是对应约束的拉格朗日乘子。相比竞争均衡，社会计划者需要考虑当期借贷对资产价格以及泡沫波动的影响。社会计划者的最优条件为：

$$c_t : \lambda_t^p = U_{c,t} - \xi_t^p q_t U_{cc,t}$$
$$- \psi_t E_t \left[\frac{U_{c,t+1}}{U_{c,t}}(1 + m_{t+1}\mu_{t+1})B_{t+1}\frac{U_{cc,t}}{U_{c,t}}\right] \quad (4.25)$$

$$q_t : \xi_t^p U_{c,t} = m_t \mu_t^p \quad (4.26)$$

$$B_t : m_t \mu_t^p = \psi_t \quad (4.27)$$

$$L_{t+1} : \lambda_t^p = \beta R E_t [\lambda_{t+1}^p + \xi_t^p \Omega_{t+1} + \psi_t \mu_t^p \Delta_{t+1}] \quad (4.28)$$

$$l_t : U_{c,t} G_{l,t} = -\lambda_t^p F_{l,t} \quad (4.29)$$

$$v_t : \mu_t^p = \frac{\lambda_t^p (F_{v,t} - p^v)}{\theta p^v} \quad (4.30)$$

其中 Ω_{t+1} 和 Δ_{t+1} 代表对应条件对 L_{t+1} 的导数。

注意到在不存在泡沫时，竞争均衡中的拉格朗日乘子为 $\lambda = U_{c,t}$，但社会最优均衡中的拉格朗日乘子满足 $\lambda_t^p = U_{c,t} - \xi_t q_t - U_{cc,t}$，相比竞争均衡，社会计划者在选择财富积累时会考虑到当期更高的消费会影响边际效用，并进而通过影响价格放松融资约束。当经济中存在泡沫时，λ_t^p 的表达式会增加一项 $-m_t \mu_t^p E_t \left[\dfrac{U_{c,t+1}}{U_{c,t}} (1 + m_{t+1}\mu_{t+1}) B_{t+1} \dfrac{U_{cc,t}}{U_{c,t}} \right] > 0$，这一项当期消费的增加会影响边际效用，进而影响泡沫的积累，并作用于融资约束的效应。当融资约束为松约束时，竞争均衡和社会最优均衡完全一致。

进一步讨论针对借贷的最优条件。由以上系统容易得到，社会最优均衡中关于借贷的一阶条件为：

$$\begin{aligned}
&U_{c,t} - \xi_t q_t U_{cc,t} - \psi_t E_t \left[\dfrac{U_{c,t+1}}{U_{c,t}} (1 + m_{t+1}\mu_{t+1}) B_{t+1} \dfrac{U_{cc,t}}{U_{c,t}} \right] = \\
&\beta R E_t \bigg\{ U_{c,t+1} - \xi_{t+1} q_{t+1} U_{cc,t+1} - \\
&\qquad E_{t+1} \psi_{t+1} \left[\dfrac{U_{c,t+2}}{U_{c,t+1}} (1 + m_{t+2}\mu_{t+2} B_{t+2} \dfrac{U_{cc,t+1}}{U_{c,t+1}} \right] \bigg\} + \\
&\beta R E_t [\xi_t \Omega_{t+1} + \psi_t \Delta_{t+1}] + \mu_t^p
\end{aligned} \qquad (4.31)$$

而竞争均衡中的信贷一阶条件为式（4.13）。为了方便比较两者，我们区分两种情况：

(1) 信贷约束在 t 期为松约束，但可能在 $t+1$ 期变紧：在不存在泡沫的情况下，社会计划者的借贷成本相比竞争均衡高了 $\beta R E_t [\xi_{t+1} U_{cc,t+1} q_{t+1}]$。这一项表明当期的借贷可能会降低资本价格，进而降低下一期的借贷能力。而在有泡沫的情况下，相比无泡沫情况，社会计划者的借贷成本会进一步上升 $-m_{t+1}\mu_{t+1}^p E_{t+1} \left[\dfrac{U_{c,t+2}}{U_{c,t+1}} (1 + m_{t+2}\mu_{t+2}) B_{t+2} \dfrac{U_{cc,t+1}}{U_{c,t+1}} \right] > 0$。这一项体现了泡沫加剧金融外部性的作用，即当期更高的借贷会导致未来的融资约束变紧，消费下降，而这又会进一步导致泡沫的缩小，而泡沫的缩小又会通过融资约束影响企业的生产和信贷。由于泡沫会通过信贷影响到家庭财富，社会计划者会通过限制借贷以维持泡沫规模。

(2) 信贷约束在t期为紧约束：当信贷约束在t期是紧约束时，社会计划者需要考虑借贷的两种额外效应。当期更高的借贷会导致当期的消费提升，进而提升资产价格q_t、扩大泡沫规模B_t，导致当期借贷约束放松，但会导致下一期的资产价格下降、泡沫规模萎缩，信贷约束收紧。因此，社会计划者面临当期资产价格与下一期的资产价格之间的权衡取舍，而泡沫的存在会强化这种权衡取舍。

3. 最优税率

接下来讨论最优税率问题。假设政府可以对借贷征税τ_{t-1}，并将征税所得完全返还给家庭，即：

$$c_t + L_t(1+\tau_{t-1}) + p^v v_t \leqslant \frac{L_{t+1}}{R} + z_t F(\cdot) + T_t \tag{4.32}$$

其中$T_t = \tau_{t-1} L_t$。直观来讲，τ_{t-1}的出现提升了借贷成本，可以抑制企业借贷，因此合理设置税率可以保证经济达到最优均衡。

定理 4.1 最优税率

最优宏观审慎税率为：

$$\tau_t^{mp} = -\frac{E_t[\xi_{t+1} q_{t+1} U_{cc,t+1}] + E_{t+1}\psi_{t+1}\left[\frac{U_{c,t+2}}{U_{c,t+1}}(1+m_{t+2}\mu_{t+2})B_{t+2}\frac{U_{cc,t+1}}{U_{c,t+1}}\right]}{E_t U_{c,t+1}}$$

$$\tag{4.33}$$

特别地，有泡沫情况下税率τ_t^{mp}和无泡沫情况下税率$\tau_t^{mp,nB}$之差为：

$$\tau_t^{mp} - \tau_t^{mp,nB} = -\Delta \frac{E_t[\xi_{t+1} q_{t+1} U_{cc,t+1}]}{E_t U_{c,t+1}} \quad \text{广延边际}$$

$$-\frac{E_{t+1}\psi_{t+1}\left[\frac{U_{c,t+2}}{U_{c,t+1}}(1+m_{t+2}\mu_{t+2})B_{t+2}\frac{U_{cc,t+1}}{U_{c,t+1}}\right]}{E_t U_{c,t+1}} \quad \text{集约边际}$$

$$\tag{4.34}$$

注意到泡沫的存在对最优税率有两方面的作用。一方面，当经济情况较差，即融资约束是紧约束的情况下，泡沫的存在会放大金融外部性，导致福利下降，因此最优的税率应当更高，这称为集约边际；另一方面，泡沫的存在可以通过资产价格放松未来的融资约束，导致福利上升，因此最优的税率应当更低，这称为广延边际。当集约边际占主导时，有泡沫情况下的最优税率应当高于无泡沫情况下的税率；而广延边际占主导时，有泡沫时税率则更低。

图4.1直观地展示了有泡沫和无泡沫情况下社会最优均衡和最优均衡下的决策函数。相比而言，社会计划者总会选择更低的借贷 L_{t+1} 以降低当期借贷带来的金融外部性，对应地，社会最优均衡下的资产价格相对较低，信贷约束变紧的临界值也更低。存在泡沫的情况下，资产价格和借贷总量均相比无泡沫均衡中更高，这体现了泡沫放松融资约束的作用。与之对应，有泡沫情况下信贷约束由松变紧的临界值也会提高。

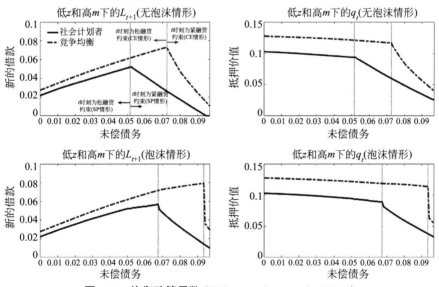

图 4.1　均衡政策函数 (Biljanovska et al., 2019)

图4.2展示了有泡沫和无泡沫均衡中的最优宏观审慎税率。当现存债务水平很低时，最优税率为0，因为无论是 t 期还是 $t+1$ 期信贷约束均不是紧约束，因而不存在金融外部性。当债务水平较低时，有泡沫情况下最优税率更

低，这是因为此时泡沫对金融外部性的扩张作用不强，广延边际占主导。而当债务水平较高时，有泡沫情况下最优税率更高，因为此时泡沫的集约边际作用占主导。注意到最优税率并不是当期债务水平的单调函数，因为社会计划者面临当期融资约束和下期融资约束的权衡取舍：高税率能够矫正金融外部性，但会收紧当期的融资约束。因此存在一个临界值，当债务水平小于这个临界值时，当期的融资约束是松约束，面对更高的债务政府应当提升税率以矫正外部性；而当债务水平高于这个临界值时当期的融资约束是紧约束，面对更高的债务政府反而应当降低税率以放松当期的融资约束，避免当期融资约束过紧带来的福利损失。相比无泡沫均衡，有泡沫均衡中这个临界值更高，因为泡沫的存在可以放松融资约束。

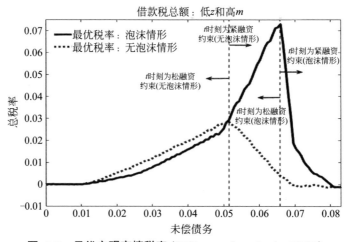

图 4.2　最优宏观审慎税率 (Biljanovska et al., 2019)

4.2.2　资产泡沫与最优杠杆率约束

正如前文所提到的，资产泡沫往往与信贷相关，而杠杆率约束是重要的信贷政策，那么在动态模型中应当如何控制杠杆率等政策以实现社会最优？本部分我们介绍一个包含借贷与资产泡沫的模型来讨论这些政策分析问题。Ikeda and Phan （2016）构建了包含借贷和投机性泡沫的OLG模型，其中金融中介可以通过向家庭借贷投资于泡沫资产,但金融机构可能会对其借款违约,这种风险转移行为可能会使得泡沫出现潜在的危害,需要进行宏观审慎调控。

1. 包含金融机构风险转移的模型

模型框架为OLG,存在一系列存活2期的家庭。为了方便分析,假设家庭是风险中性的,并且只在年老时消费。家庭初始不持有资本,并在年轻时提供1单位劳动力。模型中还有一单位竞争型的企业,生产函数为 $Y_t = K_t^\alpha (A_t L_t)^{1-\alpha}$,其中 $A_t = g^t$,$\alpha < 1/2$。R_t^k 和 w_t 分别代表资本回报率和实际工资。为了方便分析,定义 $x_t = X_t/A_t$ 为经过生产率调整后的加总变量。企业最优化问题和劳动力市场出清条件为:

$$w_t = (1-\alpha)(K_t/A_t)^\alpha L_t^{-\alpha} = (1-\alpha)k_t^\alpha \tag{4.35}$$

$$R_t^k = \alpha(K_t/A_t)^{\alpha-1} L_t^{1-\alpha} = \alpha k_t^{\alpha-1} \tag{4.36}$$

经济中存在一个有破灭风险的泡沫资产,这种资产没有基本面并且供给量恒定为1,每期有 λ 的概率失去其所有价值。一旦泡沫破灭,假设泡沫不会再次产生,即当 $\tilde{P}_t = P_t > 0$ 时有:

$$\tilde{P}_{t+1} = \begin{cases} 0 & \text{w.p. } \lambda \\ P_{t+1} > 0 & \text{w.p. } 1-\lambda \end{cases} \tag{4.37}$$

家庭年轻时不能直接投资于资本或泡沫资产,但可以向金融中介存款。金融中介由银行家经营,银行家存活两期,每期有1单位新银行家进入经济,并向家庭发行利率为 R_{t+1}^d 的债券 D_t,并利用这些金融资产投资于生产性资本和资产泡沫。债券存在违约风险,一旦违约银行的资产将被平均分配给家庭。银行的最优化问题为:

$$\max_{b_t, K_{t+1}} E_t[\Pi_{t+1}(\tilde{P}_{t+1})] = E_t \max\{\tilde{P}_{t+1} b_t + R_{t+1}^k K_{t+1} - R_{t+1}^d D_t, 0\} \tag{4.38}$$

其中 $D_t = \tilde{P}_t b_t + K_{t+1}$。由于银行可以通过违约规避风险,银行家不会完全考虑投资带来的风险，从而出现代理人问题。家庭消费为：

$$C_{t+1} = \min\{R_{t+1}^d D_t, \tilde{P}_{t+1}b_t + R_{t+1}^k K_{t+1}\} \quad (4.39)$$

当存在泡沫时，（经生产率调整后）家庭的预算约束为：

$$d_t = w_t = p_t + gk_{t+1} \quad (4.40)$$

$$c_t = R_t^d d_{t-1} = p_t + R_t^k k_t \quad (4.41)$$

当泡沫破灭时，银行只能投资于生产性资本，从而有：

$$gk_{t+1} = w_t \quad (4.42)$$

$$c_t = R_t^k k_t \quad (4.43)$$

为了求解银行的最优化模型，我们假设银行只会在泡沫破灭时违约，则其预期利润为：

$$E_t[\Pi_{t+1}(\tilde{P}_{t+1})] = (1-\lambda)(P_{t+1}b_t + R_{t+1}^k K_{t+1} - R_{t+1}^d D_t) + \lambda \times 0 \quad (4.44)$$

通过求解以上的最优化问题，得到两个无套利条件 $R_{t+1}^d = R_{t+1}^k$、$P_{t+1}/P_t = R_{t+1}^k$，即：

$$g\frac{p_{t+1}}{p_t} = R_{t+1}^k \quad (4.45)$$

注意到泡沫破灭概率 λ 并不出现在方程（4.45）中，这体现了银行潜在的风险转移机制：当泡沫破灭，投资收益较低时，银行可以选择违约进而把泡沫破灭的损失转移给家庭，因此在进行投资决策时银行会低估泡沫破灭风险带来的危害，可以通过承诺高利率来吸引更多存款。以上最优化条件表明银行在泡沫不破灭的情况下利润为0，而泡沫破灭时的利润为 $-R_{t+1}^k P_t b_t < 0$，因而银行确实会在泡沫破灭时违约。基于以上分析，我们可以定义模型均衡如下：

> **定义 4.2 模型均衡定义**
>
> 假定资本初期存量 $k_0 > 0$、初始泡沫价格 $p_0 > 0$ 和泡沫价格演化过程（4.37），一个均衡系统包含一系列加总变量 $\{k_{t+1}(\tilde{p}_t), c_t(\tilde{p}_t)\}$ 和一系列价格 $\{R^k(\tilde{p}_t), R^d(\tilde{p}_t), w_t(\tilde{p}_t), \tilde{p}_t\}$ 使得：
>
> 1. 企业的最优化问题满足，即式（4.35）和式（4.36）成立；

> 2. 若 $\tilde{p}_t = p_t > 0$ 则资源约束和价格满足式（4.45）、式（4.40）和式（4.41）；
> 3. 若 $\tilde{p}_t = 0$，则资源约束为式（4.42）、式（4.43）；
> 4. 存款和利率为：$d_t = w_t$、$R_{t+1}^k = R_{t+1}^d$。

以下定理描述了泡沫均衡的存在性和性质：

> **定理 4.3 均衡性质**
>
> 1. 当且仅当 $\alpha < \dfrac{1}{2}$ 时有泡沫均衡存在，而与泡沫破灭概率 λ 无关；
> 2. 有泡沫稳态满足 $k_b = (\alpha/g)^{\frac{1}{1-\alpha}}$，$R_b^k = R_b^d = g$、$w_b = (1-\alpha)k_b^\alpha$、$p_b = (1-2\alpha)k_b^\alpha$。稳态预期消费为：
>
> $$c_b^e = (1-\lambda)(1-\alpha)\left(\frac{\alpha}{g}\right)^{\frac{\alpha}{1-\alpha}} + \lambda\alpha\left(\frac{\alpha}{g}\right)^{\frac{\alpha}{1-\alpha}} \quad (4.46)$$

给定均衡性质，我们可以分析泡沫存在对福利的影响，由定理 4.3，稳态期望消费为：

$$c_b^e = (1-\lambda)(1-\alpha)\left(\frac{\alpha}{g}\right)^{\frac{\alpha}{1-\alpha}} + \lambda\alpha\left(\frac{\alpha}{g}\right)^{\frac{\alpha}{1-\alpha}} \equiv (1-\lambda)c_b + \lambda c_b^L \quad (4.47)$$

其中 $c_b \equiv (1-\alpha)\left(\dfrac{\alpha}{g}\right)^{\frac{\alpha}{1-\alpha}}$ 代表有泡沫且泡沫不会破灭情况下的消费，$c_b^L \equiv \alpha\left(\dfrac{\alpha}{g}\right)^{\frac{\alpha}{1-\alpha}}$ 代表泡沫破灭情况下的消费。给定 $\alpha < \dfrac{1}{2}$，显然有 $c_b > c_b^L$，即泡沫存在会提升稳态消费。同时，泡沫破灭后的消费 c_b^L 比无泡沫稳态中的消费更低，$c_{nb} = \alpha[(1-\alpha)/g]^{\frac{\alpha}{1-\alpha}}$，这是因为有泡沫情况下银行将风险转移给家庭，造成了潜在的福利损失。因此，存在一个临界值 $\bar{\lambda}$ 使得 $\lambda > \bar{\lambda}$ 情况下有泡沫稳态中消费反而更低，其中：

$$\bar{\lambda} \equiv \frac{1-\alpha}{1-2\alpha}\left[1 - \left(\frac{\alpha}{1-\alpha}\right)^{\frac{1-2\alpha}{1-\alpha}}\right] \quad (4.48)$$

综合以上分析，我们得到以下结论：

> **定理 4.4 泡沫带来的无效率**
>
> 存在风险转移的情况下，资产泡沫可能会降低稳态消费，即当 $\lambda > \bar{\lambda}$ 时有 $c_b^e < c_{nb}$。

2. 政策分析

在之前的分析中，我们已经发现当存在风险转移的可能性时，泡沫的存在对经济可能是有害的，因此在这部分我们讨论对泡沫的宏观审慎监管。特别地，我们着重讨论与泡沫相关的杠杆率约束。首先考虑一种特殊情况，即政府可以观测到银行对泡沫和生产性资本的投资，这种情况下政府可以直接约束银行对泡沫资产的持有：

$$P_t b_t \leqslant \kappa K_{t+1} \tag{4.49}$$

其中 $\kappa \in [0,1]$ 代表 $t=0$ 时刻政府对银行的泡沫-资本比率限制，此时银行的最优化问题变为：

$$\max_{b_t, k_{t+1}} E_t[\max\{\tilde{P}_{t+1} b_t + R_{t+1}^k K_{t+1} - R_{t+1}^d (P_t b_t + K_{t+1}), 0\}] \tag{4.50}$$

政府可以在 $t=0$ 期选择 κ 以最大化稳态的预期社会福利，简单的数学推导可以得到以下结论：

> **定理 4.5 最优杠杆率约束**
>
> 最优的泡沫—资本比率满足：
>
> $$\kappa^* = \max\left\{ \frac{(1-\lambda)\alpha}{1-\lambda+\frac{\alpha}{1-\alpha}} - 1, 0 \right\} \tag{4.51}$$

注意到最优的杠杆率约束 κ^* 是泡沫破灭风险 λ 的减函数：泡沫破灭风险越大，政府就越应该约束银行对泡沫的投资，当泡沫破灭风险足够大时 $\kappa^* = 0$，即政府应当完全禁止泡沫市场。

在以上的分析中，我们假设了政府可以观测到对泡沫和实体资本的投资，而现实中这是难以实现的。在之后的分析中，我们考虑杠杆率约束，即对银行债务与净资本比例的约束。为了引入银行的净资本，假设每个银行经营者

有 ϵ 单位的劳动力，从而可以获得 ϵW_t 的收入作为银行净资本，代表性家庭获得另外的 $(1-\epsilon)W_t$ 单位劳动收入，则杠杆率约束为：

$$\frac{D_t}{\epsilon W_t} \leqslant \phi \tag{4.52}$$

一般认为，杠杆率约束存在权衡取舍：一方面，约束银行的杠杆率可以避免前述的风险转移行为，降低代理问题对经济的危害；但另一方面，杠杆率约束降低了信贷对重新分配资源的作用，可能降低经济效率。为了刻画第二种作用，进一步假设家庭也可以投资于生产性资本，但其生产效率低于银行。特别地，代表性家庭只能将一单位消费品转变为 $1-\xi<1$ 单位资本。此时银行的最优化问题为：

$$\max E_t[\Pi_{t+1}(\tilde{P}_{t+1})] = E_t \max\{\tilde{P}_{t+1}b_t + R^k_{t+1}K^b_{t+1} - R^d_{t+1}D_t, 0\} \tag{4.53}$$

其预算约束为 $\tilde{P}_{t+1}b_t + K^b_{t+1} = \epsilon W_t + D_t$ and $D_t \leqslant \phi\epsilon W_t$，其中 K^b_{t+1} 表示银行部门投资的生产性资本总量。在本部分的分析中，我们假设杠杆率约束是紧约束，从而杠杆率约束可以一定程度上减轻风险转移问题。但同时，由于银行的借贷受到约束，家庭需要进行一部分的低效率投资，从而可能降低福利。直觉上来讲，当资产泡沫破灭风险足够大，风险转移问题足够严重时，通过约束银行的杠杆率可能可以提升福利。

定理 4.6 最优杠杆率约束

在上述模型设定下，有泡沫稳态中泡沫资产价格为 $p_b = \{[1-\xi(1-\epsilon(1+\phi))](1-\alpha) - \alpha\}(\alpha/g)^{\frac{1}{1-\alpha}}$，是杠杆率 ϕ 的增函数。若杠杆率约束足够紧，即 $\phi \leqslant \dfrac{\dfrac{\alpha}{1-\alpha}-(1-\xi)}{\epsilon\xi} - 1$ 时，泡沫均衡不能存在。进一步地，当泡沫破灭风险足够大，即

$$\lambda > \frac{(1-\alpha) - \dfrac{1-\epsilon-\xi(1-\epsilon(1+\phi))}{1-\epsilon}[1-\xi(1-\epsilon(1+\phi))]^{-\frac{1-2\alpha}{1-\alpha}}\alpha^{\frac{1-2\alpha}{1-\alpha}}(1-\alpha)^{\frac{\alpha}{1-\alpha}}}{1-\alpha-\dfrac{\alpha}{1-\epsilon}} \tag{4.54}$$

时，通过约束杠杆率以消除泡沫对经济是有益的。

4.2.3 资产泡沫与刚性兑付

泡沫的产生和破灭会带来经济本身的波动,因此对泡沫的监管应当包含泡沫产生前的监管和泡沫破灭后的救助。与此同时,由于理性预期的存在,政府对泡沫破灭的救助政策也会在事前影响经济中个体的风险承担行为,进而影响泡沫的规模。Hirano et al.(2015)、Dong and Xu(2022)以及董丰和许志伟(2020)等一系列研究讨论了针对泡沫的刚性兑付问题,其中 Dong and Xu(2022)在 DSGE 模型框架下较为系统地讨论了对泡沫的动态兑付政策。本部分我们基于 Dong and Xu(2022)和董丰和许志伟(2020)介绍一个包含理性预期和政府对泡沫救助政策的模型框架,并探讨最优救助政策的选择。

1. 模型设定

经济中存在一系列企业,并用 j 作为编号代表,企业利用资本 k_{jt} 和劳动 n_{jt} 来生产用于消费和投资的产品 $y_{jt} = k_{jt}^\alpha n_{jt}^{1-\alpha}$。求解企业最优劳动力雇佣问题容易得到企业当期利润为 $R_t k_{jt} = \max_{n_{jt}} \{k_{jt}^\alpha n_{jt}^{1-\alpha} - W_t n_{jt}\}$。与 Wang and Wen(2012)等一系列文章一致,假设企业每期有异质性的投资效率,对应资本积累方程为:

$$k_{jt+1} = (1-\delta)k_{jt} + \varepsilon_{jt} i_{jt} \tag{4.55}$$

同样地,假设存在投资不可逆约束 $i_{jt} \geqslant 0$。

为了刻画经济中的金融风险,假设存在一系列的风险资产(泡沫),并用它们产生后经过的时间 ι 代表每一种资产,当期产生的泡沫资产记为 $\iota = 0$。每种泡沫资产有 π_t 的概率破灭,从而根据大数定律,每期会有 π_t 比例的泡沫失去价值,进而企业的预算约束为:

$$d_{jt} + i_{jt} + \sum_{\iota=0}^{t} P_t^\iota b_{jt+1}^\iota = R_t k_{jt} + \sum_{\iota=1}^{t}(1-\pi_t) P_t^\iota b_{jt}^{\iota-1} + g_{jt} \tag{4.56}$$

其中 b_{jt}^ι 代表企业对泡沫资产 ι 的持有,注意到 t 期的泡沫资产 b_{jt}^ι 在 $t+1$ 期会转变为泡沫资产 $b_{jt+1}^{\iota+1}$(如果它没有失去价值)。g_{jt} 代表政府对破灭的泡沫资产的救助程度，即：

$$g_{jt} = \lambda_t \sum_{\iota=1}^{t} \pi_t P_t^{\iota} b_{jt}^{\iota-1} \quad (4.57)$$

与文献一致，假设企业不能进行股权融资 $d_{jt} \geqslant 0$，也不能够做空泡沫 $b_{jt+1}^{\iota} \geqslant 0$。企业通过选择投资和泡沫持有以最大化其分红现金流对家庭的折现值：

$$V_{jt} = \max_{d_{jt}, b_{jt+1}^{\iota}, i_{jt}} \left\{ d_{jt} + E_t \beta \frac{\Lambda_{t+1}}{\Lambda_t} V_{jt+1} \right\} \quad (4.58)$$

经济中存在一系列代表性家庭，提供劳动力并持有企业的股权 e_{jt+1}。家庭选择消费和股权持有以最大化其终身效用 $E_0 \sum_{t=1}^{\infty} \beta^t u(C_t)$。家庭的预算约束为：

$$C_t + \int_0^1 e_{jt+1}(V_{jt} - d_{jt}) \mathrm{d}j = \int_0^1 e_{jt} V_{jt} \mathrm{d}j + W_t N_t + \Pi_t - T_t \quad (4.59)$$

其中 Π_t 是家庭制造和销售新泡沫的利润，T_t 为税收。家庭可以制造并且销售新泡沫 z_t，泡沫的产生成本为 $\Gamma(z_t)$，因此，家庭制造泡沫的最优化问题为：

$$\Pi_t = \max_{z \geqslant 0} \left\{ P_t^0 z_t - \Gamma(z_t) \right\} \quad (4.60)$$

为了方便分析，假设 $\Gamma(z) = \dfrac{1}{\chi^{1/\zeta}} \cdot \dfrac{z^{1+1/\zeta}}{1+1/\zeta}$，从而泡沫的供给为：

$$z_t = \chi \left(P_t^0 \right)^{\zeta} \quad (4.61)$$

政府通过对家庭征税以满足对泡沫进行兑付的支出，同时假设政府对泡沫进行兑付要支付额外成本 ϕ。定义 $G_t = \int_0^1 g_{jt} \mathrm{d}j$，则政府的预算约束为：

$$T_t = (1+\phi) G_t \quad (4.62)$$

2. 模型均衡

由于企业生产问题的线性性，容易证明企业的投资问题满足一个触发策略：

定理 4.7 企业投资策略

企业的投资决策满足一个触发策略：

$$i_{jt} = \begin{cases} R_t k_{jt} + \sum_{\iota=1}^{t}(1-\pi_t) P_t^{\iota} b_{jt}^{\iota-1} + g_{jt}, & \varepsilon_{jt} \geqslant \varepsilon_t^* \\ 0, & \varepsilon_{jt} < \varepsilon_t^* \end{cases} \quad (4.63)$$

经济中的托宾 Q 值和泡沫定价方程为：

$$Q_t = E_t \beta \frac{\Lambda_{t+1}}{\Lambda_t} \left[R_{t+1} \mathcal{L}\left(\varepsilon_{t+1}^*\right) + (1-\delta) Q_{t+1} \right] \tag{4.64}$$

$$P_t^\iota = E_t \beta \frac{\Lambda_{t+1}}{\Lambda_t} \left\{ P_{t+1}^{\iota+1} \left[(1-\pi_{t+1}) + \lambda_{t+1}\pi_{t+1}\right] \mathcal{L}\left(\varepsilon_{t+1}^*\right) \right\},$$

$$0 \leqslant \iota \leqslant t \tag{4.65}$$

投资效率临界值满足 $\varepsilon_t^* = 1/Q_t$，$\mathcal{L}(\varepsilon^*)$ 代表经济中的流动性溢价，满足

$$\mathcal{L}(\varepsilon^*) = 1 + \int \max\left\{\frac{\varepsilon}{\varepsilon^*} - 1, 0\right\} \mathrm{d}F(\varepsilon) \tag{4.66}$$

下面考虑模型加总问题。由于投资效率冲击在不同时期独立同分布，所有企业是事前同质而事后异质的，因此容易得到总投资为：

$$I_t = \{R_t K_t + [(1-\pi_t) + \lambda \pi_t] B_t P_t\}[1 - F(\varepsilon_t^*)] \tag{4.67}$$

对应的资本积累方程为：

$$K_{t+1} = (1-\delta)K_t + E(\varepsilon | \varepsilon \geqslant \varepsilon_t^*) I_t \tag{4.68}$$

对于泡沫资产，假设一个对称的均衡，即 $P_t^\iota = P_t$，则泡沫资产价格的欧拉方程为：

$$P_t = E_t \beta \frac{\Lambda_{t+1}}{\Lambda_t} \left\{ P_{t+1} \left[(1-\pi_{t+1}) + \lambda_{t+1}\pi_{t+1}\right] \mathcal{L}\left(\varepsilon_{t+1}^*\right) \right\}, \quad 0 \leqslant \iota \leqslant t \tag{4.69}$$

定义经济中总的泡沫规模为 $B_t = \sum_{\iota=1}^{t} b_{jt}^{\iota-1}$，从而有总泡沫演化方程：

$$B_{t+1} = (1-\pi_t) B_t + z_t \tag{4.70}$$

其中 $z_t = \chi P_t^\zeta$。经济的总资源约束为：

$$Y_t = C_t + I_t + \Gamma(z_t) + \phi G_t \tag{4.71}$$

其中显然有 $G_t = \lambda_t \pi_t B_t P_t$。

3. 最优救助政策

给定均衡系统，我们可以讨论最优救助政策。在稳态上，救助政策有两种

效应：一方面，更加慷慨的救助政策（λ提升）可以帮助维持泡沫价格，进而改善资源分配（因为高投资效率的企业可以通过交易泡沫进行更多投资）；但另一方面，更加慷慨的救助政策会鼓励家庭生产更多泡沫，而泡沫的生产需要消耗成本。注意到家庭只能从当期生产的泡沫中获益，但所有时期生产的泡沫都可用于交易以改善资源分配，因此家庭倾向于过度生产泡沫，造成资源浪费。以上两种效应相互影响，可能导致存在最优的稳态救助水平。图4.3展示了不同救助水平下经济的稳态水平。容易看出，随着救助水平的提高，泡沫的总价值$B \times P$上升，这使得资源分配效率得以改善，临界值ε^*上升，进而资本增加，产出上升。但同时，更高的泡沫价格导致家庭将更多资源用于生产泡沫，消费率下降。两者相互作用得出了"倒U型"的消费曲线：随着救助水平的提升，总消费先上升后下降，存在最优稳态救助水平。

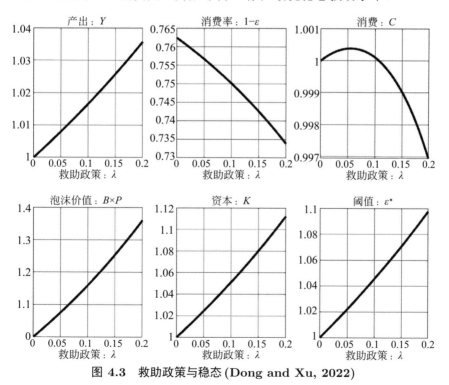

图 4.3 救助政策与稳态 (Dong and Xu, 2022)

进一步地，在经济存在波动的情况下，最优的救助政策是否应当是一成不变的？直观来讲，方程（4.69）表明当期泡沫价格取决于对未来救助政策水平和泡沫价格的预期，因此事后救助政策可能会通过影响经济中个体的预期从而影响事前泡沫水平，进而作用于经济波动。为了分析最优动态救助政策，假设泡沫破灭概率 p_t 满足 log-AR(1) 过程，并考虑如下的政策形式：

$$\lambda_t - \lambda = -\zeta(\hat{B}_t + \hat{P}_t) \tag{4.72}$$

其中 $\hat{B}_t$ 和 $\hat{P}_t$ 代表对应变量对稳态的对数偏离。上式表明，当经济中泡沫规模过大时，政府应当降低救助水平以抑制泡沫；而当经济中泡沫规模小于稳态时，政府应当提高救助水平以促进泡沫扩张。图4.4展示了不同动态救助政策

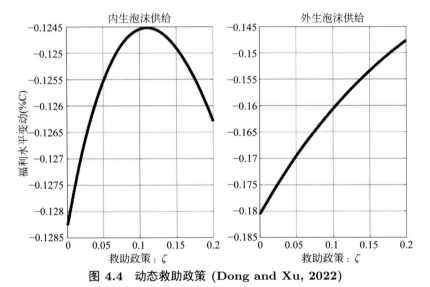

图 4.4 动态救助政策 (Dong and Xu, 2022)

参数 ζ 取值下经济面临泡沫破灭概率冲击时的福利变动，其中左侧子图表示内生泡沫供给的情况，即存在上文所述的家庭过度生产泡沫导致资源浪费的情况；而右侧子图表示外生泡沫供给的情况，即 $\zeta=0$，此时家庭生产泡沫不受价格影响，因而不会出现过度生产浪费资源的问题。图4.4表明，当考虑内生泡沫供给时，最优动态政策同样面临稳态分析中所述的权衡取舍：更加慷慨的救助政策在通过调节泡沫规模降低经济波动的同时，也刺激家庭将更多的生产性资源用于泡沫生产造成浪费，因而存在最优动态最优救助政策。而

当泡沫供给外生给定时，不存在上述的权衡取舍，更加慷慨的救助政策总可以通过降低泡沫破灭概率波动的影响提高社会福利。

4.3 讨论与展望

正如本章第一部分所提到的，宏观审慎政策的出现往往对应着针对系统性风险的监管。2015年以来，我国经济进入新常态，增速减缓和结构转型的背景下一系列潜在风险源逐渐凸显：金融部门的脆弱性导致风险可能在金融部门内部传染（范小云等，2013；杨子晖和李东承，2018b），并进而作用于实体经济（杨子晖，2020）；地方债问题逐渐凸显，一些欠发达地区的地方债存在违约风险（牛霖琳等，2016；王永钦等，2016）；影子银行问题较为严重，传统货币政策传导不畅（Chen et al.，2018）。这些问题往往涉及多地区多部门，并且与金融机构风险承担和金融系统结构稳定密切相关，难以通过单一的货币政策目标进行调控，需要利用宏观审慎政策工具进行调控，限制金融机构和地方政府的风险行为，达到维持金融体系稳定的效果。

一系列研究讨论了宏观审慎政策的实施逻辑与效果。Freixas et al.（2015）提供了一个用于理解金融监管转向宏观审慎的框架，该书定义了系统性风险和宏观审慎政策，将宏观审慎方法与微观审慎方法进行对比，并介绍了世界各地宏观审慎监管的宏观审慎工具和经验。Vollmer（2021）系统梳理了一系列有关货币政策和宏观审慎政策对经济影响的文献，考察了货币政策对金融周期的影响，并探讨宏观审慎工具如何影响货币政策的效率，还讨论了货币政策是否应该考虑金融周期、逆风而上的问题。此外，Galati and Moessner（2013）和Claessens（2015）概述了宏观审慎政策的基本内容，并讨论了一系列重要问题，包括此类工具对资源配置产生不利影响所带来的成本、如何调整整个体系使之适应一个国家的具体情况，以及制度设计的选择，包括如何应对政治经济风险。尽管政府持续参与金融市场有诸多好处，但西方政策制定者往往在危机时期之外避免进行实质性政策干预，因为担心这种干预可能会扭曲金融市场，弊大于利。例如，艾伦·格林斯潘和本·伯南克在担任美国联邦储备委员会主席时明确表示，他们不愿通过政策调控资产市场的泡沫。这种担忧引发了这样的疑问：中国扩张性的政府干预政策是否需要这种权衡？西方学者关于中国宏观审慎政策体系的讨论可以参考Brunnermeier et al.（2020）和Amstad et al.（2020）。

有关资本要求的概述性讨论包括Begenau（2020）、Nguyen（2015）、Begenau and Landvoigt（2021）、Tomura（2014）和Gauthier et al.（2012）。通过引入泡沫，Chevallier and El Joueidi（2019）构建了包含受到监管的银行部门的无限期动态一般均衡模型。该论文表明，当银行面临基于信用风险的资本要求时（如巴塞尔协议Ⅰ），泡沫不可能存在。而在资本要求基于风险价值的监管框架下，如巴塞尔Ⅱ和Ⅲ中，两种不同的均衡出现并可以共存：无泡沫均衡和有泡沫均衡。泡沫可以是正值，也可以是负值，具体取决于基于风险价值的资本要求的紧缩程度，并且与无泡沫均衡相比，泡沫可以提供更大的福利。Acharya and Naqvi（2019）开发了一种金融中介模型，其中银行经理通过过度投资风险资产和对安全资产投资不足来"获取收益"。银行经理遵循优先顺序：第一选择是投资于风险资产，第二选择是囤积流动资产，最后的选择是投资更安全的资产。这种行为导致泡沫和"负泡沫"（negative bubble）分别在风险资产和安全资产市场中产生。货币宽松可以降低流动性短缺的成本，从而进一步提高收益率并放大泡沫。

杠杆率控制是巴塞尔Ⅲ协议中引入的限制银行杠杆风险的监管工具。杠杆率衡量了银行资产与负债之间的关系，体现了银行在面对资本冲击时的稳健性。Miao et al.（2015b,a）和Dong et al.（2021a）等一系列文章已经指出，在存在金融摩擦的经济体中，泡沫的存在取决于其放松融资约束并产生流动性溢价的能力，而杠杆率越高泡沫越容易产生，给经济带来新的风险。进一步地，当考虑银行体系的风险承担、风险转移和信贷产生作用时，杠杆率的限制便更加重要。Allen and Gale（2000）和 Allen et al.（2022）强调风险转移效应，即债务人可以通过违约将损失转移给债权人，从而造成借贷方过于激进的风险行为，这在有限责任制的金融机构中更为明显。Miao and Wang（2015）指出，银行部门的弱监管会导致银行价值中出现泡沫，这在繁荣时期会促进信贷产生刺激实体经济，而在衰退时期会通过信贷渠道加速金融危机的产生。与之类似，Aoki and Nikolov（2015）和董丰等（2023b）在银行的资产负债表中引入泡沫资产，发现银行部门持有泡沫会通过信贷渠道放大波动，而储户持有泡沫没有这种效果。以上一系列研究都表明对银行杠杆率的过分放松会刺激其风险承担行为，对经济带来更大的危害，因此对金融机构以及宏观金融部门杠杆率的监管尤为重要。除了微观金融机构的杠杆率（即负债与资产之比）之外，另一个重要的杠杆率指标是宏观杠杆率，即某一部门的债务与GDP的比值。Reinhart and Rogoff（2010）基于历史数据提出了宏观杠杆率的"90-60"准则：在"正常债务水平"（公共债务占GDP的比重低于90%）下政府债务与GDP实际增长率之间表现为弱相关关系；当公共债务占GDP的比重超过90%，政府债务增长率的中值大致下降一个百分点，GDP平均增长率则下降更多；而外债阈值低于整体公共债务水平的阈值，外债规模占GDP的比重超过60%的国家，经济增长出现明显恶化。

国内有一系列学者关注了我国宏观金融系统中的杠杆率问题。钟宁桦等（2016）分析了我国1998—2013年间的规模以上工业企业负债率数据，发现样本企业出现了较为统一的去杠杆趋势，而一些大型、国有、上市的企业反而呈现出加杠杆的行为。徐忠（2018）也指出我国宏观杠杆率过高，表现为非金融企业部门债务率较高，尤其是地方政府融资平台和国有企业，实为政府隐性负债，对国有企业去杠杆实际上也是完善国有企业治理，降低政府债务负担的过程。一些学者关注杠杆率和创新及增长的关系。刘哲希等（2023）提出了经济增长和宏观杠杆率的"债务-资产价格"渠道，指出经济增速下滑可能会导致资产泡沫的出现,从而推高宏观杠杆率。马勇和陈雨露(2017)基于系统GMM估计方法讨论了不同国家宏观金融杠杆率及其波动和经济增长的关系,发现金融杠杆和经济增长之间存在显著的"倒U型"关系:当金融杠杆率较低时,提升杠杆率可以促进增长,而超过某个拐点后,过高的杠杆率对应"脱实向虚"反而可能抑制增长。根据马勇和陈雨露(2017)的预测,我国可能在2019—2020年达到金融杠杆拐点,因此需要实施稳健的去杠杆策略。与之相对,王玉泽等(2019)聚焦于企业的微观视角,讨论什么样的杠杆率能够促进企业创新,并发现企业杠杆率与创新投入、创新产出之间存在"倒U型"关系,对创新风险的影响则呈"U型",而杠杆率对企业创新的影响在不同行业有所不同。因此,需要针对性地对不同行业进行去杠杆政策的实施,以最大化其创新效应。杠杆率与微观和宏观风险方面,纪敏等(2017)从微观和宏观两个角度出发分析了我国微观和宏观杠杆率之间的联系,指出两者之间的差别主要在于资本收益率的变动,而随着杠杆率的提高,大量借新还旧导致债务驱动投资效率下降(即出现债务积压,debt overhang,参见Gomes et al., 2016),可能进一步威胁债务可持续性和金融体系稳定。刘晓光和刘元春(2019)讨论了我国企业杠杆率以及"短债长用"现象的影响,发现两者均会提升企业债务风险,并通过增加企业财务成本和降低研发投入的渠道影响企业绩效表现,而且两者之间存在交互作用,会带来更大的危害。因此,在去杠杆的同时,需要合理调整企业债务期限结构,减少"短债长用"的危害。董丰等(2024)将部门间金融联系纳入包含资产泡沫的内生增长模型中,发现过高的杠杆率不仅会导致泡沫的产生,还会导致不同部门之间出现泡沫破灭的传染风险,而通过"去杠杆"限制部门间联系可以抑制泡沫的产生,同时降低部门间传染的危害,控制系统性风险。陈伟泽等(2023)在存在泡沫资产的环境下讨论了杠杆率限制和遏制"脱实向虚"等多种政策对于调节产出水平和宏观杠杆率水平的效果,发现存在泡沫时压制微观杠杆率面临"稳增长"和"稳杠杆"的权衡取舍,而通过遏制"脱实向虚"减小泡沫水平可以实现产出和宏观杠杆率的同时优化。

银行业危机是在信贷密集型繁荣期间爆发的危机，并可能带来特别严重和持久的衰退。通过提升风险投资的成本和调控银行预期，宏观审慎政策可以抑制这些信贷周期（Boissay et al., 2016）。Aoki and Nikolov（2015）假设有限信用经济中理性泡沫的宏观经济影响关键取决于银行或普通储户是否持有泡沫。当银行杠杆率较高、长期实际利率较低或监管松懈使其能够享受高额存款保险补贴时，银行就会持有泡沫资产。当银行是泡沫持有者时，在泡沫存在的同时，银行存贷利差会缩小，从而放大产出繁荣，但在泡沫破裂时也会加深经济衰退；相比之下，普通储户持有的泡沫的真正影响要小得多。Dong and Xu（2020）提供了一种易于处理的动态理论，其中摩擦性银行部门过度信贷创造可能会导致过度投资，导致内生的繁荣-萧条周期。宏观审慎政策可以通过提高维持风险投资组合的成本以及通过银行对其他银行行为的预期来抑制这些信贷周期（Aikman et al., 2015）。Lorenzoni（2008）提供了一个评估预防性政策的框架，可以在信贷繁荣期间使用该框架来降低金融危机的预期成本。

另外一些学者关注银行间风险传染带来的影响以及对应的政策应对：当不同金融机构之间互相持有债权时，一家机构的冲击可能传导到其他金融机构，带来系统性风险。银行间风险传染大致包括两个渠道：银行间负债违约渠道和破产银行导致的银行间负债流动性挤兑渠道（方意，2016），前者指银行间相互持有债权时，一家银行对债务的违约可能对其债权人带来债务危机，进而引发连锁违约现象出现；后者指银行面对流动性冲击时需要抛售资产获得流动性，而这会在银行之间带来负外部性。Acemoglu et al.（2015）较早从理论上讨论了金融网络与外生冲击的关系。他们发现当外生冲击规模较小时，较为完善的金融网络可以起到吸收冲击的作用；而当冲击规模足够大以至于整个系统的流动性储备都无法完全吸收冲击时，完善的金融网络反而会导致冲击出现扩散。因此，在事前需要基于对外生冲击大小的预期合理限制银行间金融联系的规模,科学识别系统重要性金融机构并进行针对性监管。Kopytov(2023)讨论了一个包含多个银行的金融体系,其中各家银行通过最优化资产组合形成了银行间金融网络:为了降低自身风险,银行会选择互相持有债权,但这反而导致了整个银行体系更加容易受到外部冲击的破坏;而给定这种内生的风险承担行为,政府应当通过在繁荣时期限制储蓄,在危机时期鼓励储蓄的逆周期宏观审慎政策来提升社会福利。Liu(2023)从另一个角度分析了银行间的风险传染行为:不同的银行可能面临不同的流动性冲击,而当流动性冲击出现时,它们需要在统一的资本市场上进行资本清算,而这会在银行间产生负外部性,即越多银行选择抛售资本,风险厌恶的投资者会导致资本的价格越低。为了减轻冲击和银行业危机的影响,可以在事前根据巴塞尔协议III对银行的流动性资本进行管控,或者在危机发生后为银行以及二级资本交易市场注入流动性。

国内也有一系列研究讨论了我国金融市场上不同银行间的金融联系和风险传染的可能。范小云等(2012)基于2007—2009年间银行间拆借数据,模拟了不同破产损失率情况下,不同银行破产带来的潜在损失,并识别了我国银行体系中的系统性重要银行。黄聪和贾彦东(2010)和贾彦东(2011)基于银行间结算数据,估计了存在金融网络情况下任意机构违约带来的系统直接损失和间接损失,并基于此评估了我国不同银行的系统重要性大小。宫晓琳(2012)利用金融资产负债表和资金流量金融交易账户数据构建了我国宏观金融系统的资产负债表,并基于未定权益法(CCA, contingent claims analysis)计算了我国宏观金融系统的系统性风险水平指标(财务危机距离DD、违约概率PD、预期损失净现值EL等)的变动趋势。方意(2016)结合了负债违约渠道和流动性挤兑渠道,构建了我国的银行间资产负债表关联模型。该模型包含两类风险传染机制:破产机制和去杠杆机制,其中破产机制包含上述的负债违约渠道和破产银行负债流动性挤兑渠道,衡量一家银行破产会如何通过资产负债表联系影响其他金融机构运行;而去杠杆机制表示银行为达到杠杆率监管要求而卖出资产并导致损失的风险传染机制，即受到冲击后未破产的银行为了满足杠杆率监管，需要主动去杠杆带来损失（主动去杠杆渠道），同时这种抛售资产的行为又会传导到其他银行（未破产银行负债流动性挤兑渠道）。因此，该模型讨论了两种机制下的四类系统性风险传染渠道，即破产银行和未破产银行对风险传染的作用有所不同。基于中国人民银行《金融稳定报告》中压力测试部分的数据，方意（2016）模拟了初始冲击下风险通过不同渠道传染的程度大小，并计算了我国银行整体系统性风险水平的变动情况。实证分析发现，我国银行系统性风险主要来源于银行间潜在的风险传染问题，而整体系统性风险水平呈现下降趋势。方意和刘江龙（2023）基于关联网络模型讨论了我国银行间网络对风险的传染和分担效应。与 Acemoglu et al.（2015）类似，金融网络一方面可以分担单个银行所受冲击，降低系统性风险；另一方面可以传导单个银行所受冲击，提升系统性风险。方意和刘江龙（2023）发现，风险分担效应在银行盯市资产集中度高且遭遇大冲击时表现明显，小银行和资本不足的银行具有更强的风险传染效应，而大银行与地理分散程度高的银行具有更强的风险分担效应。

当政策制定者也可以使用流动性提供工具来管理危机时，应该如何设计宏观审慎政策？Jeanne and Korinek（2020）在系统性银行风险模型中表明，有三个因素在起作用：第一，事后流动性供给缓解了金融危机，从而减少了对宏观审慎政策的需求。在极端情况下，如果流动性供给没有目标、无成本，或者通过可信的非均衡最后贷款完全预防危机，那么宏观审慎监管就没有任何作用。第二，宏观审慎政策需要考虑定向流动性供给的事前激励效应。第三，如果影子银行降低了宏观审慎工具的有效性，那么最好的做法是承诺减少流动性供给，作为宏观审慎政策的次佳替代品。Farhi and Werning（2016）提出了货币政策和金融市场宏观审慎干预的理论，并重点关注存在商品和劳动力市场名义刚性且受到货币政策约束（例如零汇率下限或固定汇率）的经济体，他们发现可以通过金融市场的宏观审慎干预来纠正的总需求外部性。

政府应该救助资产泡沫吗？如果是，如何救助？如前文所述，在 Dong and Xu（2022）中，企业面临着特殊的投资机会和金融摩擦，本质上无用的资产可以缓解企业的信贷约束，并通过额外的流动性提高投资效率。然而资产泡沫容易受到市场情绪和资源消耗的影响，泡沫破裂的时变概率会导致资产价格波动和经济波动。论文发现，最优救助政策是逆风而行，在挤入效应和挤出效应之间取得平衡。此外，Hirano et al.（2015）研究了泡沫与政府救助之间的关系。他们发现针对泡沫破裂的救助可能会对事前生产效率产生积极影响，并缓解随机泡沫的存在条件。救助水平与生产效率存在非单调关系，"部分救助"政策可以实现生产效率提升。此外，Hirano et al.（2015）还讨论了救助政策的福利影响，并表明即使是无风险的泡沫也可能是消费者所不希望的。然而，European Central Bank.（2019）发现，内生资本要求显著降低了金融泡沫的影响，而央行干预（"逆风而行"）则被证明效果较差，内生资本要求被证明有最好的福利效应，因此应当利用这种逆周期资本缓冲政策进行干预。

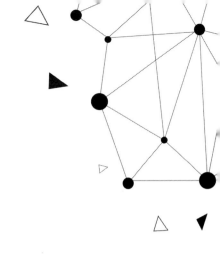
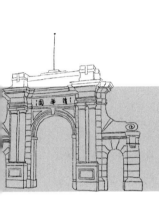

第5章 资产泡沫与"双支柱"调控框架

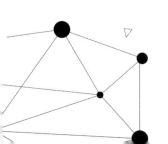

5.1 "双支柱"调控背景

宏观审慎政策能够在资产泡沫的环境下，实现维护金融稳定的目的，但是其也存在一定的局限性。首先，过于严格的宏观审慎政策可能会降低金融机构运行的效率，对于资产价格形成过度打压，提高借贷成本，从而对经济增长形成较大的阻力，在进行决策时，需要充分考虑"稳增长"和"防风险"之间的权衡；其次，Stein（2013）指出只有利率政策能够直接影响所有机构（get in all the cracks），因此货币政策在覆盖面上可能优于宏观审慎政策，在利率传导机制完善的市场中，货币政策能够影响到几乎所有资产的定价，而宏观审慎政策可能很难直接干预到监管体系以外的经济主体，因而可能造成监管漏洞；最后，逆周期的宏观审慎政策在经济下行周期会放松监管，对危机主体进行救助，当然"事后清理"的货币政策也有同样的问题，这会造成潜在的道德风险问题，导致事前风险偏好程度的上升，反而不利于实现金融稳定的目标。货币政策和宏观审慎政策在理论上都能够通过增加获取信用的成本来抑制资产泡沫。但是，仅仅依靠单一的政策并不能有效完成这一目标，因为每种政策都有其优势和局限，因此双支柱政策协调可能是更优的选择。

货币政策和宏观审慎政策的侧重点或政策目标在理论上存在差异，货币政策通过利率或货币等操作工具进行总量调控，调节宏观总需求，侧重物价稳定和就业增长；而宏观审慎政策则使用逆周期调节手段，旨在降低经济的顺周期波动和过度的杠杆水平，侧重维护金融系统的稳定。但是两者之间又关系紧密、相辅相成，有许多共通之处。首先，货币政策工具和宏观审慎工具都可以用来进行逆周期调节，当经济过热时，采用紧缩的货币政策或加强审慎监管；而当经济遇冷时，则可以使用宽松的货币政策或放松审慎监管。其次，金融稳定对于物价稳定和经济增长至关重要，数次危机的经历说明了金融系统大幅波动造成的危机最终会加大价格和产出的波动，因此宏观审慎政策间接地通过金融稳定能够达到稳定物价和经济增长的效果。如何协调使用双支柱框架对于降低资产泡沫风险和维护金融稳定是至关重要的。李波（2018）在书中提出，货币政策和宏观审慎政策的充分协调有助于实现有效的金融调控，更好地将币值稳定和金融稳定结合起来。货币政策与宏观审慎政策都可以进行逆周期调节，都具有宏观管理的属性。货币政策主要针对整体经济和总量问题，侧重于经济增长和物价水平的稳定；而宏观审慎政策则直接和集中作用于金融体系本身，侧重于维护金融稳定，两者恰好可以相互补充和强化。货币政策不够稳健，金融稳定也很难实现；反过来，如果金融体系出现大的波动，币值稳定也不大可能实现。恰当的宏观审慎政策能够作为货币政策的有益补充，减轻货币政策的负担。马骏和何晓贝（2019）指出货币政策对金融稳定的溢出效应和宏观审慎政策对宏观经济的溢出效应会影响两种政策工具的有效性和政策目标的实现。在不同的金融和经济环境下，采用何种政策工具组合将是决策部门需要重点思考的，在充分发挥好两种政策各自功能的同时，也要考虑到政策之间的相互影响和传导机制，只有这样，两者工具才能更好地配合完成宏观调控目标。

一方面，针对个体金融机构的微观审慎监管不足以维持系统稳定，反而会加剧顺周期问题，越来越多的人要求监管机构采取宏观审慎的做法，传统的单一货币政策框架不足以解决金融系统风险；另一方面，许多研究建议货币政策同样要盯住金融市场的系统性风险，维护金融稳定。数次危机的经验揭示了当金融系统大幅波动时，同样会不利于经济稳定目标的实现。但同时有研究指出宏观审慎政策存在政策工具等的局限性，并不足以保证金融稳定，因此货币政策需要作为维护金融稳定的补充（Kocherlakota，2014）。Cecchetti and Kohler（2012）认为决策部门的政策目标应该持更加开放的态度，利率很可能是解决金融稳定问题的更好工具，正如审慎工具可以用于稳定产出和价格一样。只要两类政策完全协调，那么就能够取到最优解，至于具体由哪个部门承担何种职能并非关键。此外，Caballero and Simsek（2019）构建了关于审慎货币政策（prudential monetary policy，PMP）的宏观模型，表明货币政策在一定程度上能够承担审慎功能，核心思路是货币政策通过资产价格渠道影响金融稳定性。这一政策兼具宏观审慎政策的特征，可以认为是货币政策和宏观审慎政策的协调应用。他们证明了在特定条件下，PMP等价于某种宏观审慎政策，能够有效维护金融稳定。PMP本质上也是一种逆周期调节手段，核心机制是通过降低经济繁荣时期的资产价格，平滑了经济陷入衰退时的资产价格下跌程度。

从双支柱政策部门协调的国际经验上看，英国的货币政策和宏观审慎政策分别由货币政策委员会（MPC）和金融政策委员会（FPC）负责，职能集中于央行，FPC和MPC人员彼此交叉任职，并建立了有效的沟通机制，加强相互理解、政策配合和提高政策透明度。王信和贾彦东（2019）系统介绍了英格兰银行在货币政策和宏观审慎政策框架改革的经验，从制度建设、工具应用、信息处理、方法构建以及政策沟通和发布5个方面，给出我国宏观审慎政策发展的若干启示和政策建议。在欧元区，政策决策主体是欧央行理事会，货币政策和宏观审慎政策均由欧央行主导，在同一框架下实现政策协调配合。美国由美联储负责货币政策，并设立金融稳定监督委员会（FSOC）负责金融稳定，FSOC认定需由美联储监管的系统重要性金融机构、金融活动和金融基础设施，并提出相应的监管建议，但是没有单独可以行使的监管权，更像是政策协调机构。在中国，由央行负责制定货币政策，并在2016年将准备金动态调整机制升级为宏观审慎评估（MPA）作为主要的宏观审慎工具。2017年成立的国务院金融稳定发展委员会旨在加强金融监管协调，宏观审慎政策和货币政策之间形成了良好的协调机制。如何协调好相关决策部门以及政策工具和目标安排将是完善我国货币政策和宏观审慎政策双支柱框架的重要环节。2023年的金融监管改革将央行对金融控股公司的日常监管职责，以及央行、证监会有关金融消费者及投资者保护职责都划入国家金融监督管理总局，强化了微观审慎监管与行为监管的统筹。央行剥离出上述相关职责后，可以更聚焦于货币政策和宏观审慎政策的"双支柱"管理框架。本次金融领域的改革将进一步提升双支柱框架的政策协调能力，有利于提升监管效率，将有效防范化解重大金融风险。

⊙ 5.2　理论与定量分析

如前所述，宏观审慎政策的种类繁多，因此不同宏观审慎政策与货币政策之间的协同方式也存在不同。本部分我们主要从资本约束和杠杆率约束入手，探讨货币政策与宏观审慎政策之间的协同调节方式。

5.2.1　针对银行风险承担行为的分析

在进行基于DSGE模型的福利分析之前，我们首先介绍一个简单的模型，来讨论货币政策以及宏观审慎政策对银行风险承担行为的影响。马勇和姚驰（2021）基于有限责任制下银行风险承担行为的理论模型，从公司金融和银行资产配置的角度讨论了双支柱框架下货币政策和宏观审慎政策的协调问题。

1. 银行的风险承担行为

假设经济中存在两类风险中性的个体：银行和存款人，其中只有银行可以进行投资，而存款人只能向银行存款。市场上存在无风险资产和一系列风险资产,其中无风险资产对所有银行都是同质的,收益率为资本的边际产出,即 $R_s = f'(x_s^*) = \dfrac{r}{1-\delta}$,其中 x_s^* 为银行系统对无风险资产的总投资,$f(\cdot)$ 是对应的生产函数。风险资产包含一系列不同风险水平 p_r 和收益率 R_r 的各类资产,不失一般性将其概括为两类:低风险资产 x_1 和高风险资产 x_2。其中低风险资产以 p_1 的概率成功,收益率为 R_1;高风险资产以 p_2 的概率成功,收益率为 R_2,两者满足 $p_1 > p_2$,$R_1 < R_2$,$p_1 R_1 = p_2 R_2$。银行利用权益资本 e 和吸收存款 d 投资于两类风险资产,其资产负债表满足:

$$x_s + x_r = e + d(1-\delta) \tag{5.1}$$

其中 δ 为银行的准备金率。同时,假设银行持有风险资产有管理成本 $c(x_r) = \dfrac{x_r^2}{2\theta}$。由于银行是有限责任的,当风险投资失败,收益过低时,银行可以选择违约并将损失转嫁给投资者,因此当投资成功时银行的净收益为 $x_s R_s + x_r R_r - rd - c(x_r)$,而投资失败时银行的收益为 $-c(x_r)$。综上所述,银行的预期收益为:

$$V(e) = \max_{x_r, x_s, d} \left\{ p_r \left[\dfrac{re}{1-\delta} + x_r \left(R_r - \dfrac{r}{1-\delta} \right) + x_s \left(R_s - \dfrac{r}{1-\delta} \right) \right] - \dfrac{x_r^2}{2\theta} \right\} \tag{5.2}$$

考虑两类银行:审慎经营的银行和风险经营的银行。审慎经营银行选择投资于低风险资产 x_1,而风险经营的银行选择投资于高风险资产 x_2,容易得到两类银行的经营决策满足:

$$x_1^* = \theta p_1 \left(R_1 - \dfrac{r}{1-\delta} \right), \quad d_1^* = \dfrac{1}{1-\delta} \left[\theta p_1 \left(R_1 - \dfrac{r}{1-\delta} \right) + x_s^* - e \right] \tag{5.3}$$

$$x_2^* = \theta p_2 \left(R_2 - \dfrac{r}{1-\delta} \right), \quad d_2^* = \dfrac{1}{1-\delta} \left[\theta p_2 \left(R_2 - \dfrac{r}{1-\delta} \right) + x_s^* - e \right] \tag{5.4}$$

对应的银行经营收益满足:

$$V_1^*(e) = \dfrac{p_1 re}{1-\delta} + \dfrac{\theta}{2} \left[p_1 \left(R_1 - \dfrac{r}{1-\delta} \right) \right]^2 \tag{5.5}$$

$$V_2^*(e) = \dfrac{p_2 re}{1-\delta} + \dfrac{\theta}{2} \left[p_2 \left(R_2 - \dfrac{r}{1-\delta} \right) \right]^2 \tag{5.6}$$

求解银行选择经营策略的问题，可以得到：

$$V_1^*(e) > V_2^*(e) \Rightarrow e > \tilde{e} = \theta \left[p_1 R_1 - \frac{(p_1 + p_2)r}{2(1-\delta)} \right] \quad (5.7)$$

即在有限责任制下当银行净资本较低时，倾向于进行风险经营进而将风险转嫁给投资者。假设银行资本分布的密度函数为 $f(e;\varepsilon)$，累积分布函数为 $F(e;\varepsilon)$，满足 $\frac{\partial F(e;\varepsilon)}{\partial \varepsilon} < 0$，从而可以得到选择风险经营的银行比例为：

$$g(r;\delta;e) = F(\tilde{e},\varepsilon) \quad (5.8)$$

银行部门对资金的总需求为：

$$B^d = \int^{\tilde{e}} d_2^*(e) \mathrm{d}F + \int_{\tilde{e}} d_1^*(e) \mathrm{d}F = \frac{\theta}{1-\delta} \left\{ p_1 \left(R_1 - \frac{r}{1-\delta} \right) + \right. \quad (5.9)$$

$$\left. \left[p_2 \left(R_2 - \frac{r}{1-\delta} \right) - p_1 \left(R_1 - \frac{r}{1-\delta} \right) \right] F(\tilde{e},\varepsilon) + \frac{x_s^*}{1-\delta} - \frac{E}{1-\delta} \right\}$$

其中 E 为银行部门总资本水平。信贷总供给来自家庭的储蓄，为了方便分析，假设家庭收入为 w，预期效用函数为 $u(c_1) + c_2$，预期存款收益为 $\rho = p_1 r[1 - g(r;\delta;e)] + p_2 r g(r;\delta;e)$，对应的信贷供给满足：

$$B^s(\rho;w) = w - {u'}^{-1}(\rho) \quad (5.10)$$

信贷市场出清条件为：

$$B^d(r;\delta;\varepsilon) = B^s(\rho(r;\delta;\varepsilon), w) \quad (5.11)$$

2. 政策效应与政策协调

以上是一个简单的有关银行风险承担行为的局部均衡模型，基于此模型，可以分析货币政策和宏观审慎政策对银行风险经营行为的影响。特别地，我们有以下结论：[1]

> **定理 5.1 单个政策的影响**
>
> 有关货币政策和宏观审慎政策的单独调控作用，有以下结论：
>
> （1）以利率、准备金率为代表的货币政策的放松以及资金供给

---

[1] 有关单个政策对银行风险经营的影响结论这里不做证明。

的增加,刺激了银行对风险资产的需求,并且导致资本水平临界值的上升和选择风险经营银行比例的增加;

(2) 通过影响银行整体资本分布和制约银行风险资产规模,以资本充足率要求为代表的宏观审慎政策能够有效抑制银行的过度风险承担,降低资本水平的临界值和非审慎经营银行的比例,从而降低银行部门的总体风险水平。

接下来我们讨论货币政策和宏观审慎政策之间的相互作用,我们着重讨论资本约束和货币政策之间的相互作用。假设规定银行资本充足率不得低于 κ,即 $\frac{e}{x_r} \geqslant \kappa$。容易得到,在考虑了资本充足率要求后审慎经营的银行风险资产规模和杠杆率满足:

$$x_1^{**} = \begin{cases} \frac{e}{\kappa}, & 0 < e < \kappa\theta p_1\left(R_1 - \frac{r}{1-\delta}\right) \\ \theta p_1\left(R_1 - \frac{r}{1-\delta}\right), & e \geqslant \kappa\theta p_1\left(R_1 - \frac{r}{1-\delta}\right) \end{cases} \quad (5.12)$$

$$d_1^{**} = \begin{cases} \frac{1}{1-\delta}\left[\frac{e}{\kappa} + x_s^* - e\right], & 0 < e < \kappa\theta p_1\left(R_1 - \frac{r}{1-\delta}\right) \\ \frac{1}{1-\delta}\left[\theta p_1\left(R_1 - \frac{r}{1-\delta}\right) + x_s^* - e\right], & e \geqslant \kappa\theta p_1\left(R_1 - \frac{r}{1-\delta}\right) \end{cases}$$
$$(5.13)$$

而风险经营银行的资产规模和杠杆率为:

$$x_2^{**} = \begin{cases} \frac{e}{\kappa}, & 0 < e < \kappa\theta p_2\left(R_2 - \frac{r}{1-\delta}\right) \\ \theta p_2\left(R_2 - \frac{r}{1-\delta}\right), & e \geqslant \kappa\theta p_2\left(R_2 - \frac{r}{1-\delta}\right) \end{cases} \quad (5.14)$$

$$d_2^{**} = \begin{cases} \frac{1}{1-\delta}\left[\frac{e}{\kappa} + x_s^* - e\right], & 0 < e < \kappa\theta p_2\left(R_2 - \frac{r}{1-\delta}\right) \\ \frac{1}{1-\delta}\left[\theta p_2\left(R_2 - \frac{r}{1-\delta}\right) + x_s^* - e\right], & e \geqslant \kappa\theta p_2\left(R_2 - \frac{r}{1-\delta}\right) \end{cases}$$
$$(5.15)$$

那么容易得到,当且仅当 $\tilde{e} < \kappa\theta p_2\left(R_2 - \frac{r}{1-\delta}\right)$ 时,资本充足率的监管可

以限制风险经营银行的规模，对应的资本充足率监管阈值为：

$$\kappa > \tilde{\kappa} = 1 = \frac{p_1 - p_2}{2p_2 R_2 \dfrac{1-\delta}{r} - 2p_2} \tag{5.16}$$

基于上式，容易得到 $\dfrac{\partial \tilde{\kappa}}{\partial r} < 0$，$\dfrac{\partial \tilde{\kappa}}{\partial \delta} < 0$，即利率的下降和准备金率的下降导致了有效资本充足率约束临界值的上升，宽松的货币政策迫使监管部门制定更高的资本要求以发挥宏观审慎政策的有效性。同时，当由于信贷宽松导致均衡利率下行时，监管部门应当设定更高的资本充足率监管目标，以实现金融风险的稳定，逆周期的资本充足率要求在一定程度上起到了对货币政策风险外溢效应的弥补作用。综上所述，宏观审慎政策能够部分抵消货币政策在银行风险承担渠道的传导效应，但货币政策放松会恶化宏观审慎政策的权衡取舍。

5.2.2 货币政策与最优银行资本约束

Angeloni and Faia（2013）构建了包含银行挤兑的动态随机一般均衡模型，探讨最优的银行资本约束与货币政策的协同。模型发现，宽松的货币政策会导致银行杠杆率上升，风险提高，而基于风险的杠杆率约束可能会放大经济周期。研究发现，最优的政策组合是逆周期的资本比率约束（如巴塞尔协议III中所要求的）与对资产价格进行响应的货币政策。

1. 模型设定

经济中存在一系列代表性家庭，其中有 $1-\gamma$ 的比例是工作者（存款者），另外 γ 的比例为银行经营者，银行经营者每期有 $1-\theta$ 的比例退出市场。劳动者可以在生产部门或者银行部门劳动（即作为银行经理），银行经营者的收入（即银行分红）假设留存在银行系统中。家庭的终身效用为：

$$E_0 \sum_{t=0}^{\infty} \beta^t U(C_t, N_t) \tag{5.17}$$

家庭可以通过银行进行储蓄 D_t，并获得协议的名义利率 R_t。由于银行存在挤

兑风险 ϕ_t，因此存款的期望收益为 $R_t(1-\phi_t g_t)$，其中 g_t 代表银行出现挤兑违约情况下的收益率损失。家庭持有生产部门的股权，因此可以获得生产部门的利润 Θ_t。家庭的预算约束为：

$$P_t C_t + T_t + D_t \leqslant W_t N_t + \Theta_t + \Xi_t + R_{t-1}(1-\phi_{t-1}g_{t-1})D_{t-1} \quad (5.18)$$

其中 Ξ_t 代表银行经营者的收入。容易得到家庭的最优化一阶条件为：

$$\frac{W_t}{P_t} = -\frac{U_{n,t}}{U_{C,t}} \quad (5.19)$$

$$U_{C,t} = \beta E_t \left[\frac{R_t}{\pi_{t+1}}(1-\phi_t g_t)U_{C,t+1} \right] \quad (5.20)$$

在 Angeloni and Faia（2013）中，假设效用函数为：

$$U(C_t, N_t) = \frac{C_t^{1-\sigma}-1}{1-\sigma} + \nu \log(1-N_t) \quad (5.21)$$

经济中存在 L_t 种不相关的投资项目，每个投资项目的初始投资价格为 Q_t，并且持续 2 期。记 BK_t 为银行资本，则银行的资产负债表可以写作 $Q_t L_t = D_t + BK_t$。银行经理需要选择最优的资本结构 $d_t = D_t/Q_t L_t$ 以最大化存款者和银行所有者的预期利益。在 t 期，银行经理选择最优资本结构并进行投资，在 $t+1$ 期，投资收益成为公开信息，并对银行所有者和存款人进行支付。投资项目的收益为 $R_t^A + x_t$，其中 R_t^A 为预期收益，而 x_t 为收益冲击（为了方便分析，不妨设 $x_t \sim U[-h,h]$）。银行具有有关投资项目性质的私人信息，因此银行可以比存款人更早地对投资项目进行清算，对于银行所有者而言，投资项目的清算价值是对于银行经理而言的 λ 倍。银行挤兑和提前清算会带来收益损失，一旦出现挤兑和清算，投资项目的总收益会减少 c 的比例。

下面我们讨论不同情况下投资收益的分配。假设此时投资项目的收益 $R_t^A + x_t$ 已经成了公开信息，银行的资本结构为 d_t，存款利息为 R_t，那么此时有三种情况。

情况 1：一定出现挤兑。 当投资项目的收益过低，无法支付存款者的利息时（即 $R_t d_t > R_t^A + x_t$），则一定会出现挤兑和清算。由于存款的优先偿付权，银行所有者不能获得任何收益。在没有银行的情况下，投资者对项目进行清算的收益为 $\lambda(1-c)(R_t^A + x_t)$，另外 $\lambda(1-c)(R_t^A + x_t)$ 的收益由存款者和银行经理平分，即最终存款者会获得 $((1+\lambda)(1-c)(R_t^A + x_t))/2$，而银行经理获得剩余的部分。

情况2：无银行情况下出现挤兑。此时投资的收益满足 $\lambda(R_t^A + x_t) < R_t d_t \leqslant R_t^A + x_t$，仅仅依靠银行所有者无法避免挤兑（因为银行所有者并不具备对投资项目的专业知识）。此时存款者获得协议收益 $R_t d_t$，剩下的部分由银行所有者和银行经理平分。

情况3：一定不会出现挤兑。此时投资收益满足 $R_t d_t \leqslant \lambda(R_t^A + x_t)$，从而无论是否有银行经理都不会出现挤兑。与上一种情况不同，此时银行所有者相比银行经理有更大的议价能力，因为他们总可以提前结束投资项目并获得 $\lambda(R_t^A + x_t) - R_t d_t$ 的收益。其余的超额收益，即 $(1-\lambda)(R_t^A + x_t)$ 由银行所有者和银行经理平分。

综上所述，银行对外部存款者和银行所有者的总预期支付为：

$$\frac{1}{2h} \int_{-h}^{R_t d_t - R_t^A} \frac{(1+\lambda)(1-c)(R_t^A + x_t)}{2} \mathrm{d}x_t + \\ \frac{1}{2h} \int_{R_t d_t - R_t^A}^{\frac{R_t d_t}{\lambda} - R_t^A} \frac{(R_t^A + x_t) + R_t d_t}{2} \mathrm{d}x_t + \\ \frac{1}{2h} \int_{\frac{R_t d_t}{\lambda} - R_t^A}^{h} \frac{(1+\lambda)(R_t^A + x_t)}{2} \mathrm{d}x_t \quad (5.22)$$

对上式做最优化，可以得到最优的资本结构为：

$$d_t = \frac{1}{R_t} \cdot \frac{R_t^A + h}{2 - \lambda + c(1+\lambda)} \quad (5.23)$$

即利率越低、预期投资收益越高、提前清算的损失越小，都会导致银行选择更高的杠杆率。银行系统的风险由出现违约的概率表示，即：

$$\phi_t = \frac{1}{2h} \int_{-h}^{R_t d_t - R_t^A} \mathrm{d}x_t = \frac{1}{2}\left(1 - \frac{R_t^A - R_t d_t}{h}\right) \quad (5.24)$$

当 λ 或 c 较低，即挤兑（清算）的成本很高或经济中的不确定性可以忽略时违约率会趋近于0。加总来看，总投资等于所有银行购买的风险投资项目，$Q_t L_t = Q_t K_t$，其中Q_t为银行购买资本的总量，经济中的总存款为：

$$D_t = \frac{Q_t L_t}{R_t} \frac{R_t^A + h}{2 - \lambda + c(1+\lambda)} \tag{5.25}$$

银行所有者通过将经营所得再投资来积累银行资本，对应银行资本积累方程为：

$$BK_t = \frac{\theta}{\pi_t}(BK_{t-1} + \varrho_t^{BK} Q_t K_t) \tag{5.26}$$

其中θ代表银行资本所有者继续存活的概率，ϱ_t^{BK}代表银行所有者的预期收益率，满足：

$$\varrho_t^{BK} = \frac{1}{2h} \int_{R_t d_t - R_t^A}^{h} \frac{R_t^A + x_t - R_t d_t}{2} dx_t = \frac{(R_t^A + h - R_t d_t)^2}{8h} \tag{5.27}$$

注意到在上式中我们只考虑了不出现挤兑的情况。

经济中存在一系列垄断竞争的生产者，利用Cobb-Douglas技术生产不同种类的最终品$Y_t(i) = A_t F(N_t(i), K_t(i))$。与标准新凯恩斯模型一致，每个厂商的需求函数为$Y_t(i) = \left(\frac{P_t(i)}{P_t}\right)^{-\varepsilon} Y_t$。企业面临定价调整成本：

$$\frac{\vartheta}{2}\left[\frac{P_t(i)}{P_{t-1}(i)} - 1\right]^2 \tag{5.28}$$

求解其最优定价问题容易得到：

$$0 = U_{c,t} Y_t \tilde{p}_t^{-\varepsilon}[(1-\varepsilon) + \varepsilon mc_t] - U_{c,t}\vartheta\left[\pi_t \frac{\tilde{p}_t(i)}{\tilde{p}_{t-1}(i)} - 1\right]\frac{\pi_t}{\tilde{p}_{t-1}(i)} +$$
$$\vartheta E_t\left\{U_{c,t}\left[\pi_{t+1} \frac{\tilde{p}_{t+1}(i)}{\tilde{p}_t(i)} - 1\right]\pi_{t+1} \frac{\tilde{p}_{t+1}(i)}{\tilde{p}_{t+2}(i)}\right\}$$

其中$\tilde{p}_t(i) = \frac{P_t(i)}{P_t}$代表产品$i$的相对价格，在对称均衡中$\tilde{p}_t(i) = 1$，进而可以将上式改写为菲利普斯曲线：

$$U_{c,t}(\pi_t - 1)\pi_t = \beta E_t[U_{c,t}(\pi_{t+1} - 1)\pi_{t+1}] +$$
$$U_{c,t} A_t F_t(\cdot)\frac{\varepsilon}{\vartheta}\left[mc_t - \frac{\varepsilon - 1}{\varepsilon}\right] \tag{5.29}$$

经济中存在一系列竞争性的资本生产商，利用最终品生产资本品，资本的积累方程为：
$$K_{t+1} = (1-\delta)K_t + \phi\left(\frac{I_t}{K_t}\right)K_t \tag{5.30}$$

其中 $\phi(\cdot)$ 代表资本生产调整成本，对应的资本定价为：
$$Q_t \phi'\left(\frac{I_t}{K_t}\right) = P_t \tag{5.31}$$

注意这里 P_t 代表经济中的总价格指数，也即最终品的价格。均衡中资本收益等于银行持有投资项目的预期回报，即：
$$\frac{R_t^A}{\pi_{t+1}} = \frac{mc_{t+1}A_{t+1}F_{k,t+1} + Q_{t+1}\left[(1-\delta) - \xi'\left(\frac{I_{t+1}}{K_{t+1}}\right) + \xi\left(\frac{I_{t+1}}{K_{t+1}}\right)\right]}{Q_t} \tag{5.32}$$

经济总体的资源约束为：
$$Y_t - \Omega_t = C_t + I_t + G_t + \frac{\vartheta}{2}(\pi_t - 1)^2 \tag{5.33}$$

其中 Ω_t 为清算带来的损失，满足：
$$\Omega_t = \int_{-h}^{R_t - R_t^A} R_t^A Q_t K_t \frac{c}{2h} \mathrm{d}x_t \tag{5.34}$$

货币政策满足常规的泰勒规则：
$$\ln\left(\frac{R_t}{R}\right) = (1-b_r)\left[b_\pi \ln\left(\frac{\pi_t}{\pi}\right) + b_y \ln\left(\frac{Y_t}{Y}\right) + b_q \ln\left(\frac{Q_t}{Q}\right) + b_d \ln \Delta\left(\frac{d_t}{d}\right)\right] +$$
$$b_r \ln\left(\frac{R_{t-1}}{R}\right) + \varepsilon_t^r \tag{5.35}$$

2. 银行资本约束与政策协同

在传统货币政策的基础上，可以进一步引入最低银行资本比率约束。Angeloni and Faia（2013）参考巴塞尔协议 II 中的基于内部评级法（internal ratings based，IRB）的资本比率约束，认为资本比率约束满足：
$$bk_t^{\mathrm{MIN}} = \frac{BK_t^{\mathrm{MIN}}}{Q_t K_t} = \mathrm{const} + b_0^c\left(\frac{Y_t}{Y_{SS}}\right)^{b_1^c} \tag{5.36}$$

定理 5.2 资本比率约束与银行经营选择

最低资本比率为 bk_t^{MIN} 时，银行经理实际选择的杠杆率 d_t^{ACT} 为：
$$d_t^{\mathrm{ACT}} = d_t - \frac{1}{R_t} \cdot \frac{2 - (1+\lambda)(1-c)}{3 - (1+\lambda)(1-c)} bk_t^{\mathrm{MIN}} \tag{5.37}$$

其中 d_t 是不存在资本比率约束情况下的杠杆率。均衡时的银行资本比率满足：

$$bk_t^{\text{ACT}} = bk_t + \frac{1}{R_t} \cdot \frac{2-(1+\lambda)(1-c)}{3-(1+\lambda)(1-c)} bk_t^{\text{MIN}} \tag{5.38}$$

在通常的参数下有 $bk_t > bk_t^{\text{MIN}}$，即银行实际上会选择更高的银行资本比率。均衡时出现挤兑的概率为：

$$\frac{1}{2h}\int_{-h}^{R_t d_t^{\text{ACT}}-R_t^A}\mathrm{d}x_t = \phi_t - bk_t^{\text{MIN}} \frac{1}{2h} \cdot \frac{2-(1+\lambda)(1-c)}{3-(1+\lambda)(1-c)} \tag{5.39}$$

即最低资本比率的存在降低了银行体系的风险。

表5.1展示了不同货币政策和银行资本比率政策组合下的福利效应和对银行风险波动的影响。表中比较了三类资本约束政策：无资本约束、逆周期资本约束（即产出较高时放松资本约束，符合巴塞尔 II 协议的规定）、顺周期资本约束（即产出较高时提升资本约束）。同时考虑了三类货币政策：常规泰勒规则、在泰勒规则中加入资产价格、在泰勒规则中加入银行杠杆率。在常规参数取值（$\phi_\pi = 1.5$，$\phi_y = 0.5$）之外，作者还讨论了对通胀反应更激进的货币政策（$\phi_\pi = 2$）。表中的"福利损失"列展示的是相比最优政策（即表中的"激进政策+顺周期资本约束"）的福利损失，"银行风险"列展示的是相比最优政策银行风险 ϕ_t 波动程度的增加。容易看出，逆周期的资本约束，即产出较高时降低 bk_t^{MIN} 对经济周期有放大作用：产出较高时放松资本比率约束会导致银行进行更多的风险投资行为，提升产出的同时也放大了风险和经济波动，可能带来福利损失；而顺周期资本约束在经济扩张时收紧最低资本比率，可以防止经济出现较大波动，并且降低风险，可能是对福利有益的。同时，相比无资本约束的情况，通过顺周期资本比率约束限制银行的风险投资行为可以进一步减小冲击带来的波动，采用货币政策和资本约束的宏观审慎政策能够提升社会福利。

表 5.1 政策协同效应

政策选择	无资本约束		逆周期资本约束		顺周期资本约束	
	福利损失	银行风险	福利损失	银行风险	福利损失	银行风险
常规政策						
常规泰勒规则	0.10	5.14	0.85	45.11	0.04	3.06
锚定资产价格	0.09	4.66	0.46	31.11	0.04	2.90
锚定杠杆率	0.10	5.03	0.63	52.33	0.04	2.19
激进政策						
常规泰勒规则	0.03	3.34	0.62	37.97	0.00	1.26
锚定资产价格	0.02	2.99	0.31	26.12	0.00	0.97
锚定杠杆率	0.02	3.16	0.44	26.12	0.00	0.00

5.2.3 货币政策与宏观杠杆率约束

与最低资本比率相对应，杠杆率约束也是常用的宏观审慎调控工具。董丰等（2023b）构建了包含金融部门的无限期动态新凯恩斯模型，并讨论了货币政策与宏观审慎政策对银行资产端持有的泡沫（即"银行泡沫"）的最优调控方式。相比经济中的一般资产泡沫，泡沫出现在银行的资产端会通过影响银行信贷对经济产生额外的影响，从而对银行部门泡沫的监管可能相比一般的泡沫监管有所不同，并且可能存在货币政策和宏观审慎政策的协同效应。

1. 模型设定

假设经济中包含家庭和银行家两类主体，比例分别为 1 和 η，每一期有 $\eta(1-\sigma)$ 的银行家被淘汰，并有相同数量的银行家进入市场。假设银行由家庭持有，银行家退出市场后净财富转移给家庭，同时家庭为新的银行家提供初始资本。

家庭部门的效用函数为：

$$U = E_0 \sum_{t=0}^{\infty} \beta^t \left(\frac{(C_t - \omega C_{t-1})^{1-\xi}}{1-\xi} - \vartheta \frac{L_t^{1+v}}{1+v} \right) \tag{5.40}$$

家庭除了通过劳动获得收入外,还可以通过投资获得资本收入。家庭的投资包含在银行的存款储蓄、资本报酬以及持有资产泡沫的收益。相比银行,家庭持有泡沫或资本需要付出相应的信息成本或管理成本,因此家庭的预算约束为:

$$P_t C_t + D_t + \sum_{k=0}^{\infty} P_{t|t-k}^B h_{t|t-k} + P_t^K K_{t+1}^h = W_t L_t +$$

$$\Pi_t - X_t + i_{t-1} D_{t-1} + (1-v) P_{t|t}^B + (1-\delta) P_t^K K_t^h + R_{K,t} K_t^h +$$

$$(1 + r_{B,t}) v \sum_{k=0}^{\infty} P_{t|t-k-1}^B h_{t-1|t-k-1} \tag{5.41}$$

其中 P_t^K 为资本品价格,$P_{t|t-k}^B$ 为 $t-k$ 期形成的泡沫在 t 期的市场价值,$r_{B,t}$ 代表泡沫所能提供的流动性溢价等额外收益。假设泡沫每期有 $1-v$ 的概率失去价值,同时每期有 $1-v$ 单位的泡沫进入经济,因此经济中泡沫总量固定为 1。进一步假设每期新产生的泡沫均由家庭持有。X_t 为家庭持有生产性资本和泡沫资产需要付出的成本,满足:

$$X_t = \frac{\chi_k}{2} \left(\frac{K_{t+1}^h}{K_{t+1}} \right)^2 P_t^K K_{t+1} + \frac{\chi_b}{2} \left[\frac{\sum_{k=0}^{\infty} P_{t|t-k}^B h_{t|t-k}}{Q_t} \right]^2 Q_t \tag{5.42}$$

其中 K_{t+1} 和 Q_t 分别代表经济中总的资本和总的泡沫。对泡沫的加总为:

$$Q_t = \sum_{k=0}^{\infty} (1-v) v^k P_{t|t-k}^B = B_t + U_t \tag{5.43}$$

其中 $U_t = (1-v) P_{t|t}^B$ 代表新产生的泡沫,B_t 代表上期留存的泡沫。由家庭的最优化问题容易得到泡沫加总满足:

$$\left(1 + \chi_b \frac{Q_t^h}{Q_t} \right) \frac{Q_t}{P_t} = \beta E_t \frac{\lambda_{t+1}}{\lambda_t} (1 + r_{B,t+1}) \frac{B_{t+1}}{P_{t+1}} \tag{5.44}$$

金融部门由银行家经营,在自有资金的基础上从家庭吸收存款,并贷款给产品部门进行生产。假设 N_{jt} 为银行 $j \in [0, \eta]$ 在 t 期的自有资本,D_{jt} 为银行吸收的存款。银行利用自有资金和存款进行经营,购买资本品 K_{jt+1}^b,以及泡沫资产 $z_{j,t|t-k}$,因此银行的资产负债表为:

$$P_t^K K_{jt+1}^b + Q_{jt}^b = N_{jt} + D_{jt} \tag{5.45}$$

其中 $Q_{jt}^b = \sum_{k=0}^{\infty} P_{t|t-k}^B z_{j,t|t-k}$。银行的最优化问题为：

$$V_{jt} = \max E_t \beta \frac{\lambda_{t+1}}{\lambda_t}[(1-\sigma)N_{jt+1} + \sigma V_{jt+1}] \tag{5.46}$$

其中 λ_t 代表家庭的边际效用。在存续的条件下，银行的净资本积累方程为：

$$\begin{aligned} N_{jt+1} = & R_{K,t+1}K_{jt+1}^b + (1-\delta)P_{t+1}^K K_{jt+1}^b + \\ & (1+r_{B,t+1})\nu \sum_{k=0}^{\infty} P_{t+1|t-k} z_{j,t|t-k} - i_t D_{jt} \\ = & \left(\frac{R_{K,t+1} + (1-\delta)P_{t+1}^K}{P_t^K} - i_t\right)(P_t^K K_{jt+1}^b + Q_{jt}^b) + i_t N_{jt} \end{aligned} \tag{5.47}$$

其中第二个等式利用了无套利条件下资本和泡沫收益率相同的条件，为了方便分析，定义风险溢价 $R_t^{\text{prem}} = \left(\frac{R_{K,t+1} + (1-\delta)P_{t+1}^K}{P_t^K} - i_t\right)$，即代表银行相比家庭能获得的更多收益。同时，银行存在违约风险，进而存在激励相容约束：

$$P_t^K K_{j,t+1}^b + Q_{jt}^b \leqslant \zeta_t V_{jt} \tag{5.48}$$

容易看到，银行的杠杆率 $\phi_{jt} = \frac{P_t^K K_{jt+1}^b + Q_{jt}^b}{N_{jt}}$ 与 ζ_t 的值是一一对应的。容易证明，均衡时不同银行会选择相同的杠杆率和泡沫持有，即 $\phi_{jt} = \phi_t$，$K_{jt+1}^b = K_{t+1}^b$，$Q_{jt}^b = Q_t^b$。

每期有 $1-\sigma$ 比例的银行退出市场，而这些银行的资本转移给家庭，家庭进一步将这些资本的 $\frac{\varphi}{1-\sigma}$ 比例作为下期银行的初始资本，进而得到经济中加总银行净资本的动态过程为：

$$N_{t+1} = \sigma(R_t^{\text{prem}}\phi_t + i_t)N_t + \varphi(P_t^K K_{t+1}^b + Q_t^b) \tag{5.49}$$

产品部门满足标准的新凯恩斯模型设定，存在一系列中间品厂商 $x \in [0,1]$ 生产中间品 $Y_t(x)$，并通过 CES 形式加总为最终品：

$$Y_t = \left[\int_0^1 Y_t(x)^{\frac{\varepsilon-1}{\varepsilon}} dx\right]^{\frac{\varepsilon}{\varepsilon-1}} \tag{5.50}$$

生产部门包括批发厂商和零售厂商，批发厂商利用资本和劳动生产中间品，生产函数为：

$$Y_t(x) = A_t K_t(x)^\alpha L_t(x)^{1-\alpha} \qquad (5.51)$$

批发商将中间品以 P_t^w 的价格销售给零售商，零售商存在价格粘性，每期只有 $1-\theta$ 的概率可以自由设定价格，从而零售厂商的定价问题为：

$$\max \sum_{k=0}^{\infty} \theta^k E_t \left[\beta^k \frac{\lambda_{t+k}}{\lambda_t} Y_{t+k}(x) \left(P_t(x)(\pi^*)^k - P_{t+k}^w \right) \right] \qquad (5.52)$$

经济中存在资本品部门利用最终品生产资本，并且面临调整成本，其最优化问题为：

$$\max E_t \sum_{s=t}^{\infty} \beta^{s-t} \frac{\lambda_s}{\lambda_t} \left[P_s^K I_s - \left(1 + \Phi\left(\frac{I_s}{I_{s-1}}\right) \right) P_s I_s \right] \qquad (5.53)$$

2. 银行泡沫对经济的影响与"双支柱"调控框架

董丰等（2023b）指出，银行泡沫（即金融部门持有资产泡沫）对经济存在三种潜在的传导机制：加速机制、缓冲机制和挤出机制，如图5.1所示。不同冲击下可能有不同的效应占主导，导致经济的动态存在差异。

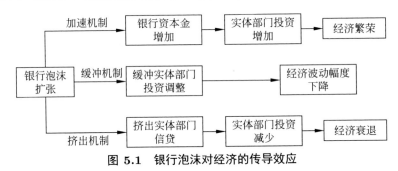

图 5.1 银行泡沫对经济的传导效应

加速机制与传统的金融加速器原理类似，如经典的 BGG 框架（Bernanke et al., 1999），银行泡沫的价值膨胀将提高银行净资本的市场价值，而银行价值的提高也会导致银行的资产负债表扩张，银行对于实体经济的贷款增加，在模型中表现为银行资产端所持有的资本增加，从而使得总投资和总产出扩张，经济形势变好，这反过来又促进了资产泡沫价值的提高，从而形成正向循环反馈的经济加速过程，当资产泡沫破灭时，则产生负向的经济加速效应。

缓冲机制则起到相反的作用,当银行的信用创造能力发生变动时,银行会首先调整资产泡沫的持有量以平衡资产负债表,比如银行杠杆率水平下降或者资本金减少时,银行会首先减少资产泡沫,然后才会调整生产性资本的数量,同样道理,银行杠杆率水平上升或者资本金增加时,银行会首先增加资产泡沫,然后才会调整生产性资本的数量。因此资产泡沫成了银行资产负债表的缓冲器,在一定程度上缓冲了外部冲击对于实体经济的影响。这主要是因为生产性资本的生产是存在成本的,因此相对于资产泡沫而言更加难以调整。这在现实经济中也是成立的,因为资产泡沫往往对应着短期投资或者证券投资,而生产性投资对应着长期贷款,后者比前者的流动性更低,在资产负债表中更难调整,当商业银行面临流动性冲击等经济波动时,往往会首先调整短期投资和证券投资。

挤出机制则与传统文献中关于资产泡沫挤出效应的逻辑相同(Tiróle, 1985; 陈彦斌等, 2018),具体表现为,当银行泡沫扩大时,由于商业银行可贷资金的供给是有限的,因此会对资产端的实体经济贷款(银行的资本持有量)形成挤出作用,进而使得总投资和总产出下降,经济活动趋于放缓,资产泡沫的价值也逐渐下降。在作用方式上,银行泡沫挤出机制与缓冲机制类似,不同的是,缓冲机制降低了实体经济的波动,而挤出机制则反而扩大了实体经济的波动。当银行泡沫的挤出效应占主导时,经济中可能呈现出银行资产负债表因资产泡沫扩张而膨胀但是实体经济(总产出)因信贷被挤出而出现衰退的现象,导致经济"脱实向虚"现象的发生。银行部门是宏观经济中关键的信用创造者,关乎金融系统的安全与稳定,因此银行部门的"脱实向虚"尤其值得警惕。

在银行泡沫对经济的多种效应交织的情况下,仅仅通过单个货币政策可能无法对经济进行足够的调控,存在货币政策和宏观审慎政策协调的空间。

具体而言，假设经济中的货币政策为：

$$\log\left(\frac{i_t}{i}\right) = \rho_i \log\left(\frac{i_{t-1}}{i}\right) + (1-\rho_i)\left[\rho_\pi \log\left(\frac{\pi_t}{\pi}\right) + \right.$$
$$\left. \rho_y \log\left(\frac{Y_t}{Y_{t-1}}\right) + \rho_q \log\left(\frac{q_t}{q_{t-1}}\right)\right] + e_{i,t} \quad (5.54)$$

其中 ρ_q 代表货币政策对资产泡沫反应的强度。相对应地，宏观审慎政策规则为：

$$\log\left(\frac{\zeta_t}{\zeta}\right) = \rho_\zeta \log\left(\frac{\zeta_{t-1}}{\zeta}\right) -$$
$$(1-\rho_\zeta)\left[\rho_\phi \log\left(\frac{\phi_t}{\phi_{t-1}}\right) + \rho_{mq} \log\left(\frac{q_t}{q_{t-1}}\right)\right] + e_{\zeta,t} \quad (5.55)$$

其中 ρ_{mq} 代表了宏观审慎政策（即杠杆率限制）对资产泡沫的响应强度。$\rho_{mq} > 0$ 代表经济过热、资产泡沫增速过高时政府应当逆周期降低 ζ_t 以限制银行杠杆率，维持银行系统负债规模的稳定。图5.2展示了不同货币政策参数 ρ_q 和宏观审慎政策参数 ρ_{mq} 带来的福利变动。可以看出，在加速和缓冲机制占主导的情况下，资产泡沫可能是顺周期的，因此"逆风货币政策＋宏观审慎政策"的组合可能能更好地提升社会福利。当资产泡沫膨胀（破灭）时，往往也对应着宏观经济的扩张（衰退），针对泡沫逆风调整的双支柱政策在稳定银行泡沫规模的同时能降低经济的波动，实现"防风险"和"稳经济"相协

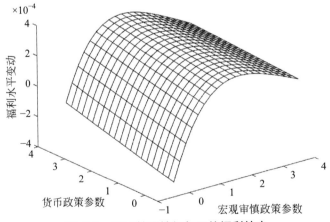

图 5.2　双支柱调控框架下的福利效应

调的逆周期调节目标。此外，货币政策和宏观审慎政策的组合所带来的福利改进超过单一政策，这说明双支柱调控政策的协作相比于单一政策框架而言，将更加有利于维护经济金融系统稳定，提升社会整体福利水平。因此，采用双支柱调控框架应对资产泡沫在政策效果上可能是有效的。

5.2.4 货币政策与财政政策的交互作用

除去上述的杠杆率约束、银行资本约束之外，财政政策也是政府调控经济的重要手段。尤其是在近年来的低利率环境下，政府债务作为提供私人流动性的手段，本身具有一定的泡沫属性（Woodford, 1990; Reis, 2021）。低利率环境下货币政策与财政政策如何互相作用实现对经济的调控，也是一个值得研究的问题。Miao and Su（forthcoming）构建了一个低利率环境下的新凯恩斯模型，并探讨了政府债作为流动性提供手段与货币政策的相互作用。

1. 模型设定

与标准新凯恩斯模型一致，假设有一系列同质性的家庭，其最优化问题为：

$$\max_{C_t, D_{ht}, N_t} E\left[\sum_{t=0}^{\infty} \beta^t \left(\ln C_t - \psi N_t\right)\right] \tag{5.56}$$

其中 D_{ht} 是家庭持有的一期债券的实际价值。家庭的预算约束为：

$$C_t + D_{ht} = W_t N_t + \Upsilon_t + \frac{R_{t-1}}{\Pi_t} D_{ht-1} - T_t \tag{5.57}$$

容易得到家庭的一阶条件为：

$$W_t = \frac{\psi}{\Lambda_t} \tag{5.58}$$

$$1 \geqslant E_t \beta \frac{\Lambda_{t+1}}{\Lambda_t} \frac{R_t}{\Pi_{t+1}} \tag{5.59}$$

其中 $\Lambda_t = 1/C_t$。可以证明，均衡时实际利率低于 1，家庭不会储蓄，则上述第二个方程中大于号成立，并且 $D_{ht} = 0$。

经济中包含一系列异质性的企业家 $j \in [0,1]$，利用劳动 N_{jt} 和资本 K_{jt-1} 生产批发性中间品 Y_{jt}，其生产函数为：

$$Y_{jt} = K_{jt-1}^{\alpha}(A_t N_{jt})^{1-\alpha} \tag{5.60}$$

其中 $A_t = (1+g)^t$ 为生产技术。企业家将产出以 p_{wt} 的实际批发价格销售给零售商,由企业家的劳动雇佣最优化问题容易得到其当期利润为 $R_{kt}K_{jt-1}$,其中资本收益率满足:

$$R_{kt} = \alpha \left(\frac{(1-\alpha)A_t}{W_t} \right)^{\frac{1-\alpha}{\alpha}} p_{wt}^{\frac{1}{\alpha}} \quad (5.61)$$

企业每期面临投资效率冲击 ε_{jt},其对应的资本积累方程为:

$$K_{jt} = (1-\delta)K_{jt-1} + \varepsilon_{jt}I_{jt} \quad (5.62)$$

经济中存在两类金融资产:私人债券 B_{jt} 和政府债券 D_{jt},因此对应的企业家预算约束为:

$$v_{jt} + I_{jt} + B_{jt} + D_{jt} = R_{kt}K_{jt-1} + \frac{R_{t-1}}{\Pi_t}B_{jt-1} + \frac{R_{t-1}}{\Pi_t}D_{jt-1} \quad (5.63)$$

其中 v_{jt-1} 代表实际分红的价值。当利用资本进行抵押融资时,企业面临抵押融资约束:

$$B_{jt} \geq -\mu K_{jt-1} \quad (5.64)$$

企业需要最大化其分红对于家庭的价值,因此其贝尔曼方程为:

$$V_t(K_{jt-1}, B_{jt-1}, D_{jt-1}, \varepsilon_{jt}) = \max_{I_{jt}, D_{jt}, B_{jt}} v_{jt} +$$
$$\beta E_t \frac{\Lambda_{t+1}}{\Lambda_t} V_{t+1}(K_{jt}, B_{jt}, D_{jt}, \varepsilon_{jt+1}) \quad (5.65)$$

容易证明,企业的投资决策满足一个触发策略:

> **定理 5.3 企业投资决策**
>
> 有一个临界投资效率 $\varepsilon_t^* = \frac{1}{q_t^k}$,其中 q_t^k 为经济中的边际托宾Q值。当且仅当 $\varepsilon_{jt} \geq \varepsilon_t^*$ 时企业会选择投资,此时 $B_{jt} = -\mu K_{jt-1}$、$D_{jt} = 0$,企业投资为:
>
> $$I_{jt} = (R_{kt} + \mu)K_{jt-1} + \frac{R_{t-1}}{\Pi_t}D_{jt-1} \quad (5.66)$$
>
> 而当 $\varepsilon_{jt} < \varepsilon_t^*$ 时,企业不会投资,其持有的私人和政府债务总量是不确定的。进一步地,托宾Q值和经济中的利率满足:
>
> $$q_t^k = \beta E_t \frac{\Lambda_{t+1}}{\Lambda+t}[R_{kt+1} + (1-\delta)q_{t+1}^k + (R_{kt+1} + \mu)q_{t+1}^l] \quad (5.67)$$

$$1 = \beta E_t \frac{\Lambda_{t+1}}{\Lambda_t} \frac{R_t}{\Pi_{t+1}} \left(1 + q_{t+1}^l\right) \qquad (5.68)$$

其中 $q_t^l = \int_{\varepsilon_t^*} (q_t^k \varepsilon - 1) \mathrm{d}F(\varepsilon)$ 代表经济中的流动性溢价。

由上述定理容易看出，经济中实际利率为 $R_t^r = \left\{ \beta E_t \frac{\Lambda_{t+1}}{\Lambda_t} \left(1 + q_{t+1}^l\right) \right\}^{-1}$，由于流动性溢价的存在，实际利率低于家庭的折现因子，所以家庭不会进行任何储蓄。

与 Dong et al.（2020）一致，经济中存在一系列垄断竞争的零售商以 p_{wt} 的实际价格购买中间品，并以 P_{jt} 的名义价格销售。中间品通过一个 CES 加总函数得到最终消费品。零售商受到 Calvo（1983）形式的定价约束。容易证明，经济中的通胀率满足：

$$1 = \left[\xi \left(\frac{\Pi}{\Pi_t}\right)^{1-\sigma} + (1-\xi) p_t^{*1-\sigma} \right]^{\frac{1}{1-\sigma}} \qquad (5.69)$$

其中：

$$p_t^* = \frac{\sigma}{\sigma - 1} \frac{\Gamma_t^a}{\Gamma_t^b} \qquad (5.70)$$

$$\Gamma_t^a = \Lambda_t p_{wt} Y_t + \beta \xi E_t \left(\frac{\Pi_{t+1}}{\Pi}\right)^\sigma \Gamma_{t+1}^a \qquad (5.71)$$

$$\Gamma_t^b = \Lambda_t Y_t + \beta \xi E_t \left(\frac{\Pi_{t+1}}{\Pi}\right)^\sigma \Gamma_{t+1}^b \qquad (5.72)$$

政府负责发行政府债券并通过征税偿还政府债的利息，其预算约束为：

$$\frac{R_{t-1} D_{t-1}}{\Pi_t} = S_t + D_t \qquad (5.73)$$

其中 $S_t = T_t - G_t$ 代表当期财政盈余。为了刻画财政规则，假设政府会根据政府债的规模调整税收：

$$\frac{\tau_t}{y} = \frac{\tau}{y} + \phi_d (d_{t-1} - d) + z_{\tau,t} \qquad (5.74)$$

其中 $\tau_t = \frac{T_t}{A_t}$、$d_t = \frac{D_t}{A_t}$、$y_t = \frac{Y_t}{A_t}$，财政政策冲击 $z_{\tau,t}$ 服从一个 AR(1) 过程。

类似地，去趋势的政府支出 $G_{at} = \dfrac{G_t}{A_t}$ 也满足一个 AR(1) 过程。央行根据当期通胀调整名义利率：

$$R_t = R \left(\dfrac{\Pi_t}{\Pi}\right)^{\phi_\pi} \exp(z_{mt}) \qquad (5.75)$$

模型均衡时要求私人借贷市场和政府债券市场出清，均衡条件这里不再赘述。

2. 政府债的定价

注意在存在金融摩擦的情况下，流动性溢价的存在压低了政府债的利率，导致利率可能低于经济增速，政府可以无限期赤字运行。此时政府的预算约束为：

$$\dfrac{R_{t-1}D_{t-1}}{\Pi_t} = S_t + \dfrac{R_t D_t}{R_t} = S_t + \beta E_t \dfrac{\Lambda_{t+1}}{\Lambda_t}\left(1 + q_{t+1}^l\right)\dfrac{R_t D_t}{\Pi_{t+1}} \qquad (5.76)$$

则此时政府债的价值可以写为：

$$\dfrac{D_{t-1}R_{t-1}}{\Pi_t} = E_t \sum_{i=0}^{\infty} \dfrac{\beta^i \Lambda_{t+i}}{\Lambda_t} S_{t+i} + E_t \dfrac{\beta^{i+1}\Lambda_{t+i+1}}{\Lambda_t} q_{t+i+1}^l \dfrac{D_{t+i}R_{t+i}}{\Pi_{t+i+1}} \qquad (5.77)$$

上式说明政府债的价值可以被分解为两个部分，第一项代表政府未来盈余的折现，对应政府债务的"基本面"，而第二项代表政府债务所能提供的流动性溢价，即经济中个体预期未来可以交易政府债务进行投资带来的"泡沫"，经济中的稳态取决于政府债务是否有基本面做支撑。

> **定理 5.4 无基本面的政府债务泡沫**
>
> 设政府的财政盈余 $\dfrac{s}{y} = 0$ 是外生给定的，同时 $\mu \geqslant 0$ 足够小，则经济一定存在一个无泡沫稳态。在这个稳态中临界投资效率为 ε_l，政府债务的实际价值为 $d = 0$，实际利率为
>
> $$R^r(\varepsilon_l) = \dfrac{(1+g)/\beta}{1 + \int_{\varepsilon_l}(\varepsilon/\varepsilon_l - 1)\mathrm{d}F(\varepsilon)} \qquad (5.78)$$
>
> 若 $R^r > 1 + g$，则该稳态为唯一的稳态；若 $R^r < 1 + g$，则还存在一个有泡沫稳态。在这个有泡沫稳态中临界投资效率为 ε_h，实际利率为 $R^r(\varepsilon_h) = 1 + g$，并且政府债务实际价值为正。

定理 5.5 有基本面的政府债务泡沫

设政府的财政盈余 $\frac{s}{y} > 0$ 是外生给定的，同时 $\mu \geqslant 0$ 足够小，则经济存在一个唯一的稳态，其中临界投资效率为 ε_p，实际利率为 $R^r(\varepsilon_p) > 1+g$，且政府债务实际价值为正。

定理 5.6 长期赤字下的政府债务泡沫

设 μ 足够小，同时上述稳态中 $R^r(\varepsilon_l) < 1+g$，则对于任意给定的赤字规模 $s/y \in (-\underline{s}, 0)$，至少存在两个稳态 ε_l^* 和 ε_h^* 满足 $\varepsilon_l < \varepsilon_l^* < \varepsilon_h^* < \varepsilon_h$，$R^r(\varepsilon_l) < R^r(\varepsilon_l^*) < R^r(\varepsilon_h^*) < R^r(\varepsilon_h) = 1+g$，并且这两个稳态中政府债务实际价值均为正。当 $s/y < -\underline{s}$ 时，不存在稳态。

3. 货币政策与财政政策影响下的经济动态

基于对模型在稳态周边的一阶展开，我们可以分析不同政策参数条件 $\{\phi_d, \phi_\pi\}$ 下有泡沫稳态和无泡沫稳态周边经济波动的稳定性，并进而分析不同政策刺激的效应。具体而言，我们有以下结论：

(1) 货币政策和财政政策的不同参数组合不仅决定了稳态周边的波动性质，还可能影响经济对不同稳态的选择。具体而言，当经济存在两个稳态 L 和 H 时，政府能否通过改变税收和债务目标实现稳态之间的转移取决于在这组财政政策和货币政策参数下两个稳态周边是否均存在唯一的均衡路径（即鞍点路径）。

(2) 两个稳态周边的动态稳定性条件是不同的，一定参数条件下，经济在一个稳态周边的波动是确定性的，而在另一个稳态周边的波动是非确定性的，甚至无解。

(3) 当 $\phi_d = \phi_\pi = 0$ 即政府完全不动态调整税收和利率时，高水平稳态周边的波动是确定性的（存在唯一均衡路径），而在低水平稳态周边的波动存在不确定性。

(4) 债务驱动的政府转移支付效果取决于财政政策和货币政策的强度。当税收不对债务规模做出响应时，增加政府债的挤出效应较强，债务驱动的减税和转移支付对经济刺激作用有限；而当政府通过减税应对高债务时，这种刺激政策能够带来长期的产出和通胀提升。

5.3 讨论与展望

2008年全球金融危机后，金融体系稳定逐渐成为政策制定者关注的重要问题之一。为了应对系统性风险在金融部门累积，针对杠杆率、资本充足率以及金融机构风险行为的宏观审慎政策被更多地应用于对经济的调控。随着宏观审慎政策实践的深化，一个自然的问题是：新加入的宏观审慎政策和传统的货币政策对于经济波动的调控作用是否存在联系和相互作用？通常来讲，货币政策注重调节实体经济波动，宏观审慎政策注重维持金融体系稳定，而在存在金融摩擦的环境下，金融体系的波动又会通过金融加速器以及信贷渠道传导到实体经济，衍生出最优政策组合的问题。进一步地，实体经济周期波动和金融体系的波动在时间和频率上可能存在差异，在这样的背景下货币政策和宏观审慎政策的组合同样需要考虑这种调控频率差异带来的政策协同问题。近年来，随着全球范围内的利率下行和我国经济增速放缓，政府债务（地方债）问题也进一步被提起重视，这种财政干预和现有的货币政策-宏观审慎政策调控体系要如何协同运作也是值得研究的问题。

一系列研究讨论了财政政策、货币政策以及宏观审慎政策之间的协调问题。历史经验表明，在应对商业周期的过热或衰退阶段时，财政和货币政策的结合往往会产生更有利的结果。Beau et al.（2012）系统总结了欧洲各国和美国应对系统性风险的部门（对应宏观审慎政策）以及各国央行之间的关系，发现在欧美诸国这两者均为不同的部门，但一定程度上存在合作，同时他们也指出，宏观审慎政策的实施不应当影响货币政策维持价格稳定作用的独立性，而且宏观审慎政策的目标必须在事前得到明确。同时，在一定情况下，货币政策和宏观审慎政策的目标可能存在冲突，也是政策制定者需要考虑的问题。基于同时包含货币政策和宏观审慎政策的DSGE模型，Beau et al.（2012）模拟了货币政策和宏观审慎政策不同关系情况下对经济的调控作用。他们发现无论是信贷冲击还是需求冲击，都较不容易导致货币政策和宏观审慎政策的目标发生冲突，因此宏观审慎政策的实施不会导致货币政策传导不畅，同时还可以通过维持金融稳定帮助货币政策实施。Cao（2014）探讨了影响银行净值的抵押品约束背景下财政政策和货币政策之间的相互作用。他发现，政府需要平衡利用国家或有通货膨胀来吸收政府支出冲击和平滑税收扭曲的好处与收紧抵押品约束相关的成本。Adrian and Liang（2016）认为旨在维护金融稳定的宏观审慎政策当前仍存在局限性，而货币政策在当前金融状况和未来金融脆弱性之间面临权衡，宽松的货币政策会改善当前的经济状况，但会增加未来的金融风险，成本收益分析中，尽管货币政策本身可以影响金融稳定并带来收益，但有效性还取决于收紧政策对经济活动和通胀的成本。Collard et al.（2017）指出银行部门进行过多风险投资行为会产生负外部性，而货币政策调控利率只能影响银行的投资规模，而不能影响其资产持有结构。最优的资本比率要求和货币政策组合是货币政策应对经济波动，而宏观审慎政策维持金融稳定，最优组合中货币政策和宏观审慎政策力度可能是正相关，也可能是负相关的。Hirano et al.（2017）研究了新古典增长模型中货币政策的影响，该模型结合了名义刚性和随机理性泡沫，重点关注决定产出的资本积累。他们发现购买政府债券等非常规货币政策的效果取决于泡沫的大小。Van der Ghote（2018）同样证明了货币政策与宏观审慎政策的协调有助于降低爆发金融危机的风险，同时能够在陷入危机时加快经济复苏，其代价是加大了通胀和就业的波动。Aikman et al.（2019）发现在特定条件下，货币政策和宏观审慎政策可能是替代的，也可能是互补的。

一些研究关注货币政策主体和宏观审慎政策主体之间的博弈问题,即两种政策是否由同一个主体在优化同一个目标函数的背景下制定实施。Angelini et al.(2014)构建了一个包含银行部门的DSGE模型来研究对银行的资本要求和货币政策的协调问题,分别考虑了宏观审慎和货币政策制定者之间两种不同的相互作用情况:合作和非合作。在"合作"情况下,宏观审慎政策和货币政策同时制定以最小化统一的损失函数;而在"非合作"情况下,两者分别对特定的目标函数做最优化,而将对方的政策视作外生给定。结果表明,当经济波动主要由供给冲击驱动时,无论是合作还是非合作情况下,宏观审慎政策的引入都可以改善宏观经济的稳定性,但是如果货币政策和宏观审慎政策之间缺乏合作,可能会导致利率和资本要求的过度波动。Rubio and Carrasco-Gallego(2014)基于同时包含货币政策和以杠杆率约束为代表的宏观审慎政策的DSGE讨论了两类政策对经济波动、金融稳定和社会福利的影响。他们发现无论是在政策协调还是非协调的情况下,同时采用货币政策和宏观审慎政策都能够提升社会福利和金融系统稳定程度,尤其是在两种政策非协调的情况下。Paoli and Paustian(2017)同样讨论了货币政策和宏观审慎政策主体之间的关系问题。特别地,他们讨论了不同目标分配下的政策协同。他们发现当经济波动是由成本冲击驱动时,无论是否互相协调,货币政策和宏观审慎政策同时实施都可以达到社会最优;而当两类政策独立实施时,外生给定一个先行政策能够实现社会福利的提升。

在多国经济背景下,Quint and Rabanal(2014)讨论了多国货币联盟背景下货币政策和宏观审慎政策的结合。在类似欧盟的多国货币联盟体系下,单一货币政策难以应对不同国家和部门各自的经济波动,因此引入以宏观审慎政策为代表的其他政策能够更好地减小经济波动,提升社会福利。与之类似,Dennis and Ilbas(2023)讨论了两国模型背景下货币政策制定者和宏观审慎政策制定者之间博弈带来的结果。他们考虑了两种情况:单一宏观审慎政策和单一货币政策的组合,以及区域特化的宏观审慎政策和单一货币政策的组合，并发现将宏观审慎政策的制定权委托给地方可以更好实现区域经济稳定。

近年来，国内有大量学者讨论了"双支柱"政策调控框架与不同政策之间的协同问题。方意等（2019）指出系统性风险包含三大要素（冲击、放大机制、负外部性）与两大维度（时间维度、空间维度），冲击在金融体系内传导扩散，并在机构间以及部门间产生溢出效应和外部性。宏观审慎政策主要通过限制杠杆率和事前规制等政策防止危机在金融部门内部的扩散以及从金融部门向实体经济的传染，而货币政策也会通过影响银行资产负债表和同业业务网络等对系统性风险产生一定溢出效应。马勇和陈雨露（2013）在一个包含内生性金融体系的DSGE模型框架下考察了货币政策和宏观审慎政策的协调搭配问题，他们发现政策的搭配不仅能更好地稳定经济和金融体系，而且可以有效降低单一政策所面临的多目标困境和政策负担，但是在政策实行的过程中需要根据不同的情形选择适宜的政策组合以避免"政策冲突"或"政策叠加"所造成的问题。王爱俭和王璟怡（2014）基于包含银行部门的DSGE模型讨论了货币政策和宏观审慎政策的协同效应，发现贷款价值比和资本比率约束等宏观审慎政策的引入能够提升福利，同时对货币政策稳定经济的作用提供有益补充，尤其是在经济受到金融冲击时。马勇（2019）结合经济稳定目标和金融稳定目标区间，在区分"系统性"和"结构性"风险的基础上，分别给出了最优的货币政策和宏观审慎政策组合。这些观点均表明货币政策和宏观审慎监管之间存在相互作用的可能性。马勇和付莉（2020）讨论了数量型和价格型货币政策与宏观审慎政策的协同效应，发现无论在数量型还是价格型货币政策的基础上引入宏观审慎政策都有助于维持经济稳定，而宏观审慎政策主要是通过对金融部门稳定性的调控作用于实体经济波动的。针对政策对资产泡沫的调控，马理和范伟（2021）讨论了针对房地产泡沫的宏观审慎政策和货币政策之间的相互作用，发现"双支柱"调控框架可以同时实现稳增长和降风险，避免大量资金流向房地产泡沫的同时促进实体经济发展。

从银行泡沫的视角，董丰等（2023b）讨论了货币政策和宏观审慎政策之间的最优组合，发现对杠杆率的审慎调节和逆风货币政策的组合能够最大化社会福利。王博和徐飘洋（2021）考虑双碳转型过程，在包含"双支柱"调控框架的模型中探讨了碳税和碳限额对宏观经济的影响，发现考虑到气候转型风险的宏观审慎政策能够减轻气候政策带来的大幅经济波动和金融不稳定，提升社会福利。

本章甚至本书所讨论的泡沫往往是在信息对称情况下的理性泡沫，但是现实中的泡沫也可能是由非理性因素或者信息摩擦导致的。比如 Awaya et al.（2019）提出的框架就强调了交易中间人面临的风险引起的快速增长的资产价格，因此市场监管者需要调整市场结构。Barlevy（2015）强调了泡沫可以非理性地由诸如博傻理论导致，也就是经济中有非理性交易者放大了泡沫，对于这种异质性信念导致的泡沫可能会和理性泡沫有不同的处理方式。当然 Barlevy（2022）和 Barlevy（2018）也指出在现实操作中，可能更重要的是关心泡沫对资源分配的扭曲和破灭后的现实后果。

一些学者也将财政问题纳入政策协同的框架下（如第二部分所介绍的 Miao and Su, forthcoming）。朱军等（2018）在金融系统中纳入财政整顿和财政压力等特征，发现中国扩张性财政支出作用较为显著，但政府债务规模增加不仅造成财政空间缩减，也会影响金融市场的定价机制，财政整顿政策与现有"双支柱"体系的协调能够在保持经济稳定的同时预留财政空间，具有较好的福利效应。陈创练等（2023）通过嵌入双支柱政策和财政政策的 DSGE 模型评估了不同部门信贷宽松的财政乘数效应，发现宏观审慎政策由强变弱和货币政策盯住产出系数变小能够增强政府消费和转移支付的乘数效应，但同时也会导致所得税和广义消费税对经济增长的抑制作用变大。

最后，值得一提的是，虽然有大量研究讨论了针对各种因素（尤其是资产泡沫代表的金融体系）导致经济波动的政策应对，但几乎所有研究都是基于在某个特定稳态附近展开的 DSGE 模型框架，因此这类研究普遍暗含一个结构性假设,即没有冲击时的稳态是合意的,政策需要防止经济过度偏离稳态,即主要讨论的是稳定政策。但事实上,我国正处在结构转型的关键时期,结构失衡和增长动力不足问题较为凸显,资产泡沫存在对增长和结构失衡的影响同样应当被纳入政策考虑。近年来,世界各国普遍出现"结构失衡下的衰退",仅仅研究稳定政策可能不足以实现对经济的合理调控(陈彦斌,2022),还需要讨论增长政策如何提升潜在产出水平,以及如何通过结构政策的调整达到最优的长期均衡,即实现"三策合一"的调控框架。同时,随着经济进入新常态后各类针对稳定、增长和结构的创新政策举措不断出现,需要采用"三策合一"的统一框架对这些政策目标进行统筹规划,从而实现不同政策之间的最优配置(陈小亮等,2022)。

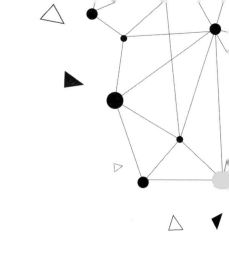

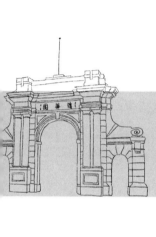

第6章 开放经济背景下的"双支柱"调控

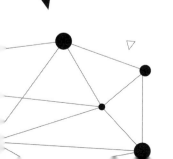

伴随经济和金融的全球化趋势，跨国资本流动使得不同国家之间的资产价格联动更加明显，在提升经济运行效率的同时，也使得包括资产泡沫在内的金融风险出现跨国传导，宏观经济的平稳运行需要更加强调内外部经济的平衡。因此，双支柱政策同样需要考虑外部经济的传导对于其政策操作的影响。资本自由流动能够发挥汇率市场价格机制，并优化资源配置。我国根据经济发展要求和实际进程，正在逐渐放松资本管制。但是国际资本市场同样具有顺周期倾向，资本的自由流动可能带来经济超调或者资本泡沫等导致宏观金融不稳定的不利因素，例如，Brunnermeier and Schnabel（2015）将国外资本的过度涌入（热钱）作为危机爆发的重要原因，而20世纪90年代末的亚洲金融危机正是由国际资本的过度投机导致的。当国际热钱快速涌入时，往往造成国内流动性泛滥，推升通胀和资产价格，形成资产泡沫，而当国际资本的流动方向逆转时，市场流动性突然收紧，虚高的资产价格快速下跌，对宏观金融稳定造成巨大冲击。Miranda-Agrippino and Rey（2020, 2022）研究了国际金融周期（global financial cycle），发现全球资产价格存在一个统一的动态因子，可以解释超过25%的资产价格波动。因此，一国的泡沫波动也可能会影响到其他国家的资产价格，进而影响资产泡沫的产生与破灭。在这种背景下，我们有必要将资产泡沫的相关研究由封闭经济扩展到开放经济。在开放经济背景下，外部利率冲击和资本流量冲击都会导致本国的金融市场出现异动，可能导致泡沫的产生、波动和破灭，而此时对资产泡沫的监管也不能仅限于针对国内市场的关注，需要同时注意国际市场的风险输入现象。在本章中，我们简要介绍在开放经济中的资产泡沫相关的政策调控研究，以及这些研究对未来政策体系构建的启示。

6.1 开放经济中的资产泡沫与货币政策

6.1.1 最优货币政策

伴随着全球一体化的加深，国家的经济状况（如产出、通胀、资产价格等）不仅受到国内冲击的影响，也受到美国货币政策等外国冲击影响。新兴经济体尤其容易受到这种利率冲击的影响（Chen et al., 2016），国内资产价格对美国货币政策反应强烈，并伴随着经济波动。自全球金融危机以来，在我们认识到资产泡沫破裂的可怕后果后，关于货币政策应如何或是否应对资产价格的讨论越来越多。但是在考虑国内外因素的开放经济背景下，对这一重要问题的研究相对较少。Dong et al.（2023）构建了一个开放经济体中包含理性资产泡沫的新凯恩斯模型，考察了资产泡沫对制定货币政策的影响。

1. 模型设定

考虑一个小型开放经济，经济体中包含国内中间品企业（以下简称为企业）、银行、资本品生产商、家户、本国零售商、出口零售商和中央银行7个部门，模型结构图见图6.1。我们假设中间品企业面临异质性投资效率冲击，该冲击决定了企业将资本品转化为物质资本的效率。企业雇佣劳动力、购买资本品进行投资、进口国外产品用于生产本国产品。企业可以向国内银行借款，但受到借贷约束。他们也可以交易泡沫资产。国内银行通过向外国投资者借款，在国内债券市场上购买本国债券（放贷给本国企业），发挥金融中介的作用。借鉴 Schmitt-Grohé and Uribe（2003），我们引入了国内银行在跨境借贷中面临的弹性利率。零售商将本国中间品加工打包生产为最终产品向国内外市场销售。中央银行制定货币政策，考虑是否对资产价格做出反应。

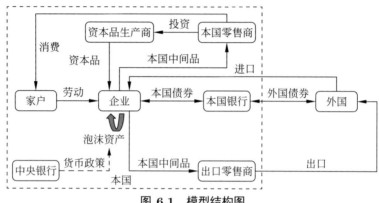

图 6.1　模型结构图

(1) 家户。在每个时期，家户的收入包括劳动收入，本国银行、企业、零售商和资本品生产商的利润，用于消费国内最终产品，交易公司股票。家户的最优化问题为：

$$\max_{\psi_{j,t+1}, C_t, N_t} E_0 \sum_{t=0}^{\infty} \beta^t \left[\ln(C_t - hC_{t-1}) - \kappa \frac{N_t^{1+\varphi}}{1+\varphi} \right] \quad (6.1)$$

其预算约束为：

$$\int \psi_{j,t+1}(V_{jt} - D_{jt}) \mathrm{d}j + P_t C_t = W_t N_t + \int \psi_{jt} V_{jt} \mathrm{d}j + D_t^b + D_t^k + D_t^r - T_t$$

其中，D_t^b, D_t^k, D_t^r 分别为本国银行、资本品生产商、零售商的利润。V_{jt} 为本国企业的股票价值，D_{jt} 为本国企业的分红。ψ_{jt} 为家户持有的企业 j 的股票份额。

(2) 企业。经济中包含测度为 1 的企业 $j \in [0,1]$，生产函数为柯布道格拉斯形式：

$$Z_{jt} = K_{jt-1}^{\alpha}(A_t N_{jt})^{1-\alpha-\gamma} M_{jt}^{\gamma}, \quad \alpha \in (0,1), \gamma \in (0,1), \alpha + \gamma \in (0,1)$$

其中，K_{jt-1}, A_t, N_{jt} 和 M_{jt} 分别代表资本、劳动生产率、劳动和国外投入品。劳动生产率 A_t 包含趋势性成分和暂时性成分，具体设定如下：

$$A_t = A_t^g \exp(a_t), \quad A_t^g = A_{t-1}^g \exp(g), \quad a_t = \rho_a a_{t-1} + \varepsilon_{at}$$

其中，$g > 0$ 是平衡增长路径下的经济增长率。企业最大化自身利润：

$$\max_{N_{jt}, M_{jt}} P_{zt} K_{jt-1}^\alpha (A_t N_{jt})^{1-\alpha-\gamma} M_{jt}^\gamma - W_t N_{jt} - e_t P_{ft}^* M_{jt} = R_{kt} K_{jt-1}$$

其中，P_{zt} 为中间品价格。W_t 为本币计算的名义工资，P_{ft}^* 为进口品价格，假定本国为小国经济体，该价格外生给定。e_t 为名义汇率，其上升意味着本币贬值。企业面临异质性投资效率冲击 $\varepsilon_{jt} \in [\varepsilon_{\min}, \varepsilon_{\max}] \subset [0, \infty)$，企业只有在期初才知道自身的投资效率，并根据净资产进行投资决策。资本运动方程为：

$$K_{jt} = (1-\delta) K_{jt-1} + \varepsilon_{jt} I_{jt}$$

企业可以从银行获得贷款，但面临借贷约束，其可获得的贷款额不能超过自身拥有的资本价值的固定比例：

$$\frac{B_{jt}}{R_{ft}} \geqslant -\mu P_{kt} K_{jt-1}$$

其中，$B_{jt} < 0$ 意味着企业从银行借款，P_{kt} 为资本品价格。

经济中存在一种泡沫资产，该资产基本面价值为 0，如果资产价格 $P_{ht} > 0$ 意味着资产泡沫产生。企业持有的泡沫资产不能为负，即存在卖空约束：$H_{jt} \geqslant 0$。

企业的现金流约束可以表示为：

$$D_{jt} = R_{kt} K_{jt-1} - P_{kt} I_{jt} - \frac{B_{jt}}{R_{ft}} + B_{jt-1} + P_{ht}(H_{jt-1} - H_{jt})$$

当存在资产泡沫时，泡沫资产可以提高企业净资产。

通过求解企业最优化问题，可以得到整体经济的投资效率阈值 $\bar{\varepsilon}_t = \frac{P_{kt}}{Q_t} \in (\varepsilon_{\min}, \varepsilon_{\max})$，该阈值是投资收益与成本相等时的投资效率。当企业投资效率低于该阈值时，投资收益小于成本，企业不进行投资，只购买债券和泡沫资产，且对这两种资产无差异。当企业投资效率高于该阈值时，企业尽其所能进行投资，卖出泡沫资产、债券，从银行获得贷款直到借贷约束收紧，即用尽自身净资产，其投资额为：

$$I_{jt} = \frac{1}{P_{kt}} \left[R_{kt} K_{jt-1} + \mu P_{kt} K_{jt-1} + B_{jt-1} + P_{ht} H_{jt-1} \right]$$

泡沫资产的资产定价方程为：

$$P_{ht} = \beta E_t \frac{\Lambda_{t+1}}{\Lambda_t} \left[P_{ht+1} \left(1 + \int_{\bar{\varepsilon}_{t+1}}^{\varepsilon_{\max}} \left(\frac{\varepsilon Q_{t+1}}{P_{kt+1}} - 1 \right) \mathrm{d}F(\varepsilon) \right) \right]$$

左式为购买泡沫资产的边际成本，右式为边际收益，在下一期，当企业投资效率超过阈值时，其卖出泡沫资产的资金可用于投资，获得额外的收益，即泡沫资产存在流动性溢价 $\int_{\bar{\varepsilon}_{t+1}}^{\varepsilon_{\max}} \left(\frac{\varepsilon Q_{t+1}}{P_{kt+1}} - 1 \right) \mathrm{d}F(\varepsilon)$，这也使得在 DSGE 框架下，横截性条件成立的同时仍然可以产生泡沫。

(3) 银行。 只有本国银行可以在国际金融市场上进行借贷，其借贷利率为 R_{ft}^*。银行的最优化问题为：

$$\max_{B_t^*, B_t} E_0 \sum_{t=0}^{\infty} \beta^t \frac{\Lambda_t}{\Lambda_0} D_t^b$$

预算约束为：

$$D_t^b = \frac{B_{t-1}^*}{R_{f,t-1}^*} e_{t-1} R_{f,t-1} - B_{t-1}^* e_t$$

借鉴 Schmitt-Grohé and Uribe(2003)，假定银行借贷时的利率由国外利率和风险溢价构成：

$$R_{ft}^* = R_t^* + \Omega \left(\exp \left(\frac{e_t B_t^*}{P_{zt} Z_t} - \underline{B}^* \right) - 1 \right)$$

其中，$\Omega > 1$ 刻画风险程度或调整成本，$\underline{B}^*$ 是债务占总产出比重的稳态值。R_t^* 是国外利率，假定其为服从 AR（1）过程的随机冲击：

$$\ln R_t^* = (1 - \rho_{R^*}) \ln R^* + \rho_{R^*} \ln R_{t-1}^* + \varepsilon_{R^* t}$$

(4) 资本品生产商。 资本品生产商使用国内最终品作为投入品，用于生产国内资本品。资本品生产商的目标是最大化利润：

$$\max_{I_t} E_0 \sum_{t=0}^{\infty} \beta^t \frac{\Lambda_t}{\Lambda_0} D_t^k$$

预算约束为：

$$D_t^k = P_{kt}I_t - \left[1 + \frac{\Omega_k}{2}\left(\frac{I_t}{I_{t-1}} - \exp(g)\right)^2\right]P_tI_t$$

(5) 零售商。零售商设定与传统凯恩斯模型设定一致，我们参考 Calvo 定价，假定每期有一定比例的零售商可以灵活调整价格。国内市场存在一个单位测度的零售商，用 $r \in [0,1]$ 表示。每个零售商都是垄断厂商。零售商以 P_{zt} 的价格从企业处购买中间品，包装后以名义价格 P_{rt} 出售，最终品以 CES 函数形式打包形成，用于消费和投资：

$$Y_t = \left[\int_0^1 (Y_{rt})^{\frac{\psi-1}{\psi}} dr\right]^{\frac{\psi}{\psi-1}}$$

其中，假定替代弹性是随时间变化的且满足：

$$\ln \psi_t = (1 - \rho_\psi)\ln\psi + \rho_\psi \ln\psi_{t-1} + \varepsilon_{\psi t}$$

即可以将 ψ_t 视为国内价格加成冲击（markup shock）。

每期有 $1-\chi$ 比例的零售商可以灵活调整价格，其最大化自身利润：

$$\max_{\widetilde{P}_{rt}} E_t \sum_{i=0}^\infty \chi^i \beta^i \frac{\Lambda_{t+i}}{\Lambda_t}\left[\widetilde{P}_{rt} - P_{z,t+i}\right]Y_{r,t+i}$$

类似地，在出口市场上同样存在单位测度的零售商 $r^* \in [0,1]$。由于本国是小型开放经济体，假设国外市场足够大，国外需求视为外生给定：

$$Y_{rt}^* = Y_t^*(P_{rt}^*)^{-\psi_t^*}$$

假定替代弹性是随时间变化的且满足：

$$\ln\psi_t^* = (1-\rho_{\psi^*})\ln\psi^* + \rho_{\psi^*}\ln\psi_{t-1}^* + \varepsilon_{\psi^* t}$$

即可以将 ψ_t^* 视为国外价格加成冲击（markup shock）。Y_t^* 为国外需求，在平衡增长路径上，假定其满足：

$$Y_t^* = A_t^g y_t^*$$

假定零售商采用 Calvo 定价，即每期有 $1-\chi^*$ 比例的零售商可以灵活调

整价格,其最大化自身利润:

$$\max_{\widetilde{P}_{rt}^*} E_t \sum_{i=0}^{\infty} \chi^{*i} \beta^i \frac{\Lambda_{t+i}}{\Lambda_t} \left[e_{t+i} \widetilde{P}_{rt}^* - P_{z,t+i} \right] Y_{r,t+i}^*$$

(6) 中央银行。 我们关注的是货币政策规则。在平衡增长路径下,央行根据当前通货膨胀和资产价格设定名义利率:

$$\ln R_{ft} = \ln R_f + \theta_\Pi \ln \frac{\Pi_t}{\Pi} + \theta_{P_h} \ln \frac{\Pi_{h,t}}{\Pi_h} \qquad (6.2)$$

其中,$\Pi_{h,t}$ 为泡沫资产价格变动率。

2. 均衡分析

在平衡增长路径上求解稳态,当且仅当在无泡沫稳态(资产价格为0)下,持有泡沫资产的边际收益超过其边际成本,企业才有激励持有泡沫,资产泡沫才会产生。泡沫产生条件为:

$$1 < \beta \left[1 + \int_{\bar{\varepsilon}_f}^{\varepsilon_{\max}} \left(\frac{\varepsilon}{\bar{\varepsilon}_f} - 1 \right) dF(\varepsilon) \right]$$

其中,$\bar{\varepsilon}_f$ 为无泡沫均衡下的投资效率阈值。该条件表示,购买泡沫资产(右式)的边际收益应超过边际成本(左式),企业才愿意持有泡沫资产。在该条件成立下,可以求解出有泡沫均衡下的投资效率阈值 $\bar{\varepsilon}_b$。基于函数性质,我们可以证明 $\bar{\varepsilon}_b > \bar{\varepsilon}_f$,即资产泡沫提高了整体经济的投资效率阈值,也意味着更高投资效率的企业才会进行投资。泡沫资产因为具有流动性溢价可以一定程度上放松借贷约束,使得高投资效率企业可以获得更多流动性用于投资。泡沫资产对总投资的影响可以用下式表示:

$$I = \underbrace{\left(\frac{1}{P_k} [R_k K + \mu P_k K + B + P_h] \right)}_{\text{集约边际}} \underbrace{(1 - F(\bar{\varepsilon}))}_{\text{广延边际}}$$

其中,集约边际意味着单个企业的投资额,显然,资产泡沫可以提高企业净资产,"挤入"投资。但另一方面,$\bar{\varepsilon}_b > \bar{\varepsilon}_f$ 意味着资产泡沫在广延边际上"挤出"低效投资。资产泡沫对总投资的影响取决于这两个效应。

此外,我们可以得到如下性质:

> **定理 6.1**
>
> 稳态下国外利率 R^* 越小，泡沫存在条件成立的可能性越大，因此国内泡沫出现的可能性也越大。在有泡沫均衡中，投资阈值、国内利率和实际资本收益率均与 R^* 无关，而泡沫占产出比率随 R^* 上升而下降。

直觉上，当 R^* 下降时，资本流入伴随着本币升值、贷款繁荣和投资繁荣。对国内债券的需求增加，降低了国内利率，从而助长了泡沫。相反，当 R^* 足够高时，企业有足够的流动性，通过在国外储蓄来为投资提供资金。因此，他们对泡沫资产没有需求，泡沫也就不会出现。

3. 定量分析

我们主要参考 Miao et al.（2021）对参数进行校准。在小型开放经济体中，外部冲击对国内经济波动的影响尤为重要。我们考虑一个正的外国利率冲击，结果如图6.2所示。在无泡沫经济中，当国外利率突然上升时，银行跨境借款面临的利率直接上升，导致国内外债减少。这种资本外流削弱了银行对国内债券的需求，这反过来又提高了国内利率。因此，内需萎缩，导致消费和投资减少。由于资本外流导致的贬值，出口上升，进口下降。如果没有泡沫资产，较高的利率会恶化公司的信用状况。这提高了投资效率阈值，只有投资效率较高的企业才有投资动机。在泡沫经济中，国外利率的正面冲击会导致资本外流和国内利率上升，这也意味着债券收益率上升，导致对泡沫资产的需求下降，泡沫价格下降。持有泡沫资产的公司净值下降，进一步削弱对国内商品的需求，并导致更大的贬值。与无泡沫经济相比，这种放大效应导致消费和投资减少更多。

此外，与国内生产率冲击下的情况相比，在国外利率冲击下，资产泡沫的放大效应更为显著。[①]原因是国外利率冲击直接推高了国内利率，导致资产

[①] 国内生产率结果备索。

价格大幅下跌，而技术冲击则通过一般均衡效应间接影响国内利率，资产价格下降更少。因此，在国外利率冲击下稳定资产价格更为必要。国内利率的上升引发了资产泡沫的放大效应，此时如果央行在资产价格下跌时降息，可以减弱外部冲击对国内经济波动的负面影响。

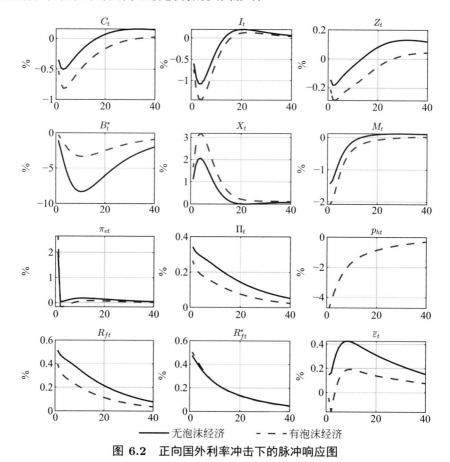

图 6.2　正向国外利率冲击下的脉冲响应图

注：ε_{R^*t} 提高 1 个标准差。实线表示无泡沫经济，虚线表示有泡沫经济。$\theta_\Pi = 1.5$。$\pi_{et} \equiv \frac{e_t}{e_{t-1}}$ 表示本币贬值程度。其他变量表示为偏离稳态的百分比。

4. 最优货币政策

我们进一步研究了货币政策是否应该对资产价格做出反应。福利分析基于对家户终身效用二阶近似的条件均值。我们假设有泡沫经济在 -1 期处于稳态。在第0期，经济受到外生冲击，货币政策以稳定经济为目标并在短期内起效果。因此，我们使用了以初始内生状态变量处于稳态为条件的家户效用的条件均值而不是非条件均值。

我们给定 $\theta_\Pi = 1.5$，然后基于福利来寻找最优 θ_{P_h}。记 $\{C_t\}$ 和 $\{N_t\}$ 为 $\theta_{P_h} = 0$ 时的均衡消费和劳动。分别用 Wel 和 Wel* 表示 $\theta_{P_h} = 0$ 和 θ_{P_h} 为最优时家庭效用的条件均值。福利改进 Δ 用消费等价来表示：

$$E_{-1} \sum_{t=0}^{\infty} \beta^t \left[\ln\left[(1+\Delta)(C_t - hC_{t-1})\right] - \kappa \frac{N_t^{1+\varphi}}{1+\varphi} \right] = \text{Wel}$$

从而可以解得：$\Delta = \exp\left[(1-\beta)(\text{Wel}^* - \text{Wel})\right] - 1$ 我们计算当泡沫经济受到国外利率冲击时的福利改进。这有助于我们了解 θ_{P_h} 是如何影响资产价格、经济波动和福利的。

我们在图6.3中展示了关键变量的第0期脉冲响应图。θ_{P_h} 越高，表明对

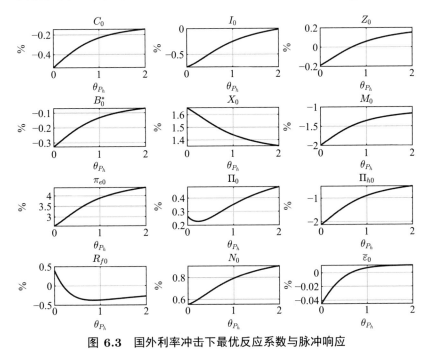

图 6.3 国外利率冲击下最优反应系数与脉冲响应

注：$\varepsilon_{R^* t}$ 提高1个标准差。第0期脉冲响应为正向国外利率冲击刚发生时的脉冲响应图。$\theta_\Pi = 1.5$。π_{e0} 表示本币贬值程度。其他变量表示为偏离稳态的百分比。

资产价格的政策反应越强，国内利率水平越低，资产价格下降幅度越小，进而缓解经济收缩。消费、投资、投资效率临界值下降幅度较小，平滑消费可以促进福利改进。这是 θ_{P_h} 对福利的正向效应。但是，当 θ_{P_h} 增加时，由国内利率降低和通货膨胀上升导致的更高的劳动力供给降低了福利。这是 θ_{P_h} 的负效应。因此，"逆风而行"的政策面临着平滑消费和劳动力供应带来的负效用的权衡。

然后，我们引入两种冲击，比较两种冲击相对波动变化时的福利改进。我们定义 $\varpi \equiv \sigma_{R^*}/\sigma_a$ 为外国利率冲击和短期技术冲击的相对波动。我们将 $\varpi = 0.1$ 作为基准。在此基础上，我们进一步提高了国外利率冲击的标准差，分析当国外利率冲击对经济周期影响较大时的最优货币政策。表6.1给出了不同 ϖ 下的最优系数和福利收益结果。可以看出，θ_{P_h} 一直为正，且 ϖ 越大，福利改进越大。这意味着，当新兴市场面临更严重的外国利率冲击时，采取"逆风"政策是更有利的。

表 6.1 最优货币政策

ϖ	σ_a	σ_{R^*}	最优 θ_{P_h}	福利改进/%
0.05	0.0474	0.0024	0.87	0.1423
0.10	0.0460	0.0046	0.67	0.2003
0.15	0.0430	0.0065	0.56	0.2828
0.20	0.0393	0.0079	0.51	0.3664

1. $\varpi \equiv \sigma_{R^*}/\sigma_a$。
2. 给定产出波动和 ϖ，分别计算对应的 σ_a 和 σ_{R^*}。$\theta_\Pi = 1.5$，其他参数与定量分析保持一致。

在开放经济体中，当经济中面临外部冲击时，资产泡沫会产生放大机制。与国内生产率冲击相比，国外利率冲击下的放大效应更强，因为国外利率冲击直接影响本国利率，进而通过无套利条件影响对泡沫资产的需求和资产价格，再经过企业资产负债表放大经济波动。因此，在国外利率冲击下，中央银行应采用"逆风"政策来缓解国外冲击对本国利率和资产价格的影响，并提高福利。

6.2 开放经济中的资产泡沫与宏观审慎调控

6.2.1 信贷政策

在新冠疫情之前的全球经济中，存在三种现象：金融一体化、低利率以及信用泡沫的频繁繁荣与破灭。Martin and Ventura（2015）试图在一个框架内合理解释这三种现象。

他们引入了信贷摩擦，即企业家无法将投资回报抵押以获得流动性，并讨论了一个小型开放经济中金融一体化的作用。信用泡沫是基于投资者的预期，即这种泡沫将在未来扩大，而这种情绪冲击会创造信用泡沫。信用泡沫的出现允许拥有泡沫的企业家借入更多资金。

泡沫对投资的影响分为直接效应和间接效应。就直接效应而言，泡沫直接增加了可用于投资的收入。然而，企业家也会借钱购买泡沫，导致对信贷的需求增加，风险调整后的利率上升，投资减少。这两种效应的净影响取决于哪一种更强。在金融一体化的背景下，泡沫的直接效应留在本国，而间接效应则通过利率渠道传递给外国，减少其他国家的信贷和投资。本国信用泡沫的增加将带来更多的信用泡沫利润。

1. 模型

在离散时间 OLG 模型中，家户效用函数为 Epstein-Zin-Weil 形式：

$$U\left(c_{j1t}^i, c_{j2t+1}^i\right) = \frac{\left(c_{j1t}^i\right)^{1-1/\theta} - 1}{1 - 1/\theta} + \beta \frac{E_t\left\{\left(c_{j2t+1}^i\right)^{1-\sigma}\right\}^{\frac{1-1/\theta}{1-\sigma}} - 1}{1 - 1/\theta}$$

其中 $\sigma = \dfrac{1}{\theta}$。生产技术是 Cobb-Douglas 的一种形式，劳动供给为一个单位，资本完全折旧

$$w_{jt} = (1-\alpha)A_j k_{jt}^\alpha, \quad r_{jt} = \alpha A_j k_{jt}^{\alpha-1}$$

假设泡沫增长

$$b_{jt+1} = g_{jt+1} \cdot b_{jt} + n_{jt+1}$$

其中 g_{jt+1} 表示旧泡沫价值的增长,而 n_{jt+1} 是新泡沫的价值。泡沫资产可以自由处置意味着 $g_{jt+1} \geqslant 0$ 和 $n_{jt+1} \geqslant 0$。我们将 g_{jt} 和 n_{jt} 分别称为泡沫回报和泡沫创造"冲击"。

储蓄者以 1 的成本购买企业家提供的信贷合同。总回报是有条件的:R_{t+1}^{j},用于购买或有信贷合同的储蓄份额是 $x_{jt}^{j'}$。

$$\sum_{j'} x_{jt}^{j'} = 1, \quad x_{jt}^{j'} \geqslant 0$$

在预算约束下,解的形式应该是:

$$C_{j1t}^{S} = (1-\varepsilon) \cdot w_{jt} \cdot (1-z_{jt})$$

$$C_{j2t+1}^{S} = \sum_{j'} R_{t+1}^{j'} \cdot x_{jt}^{j'} \cdot z_{jt} \cdot (1-\varepsilon) \cdot w_{jt}$$

定义投资组合回报:$R_{jt+1} = \sum_{j'} R_{t+1}^{j'} \cdot x_{jt}^{j'}$。一阶条件:

$$z_{jt} = \frac{\beta^{\theta}}{\beta^{\theta} + E_t \left\{ R_{jt+1}^{1-\sigma} \right\}^{\frac{1-\theta}{1-\sigma}}}, \quad \frac{\partial z_{jt}}{\partial E_t \left\{ R_{jt+1}^{1-\sigma} \right\}^{\frac{1}{1-\sigma}}} > 0$$

以及

$$E_t \left\{ \frac{R_{jt+1}^{-\sigma}}{E_t R_{jt+1}^{1-\sigma}} R_{t+1}^{j'} \right\} \leqslant 1$$

j 国的代表性企业家在年轻时购买资本和泡沫,并通过提供 ε 单位的劳动力和出售信贷合同来为这些购买提供资金。设 f_{jt} 为通过出售信贷合同获得的融资或资金。那么,企业家的预算约束可以写作如下:

$$c_{j1t}^{E} = \varepsilon \cdot w_{jt} + f_{jt} - b_{jt} - k_{jt+1}$$

$$c_{j2t+1}^{E} = r_{jt+1} \cdot k_{jt+1} + b_{jt+1} - R_{t+1}^{j} \cdot f_{jt}$$

为了将合同卖给储蓄者,信贷市场对企业家提供的信贷合同施加了两个限制:

$$E_t \left\{ \frac{R_{t+1}^{-\sigma}}{E_t R_{t+1}^{1-\sigma}} \cdot R_{t+1}^{j} \right\} = 1$$

$$R_{t+1}^{j} \cdot f_{jt} \leqslant b_{jt+1}$$

回报应满足储蓄者的一阶条件和借款使用泡沫作为抵押。

2. 关键方程

在借贷约束绑定的情况下，结合优化问题的解和市场出清条件，可以得到资本的运动规律和信贷市场均衡条件。

$$k_{jt+1} = \frac{\beta^\theta}{\beta^\theta + \left(\alpha A_j k_{jt+1}^{\alpha-1}\right)^{1-\theta}} \left[\varepsilon(1-\alpha) A_j k_{jt}^\alpha + E_t \left\{\frac{R_{t+1}^{-\sigma}}{E_t R_{t+1}^{1-\sigma}} n_{jt+1}\right\}\right]$$

该方程可以分解为：

$$k_{jt+1} = \frac{\beta^\theta}{\beta^\theta + \left(\alpha A_j k_{jt+1}^{\alpha-1}\right)^{1-\theta}} \left[\varepsilon(1-\alpha) A_j k_{jt}^\alpha + f_{jt} - R_t^j f_{jt-1}\right]$$

和

$$f_{jt} = E_t \left\{\frac{R_{t+1}^{-\sigma}}{E_t R_{t+1}^{1-\sigma}} b_{jt+1}\right\}, \quad R_t^j f_{jt-1} = b_{jt}$$

从上面的方程中，新的泡沫将直接增加用于投资的资金。这是直接影响。同时，从信贷条件的清算条件可以看出：

$$f_t = \frac{\beta}{\beta^\theta + f_t^{\theta-1} E_t \left\{b_{t+1}^{1-\sigma}\right\}^{\frac{1-\theta}{1-\sigma}}} (1-\varepsilon)(1-\alpha) \sum_j A_j k_{jt}^\alpha$$

该方程可以进一步分解为需求和供给：

$$f_t = \frac{\beta^\theta}{\beta^\theta + E_t \left\{R_{t+1}^{1-\sigma}\right\}^{\frac{1-\theta}{1-\sigma}}} (1-\varepsilon)(1-\alpha) \sum_j A_j k_{jt}^\alpha$$

$$E_t \left\{R_{t+1}^{1-\sigma}\right\}^{\frac{1}{1-\sigma}} f_t = E_t \left\{\left(\sum_j g_{jt+1} b_{jt} + n_{j+1}\right)^{1-\sigma}\right\}^{\frac{1}{1-\sigma}}$$

从上面的方程可以看出，当泡沫增加时，投资组合的回报将会减少，这降低了投资的供给。这是间接影响。

3. 总结

在封闭经济中，直接影响和间接影响都发生在本国。在金融一体化的情况下，资本自由流动，全球利率影响每个国家的信贷状况，间接影响通过风险调整后的利率 $E_t \left\{R_{t+1}^{1-\sigma}\right\}^{\frac{1}{1-\sigma}}$ 转移到外国。因此，在泡沫挤入投资的情况下，国内投资的增加超过了封闭经济中的增加，因为拥挤投资的间接影响被转移到了国外。在泡沫挤出投资的情况下，国内投资的减少低于封闭经济中的减少。

6.2.2　宏观审慎政策

近几十年来，有大量资本从发展中国家流向发达国家，这被称为全球失衡（global imbalance）。然而，在美国房地产泡沫破裂和次贷危机之后，这一趋势发生了变化。全球失衡暂时有所缓解。中国的经常账户盈余从占GDP的9.9%的峰值下降到1.8%，而美国的经常账户赤字从占GDP的5.6%下降到2%。对于西班牙和意大利等其他发达国家，经常账户甚至从赤字转为盈余。与此同时，这场危机导致发达国家和发展中国家的经济增长率大幅下降。全球失衡与全球金融危机是如何相互关联的？资产泡沫的繁荣与萧条如何影响金融危机的发生及其后果？政策当局应如何应对跨境资本流动和资产泡沫，以促进全球金融稳定？

本节建立了一个具有内生杠杆比率的两国代际交叠模型。由于信贷供给过剩导致的低利率可能会随着道德风险问题的恶化而限制借贷能力。我们发现，如果发展中国家的金融摩擦足够严重，那么从发展中国家到发达国家的资本流入可能会内生地引发全球金融危机。在这种情况下，资产泡沫可以起到缓冲作用，吸收过剩的信贷供给，暂时防止危机。然而，当资产泡沫破裂时，危机仍然可能发生，由此产生的衰退可能会更加严重。在政策分析中，我们发现对泡沫的补贴或救助可以减轻与泡沫破裂相关的福利损失，而政府债券可以通过吸收过剩的信贷供给来预防危机。

1. 封闭经济

我们在Ikeda and Phan（2019）的基础上，引入了Boissay et al.（2016）的内生杠杆率框架。假设发展中国家和发达国家都存在两个重叠的世代，即年轻和年老世代，每个世代都生活两个时期。为简化起见，我们假设代理人仅在老年时消费并且风险中性。在每个时期，年轻代理人都被赋予 W 单位的最终商品。这些商品无法储存到下一个时期。每个年轻代理人都被赋予 nB_t 数量的泡沫。一个年轻代理人获得一个具有特定生产率 a_t 的生产项目。它遵循独立且相同的分布 $F(a_t)$，且 a_t 的期望为1。生产技术遵循线性形式 $y_t = Aa_t k_t$。除了生产项目，我们假设经济中存在一种具有恒定收益率 γ 的存储技术。

年轻代理人可以在信贷市场上以 R_t 为利率相互借贷。当他们变老时，贷款会被偿还。年轻代理人还可以交易泡沫资产 B_t。泡沫每期以 p 的概率破裂。因此持有一单位泡沫的预期收益为 $R_t^b = (1-p)(1-n)B_{t+1}/B_t$。如果泡沫存在，根据无套利条件，我们有 $R_t^b = R_t$。借贷双方之间存在的道德风险问题可能会阻碍信贷市场上的交易。特别是，我们认为借款人可能会挪用 θ 比例的贷款，将他们所有的资源组合在一起，并求助于回报率为 γ 的存储技术。总之，年轻的代理人有四种投资选择。

1. 在信贷市场上贷款；
2. 投资于泡沫资产；
3. 借款并投资于生产；
4. 借款，投资于储存技术，并转移。

具有生产率 a_t^i 的代理人的预算和借款约束的一般形式分别由下式给出：
$K_t^i + B_t^i + S_t^i = W_0 + nB_t^i + D_t^i$ 和 $D_t^i \leqslant m_t(W_0 + nB_t^i)$，且 $S_t^i \geqslant 0, B_t^i \geqslant 0$
其中 $D_t^i > 0$ 表示代理人从他人处借款，而 $D_t^i < 0$ 表示贷款。m_t 表示贷款价值比。S_t^i 表示对储存的投资。因此，借款和投资于生产的回报率为 $Aa_t(1+m_t) - R_t m_t$，而储存和转移的回报率为 $\gamma(1+\theta m_t)$。具有 a_t 的代理人在上述选择下的回报率由下式给出：

$$E_t R_{t+1}(a_t) = \max\{R_t, R_t^b, Aa_t(1+m_t) - R_t m_t, \gamma(1+\theta m_t)\}$$

最大化问题中的四个元素分别代表四种投资选择。激励相容性要求贷款的回

报率高于转移的回报率,这由下式给出:

$$\gamma(1+\theta m_t) \leqslant R_t$$

因此,最优贷款价值比为:

$$m_t = \frac{R_t - \gamma}{\theta\gamma}$$

上述等式表明,经济中的杠杆率是内生的,它是利率的线性函数。其背后的机制是,低利率将鼓励代理人借款并违约转移财富,而金融摩擦则更为严重。内生杠杆是模型的一个重要特征,这意味着信贷需求可能不是利率的单调函数。利率的下降可能会吸引更多的代理人借款,但也会限制他们的杠杆,因此对借款的总影响是不确定的。

在上述限制之后,企业家就不会选择违约和转移财富。生产率足够高的企业家会借钱并且进行生产,而生产率不够高的企业家会选择存款或者购买泡沫。当然当利率降到 R_t 的时候,企业家会选择将一部分资金用于存储技术。

2. 信贷市场出清条件

我们定义以下总体变量。总体泡沫为:

$$B_t = \int B_t^i(a_t^i)\mathrm{d}F(a^i)$$

信贷市场的清算条件要求:

$$\int D_t^i(a_t^i)\mathrm{d}F(a^i) = 0$$

考虑到具有不同 a_t^i 的个体的决策,信贷市场的清算条件可以写为:

$$[1-F(\bar{a}_t)](W_0+nB_t)\frac{R_t-\gamma}{\gamma\theta} + B_t + S_t = F(\bar{a}_t)(W_0+nB_t) \quad (6.3)$$

其中

$$\bar{a}_t = \max\left\{\min\left\{\frac{R_t}{A}, a_{\max}\right\}, a_{\min}\right\}$$

方程(6.3)的右侧是经济中的总体流动性供给,它反映了所有 $a_t^i < \bar{a}_t$ 的个体的储蓄。方程的左侧反映了总体流动性需求。第一项是贷款,等于所

有 $a_t^i > \bar{a}_t$ 的个体的总财富乘以杠杆率 m_t。第二项是泡沫资产，第三项是存储技术。泡沫资产和存储技术的互补松弛条件由以下条件给出：

$$[R_t - (1-p)(1-n)B_{t+1}/B_t]B_t = 0$$

这表明，当且仅当无套利条件 $R_t = (1-p)(1-n)B_{t+1}/B_t$ 成立时，$B_t > 0$。同时，

$$(R_t - \gamma)S_t = 0$$

这表明，当且仅当条件 $R_t = \gamma$ 成立时，$S_t > 0$。以上四个方程决定了整个系统。

3. 均衡

在本节中，我们将分析经济的稳态均衡。为确保稳态下 $a_{\min} < \bar{a} < a_{\max}$，并且存在泡沫均衡，我们做出如下假设：$Aa_{\min} < \gamma < (1-p)(1-n) < Aa_{\max}$。在该假设下，$\gamma > Aa_{\min}$ 确保 $\bar{a} > a_{\min}$，因为对于具有特质生产率 $a_{\min}$ 的个体而言，储蓄始终是回报率更高的选择。$R^b = (1-p)(1-n)$ 是泡沫稳态下的利率。$(1-p)(1-n) > \gamma$ 排除了泡沫回报率低于储蓄的情况，而 $(1-p)(1-n) < Aa_{\max}$ 确保个体不会将所有财富分配给泡沫资产。

方程(6.3)是分析的关键，其稳态形式由下式给出：

$$\underbrace{\left[1 - F\left(\frac{R}{A}\right)\right]\frac{R-\gamma}{\gamma\theta}}_{\text{信贷需求}} + \underbrace{\beta + s}_{\text{信贷盈余}} = \underbrace{F\left(\frac{R}{A}\right)}_{\text{信贷供给}} \tag{6.4}$$

其中 β_t 和 s_t 分别代表 $B_t/(W_0 + nB_t)$ 和 $S_t/(W_0 + nB_t)$。方程(6.4)的右侧代表信贷供给，而左侧的第一项代表信贷需求。当 $R = (1-p)(1-n)$ 和 $R = \gamma$ 时，泡沫 β 和储蓄 s 在总财富中的份额可以分别吸收盈余流动性。我们还具有互补松弛条件 $[R - (1-p)(1-n)]\beta = 0$ 和 $(R - \gamma)s = 0$。

图6.4描述了信贷市场的供给与需求。实线和虚线分别代表信贷需求曲线和供给曲线。特别地，信贷需求曲线呈现出非单调性，这可归因于方程（6.4）所呈现的形式。相反，信贷供给随利率稳步增加，反映了利率上升时更多个

体倾向于储蓄的趋势。此外,利率存在下限γ。在利率等于储蓄回报率γ的情况下,信贷需求不复存在。相反,信贷供给仍然充裕,确保储蓄始终能够吸收流动性供给。

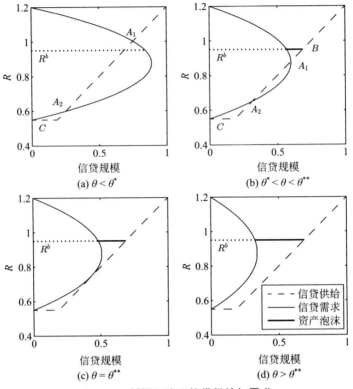

图 6.4　封闭经济下信贷供给与需求

当金融摩擦参数θ增加时,需求曲线将向左移动。当θ恰好等于θ^{**}时[如图6.4(c)所示],需求曲线与供给曲线相切。在这种情况下,仅存在一个无泡沫信贷均衡。当金融摩擦参数θ继续增加时,信贷均衡不存在[如图6.4(d)所示]。其背后的直觉是金融摩擦过于严重。对于任何利率$R > \gamma$,信贷供给总是大于需求。系统需要储蓄来吸收过剩流动性,直到利率$R = \gamma$。

关于泡沫均衡,只要利率满足$R = R^b = (1-p)(1-n)$,就至多存在一个泡沫均衡。当金融摩擦超过第一个临界点θ^*时,在R^b处的信贷供给高于信贷需求,并且存在泡沫均衡[如图6.4(b)、(c)、(d)所示]。黑色实线代表泡沫比率 β^b 的规模。另一方面,如果金融摩擦足够小($\theta < \theta^*$),当 $R = R^b$ 时,信贷需求将高于供给,并且不存在泡沫均衡[如图6.4(a)所示]。

4. 开放经济

我们将模型扩展为一个包含两个国家(发达国家和发展中国家)的开放经济。这两个国家的信贷市场是相互融合的。发达国家和发展中国家分别用上标 N 和 S 表示。除了以下特征外,两个国家的设置是相同的。首先,与发达国家相比,发展中国家的金融摩擦更加严重,即 $\theta^S > \theta^N$。其次,只有发达国家拥有泡沫资产,而发展中国家可以投资发达国家的泡沫资产。这反映了两个国家之间金融发展的差异,正如 Ikeda and Phan(2019)所提出的那样。为了分析的清晰性,我们在本节中不区分两个国家的生产率。在随后的生产经济中,我们假设它们是不同的。

在开放经济中,个体的决策不会改变。我们只需要重新考虑信贷市场出清条件。出清条件可以写为:

$$[1-F(\bar{a}_t)]\left[\frac{W_0+nB_t}{\theta^N}+\frac{W_0}{\theta^S}\right]\frac{R_t-\gamma}{\gamma}+B_t+S_t=F(\bar{a}_t)(2W_0+nB_t) \quad (6.5)$$

其中

$$\bar{a}_t = \bar{a}_t^N = \bar{a}_t^S = \max\left\{\min\left\{\frac{R_t}{A}, a_{\max}\right\}, a_{\min}\right\}$$

且互补松弛条件与封闭经济中的相同。请注意,由于我们假设在禀赋经济中两个国家的生产率相同,因此这两个国家的生产率截止值也相同。

当两个国家融合时,总杠杆率为 $\frac{R_t-\gamma}{\gamma\theta^S}+\frac{R_t-\gamma}{\gamma\theta^N}$。等效分流比为 $\hat{\theta} = 2\left(\frac{1}{\theta^S}+\frac{1}{\theta^N}\right)^{-1}$。与封闭经济相比,我们只需要将 θ 替换为 $\hat{\theta}$。当金融摩擦变得更加严重时,信贷均衡更可能衰退,而泡沫均衡更可能出现。

我们更关心封闭经济与开放经济之间的差异。发达国家的金融摩擦通常不会过高。假设发展中国家处于图6.5(a)所示的情况。当发展中国家面临较弱的金融摩擦时,融合对两国的无泡沫均衡影响有限。相反,其主要影响在于利率的趋同。在开放经济中也存在泡沫均衡,其中发展中国家的利率提高到与泡沫资产的回报相等。当发展中国家的金融摩擦增加时,发展中国家在自给自足的情况下无法形成信贷均衡。但在开放经济中,两国可以形成信贷均衡,这对发展中国家来说是一个很大的改善,因为利率上升,资源配置效率也得到提高[如图6.5(b)所示]。当发展中国家的金融摩擦持续增加时,即使在开放经济中,两国的融合也可能使无泡沫信贷均衡无法形成[如图6.5(c)所示]。这是因为发展中国家的信贷供给远远大于需求,过剩的流动性将使发达国家陷入危机状态。在这种情况下,泡沫资产很重要,因为它可以在泡沫破裂之前将两国从危机状态中拯救出来。

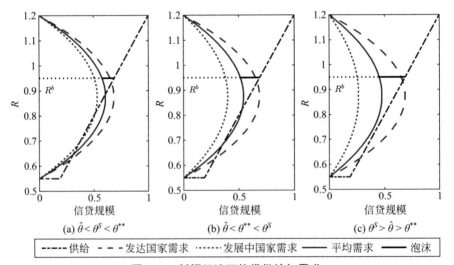

图 6.5 封闭经济下信贷供给与需求

最后一种情况表明,当两个经济体融合时,从发展中国家流向发达国家的资本可能引发金融危机。在无泡沫的情况下,发达国家可以在封闭经济中形成信贷均衡。然而,与发展中国家的融合可能导致信贷市场崩溃。随后发达国家的产出暴跌。如果在两国融合中存在泡沫,它可以吸收过剩的流动性,暂时预防危机的发生。然而,一旦泡沫破裂,信贷市场仍然会崩溃,导致危机的发生。

5. 宏观审慎政策

从上文可以看到，当大量资本从发展中国家流到发达国家的时候，可能会引发金融危机。而如果有泡沫存在，那么可以吸收过多的流动性，暂时避免危机的发生。如果泡沫破灭，则危机依然可能会发生。

如果我们考虑潜在的政策避免危机的发生，在没有泡沫的情况下，对于发达国家而言，可以限制资本的流动。可以设置资本流入的上限，或者征收资本流入税，避免资本流入过度。另一方面，泡沫的出现可以避免危机的发生，宏观当局也可以担保泡沫，促使泡沫不破灭。

6.3 开放经济背景下的"双支柱"调控政策

一系列研究讨论了开放经济中资产泡沫的产生、影响以及政策监管问题，这里我们做一些简要综述。一些研究关注资产泡沫和"突然停止"（sudden stop）问题，Kikuchi and Thepmongkol（2020）考虑OLG框架中的小型开放经济。他们对资本等生产性资产的泡沫进行了建模，并显示了泡沫与利率之间的正相关关系。在Kikuchi and Thepmongkol（2020）的模型中，银行将泡沫破裂的风险转化为债务人的利差，这种风险转移方法类似于Allen and Gale（2000）。当泡沫破裂时，违约会使投资下降，利差消失，经济快速下滑。Motohashi（2016）和Shimizu（2018）分析了资产泡沫对开放经济体经济增长的影响。Motohashi（2016）表明，在外国资产泡沫破裂之前，金融全球化提高了金融摩擦较高的小国的经济增长率，更重要的是，开放经济中资产泡沫的影响比封闭经济中更大。Shimizu（2018）将Hirano and Yanagawa（2016）扩展到不对称两国模型，并讨论了每个国家的增长率与资产泡沫的金融摩擦之间的关系。他们发现，外国泡沫对两国增长率的影响取决于两国的金融发展水平。此外，Motohashi（2020）分析了救助政策对存在资产泡沫的小型开放经济体的增长率和资产价格的有效性,并发现当泡沫持续存在和破裂时,救助政策分别具有促进增长和复苏的作用。因此,救助政策对于政府来说是可取的。Basco(2014)将资产泡沫纳入包含一个发达国家和若干发展中国家的多国模型,发现金融一体化加深意味着更多发展中国家参与国际信贷市场,这增加了对发达国家金融资产的需求,从而理性泡沫更容易在发达国家产生。Martin and Ventura(2015)构建了一个包含借贷约束的多国开放模型,发现投资者情绪冲击导致某国出现信贷泡沫,同时资本流入。与文献一致,信贷泡沫对投资存在正负两种效应,而在金融一体化下,泡沫的正向效应留在国内,而负面效应通过利率转嫁到其他国家,降低其他国家的信贷和投资。一国出现信贷泡沫会导致资本流入和信贷扩张,反之,泡沫破灭会导致"突然停止"和信贷紧缩。Miao et al.(2021)构建了一个小型开放经济体中存在国内和国际金融市场摩擦的DSGE模型,重点考察了外生的国外利率对资产泡沫的影响。当国外利率低于国内利率时,资本流入,且外国对国内债券需求的增加导致国内利率降低,增加了对泡沫的需求。当国外利率上升时,资本开始流出,导致经常账户盈余或经常账户赤字的收缩,进口下降降低了国内产出,从而降低了投资和消费。与此同时,在国际金融市场上的投资挤出了用于购买国内泡沫资产的资源。因此,资本流出削弱了对泡沫资产的需求,抑制了资产泡沫。当外国利率足够高时,资产泡沫就会破裂。

此外,一些文献聚焦于资产泡沫与贸易余额以及资本流动间的关系。Caballero and Krishnamurthy(2006)较早讨论了资产泡沫与跨国资本流动之间的关系以及相关的政策应对问题。他们发现资产泡沫的存在可以防止资本从发展中国家流向发达国家,但资产泡沫一旦破灭,资本流动便会反向。他们发现不发达的金融市场不但会引发泡沫,同时也会带来道德风险问题,导致经济中的个体低估泡沫破灭带来的风险,从而降低福利。Ventura(2012)构建了一个国际资本市场缺失的多国模型,发现泡沫出现在生产率较低的国家,挤出国内投资。这种需求的转变降低了全球范围内投资品相对于消费品的价格,增加了高生产率国家的投资。资源从低生产率国家向高生产率国家的转移是通过价格进行的,没有任何实际的资本流动,泡沫充当了国际资本流动的替代品。一些研究认为,美国贸易逆差与互联网泡沫有关(Kraay and Ventura, 2007),在互联网泡沫破灭后,公共债务迅速扩张取代了互联网泡沫,巨额财政赤字导致了巨额经常账户赤字。Ikeda and Phan(2019)基于包含发达国家和发展中国家的两国模型解释全球失衡(global imbalance)。泡沫资产可以放松借贷约束,而金融一体化与资产泡沫相互促进:一方面,开放信贷市场后,发达国家更低的贷款利率更容易滋生泡沫,发展中国家为了寻求价值储藏会购买发达国家的泡沫,导致泡沫规模扩大;另一方面,新创造的资产泡沫提高了发达国家的投资收益率,吸引更多资本流入,贸易失衡加剧。

自2001年加入WTO后,我国在国际商品和金融市场上的参与度不断加深,这一方面为我国发展提供了巨大的市场和空间,但另一方面也增加了我国经济金融体系受到外部冲击影响的风险。一系列研究表明,尽管现阶段中国资本市场呈稳定发展态势并具有较强韧性,外部风险溢出已经成为我国系统性风险的重要来源(杨子晖和周颖刚, 2018a; 陈创练等, 2021; 何德旭等, 2021)。在新冠疫情期间,世界各国为了应对疫情释放了大量流动性,变相提高了资产泡沫存在的风险。随着疫情结束和全球迈入加息周期,资产价格将全面承压,泡沫破裂风险卷土重来,外部资产价格波动对我国金融市场的冲击也可能成为不可忽视的风险来源。同时,研究表明美国和欧洲的货币政策是驱动全球金融周期的重要因素(Miranda-Agrippino and Rey, 2020, 2022),随着国际关系的变动和美联储货币政策的变动,资产价格波动风险的溢出也可能对我国金融体系稳定性形成冲击。

国际资本市场的稳定在全球范围内的影响更加广泛,随着金融自由化和资本管制的放松,决策者在关注国内宏观经济和金融稳定的同时,需要格外警惕资本流动可能导致的系统性风险。货币政策可以通过调节利率水平影响汇率水平，影响国际资本的流动，但是货币政策的主要职能是国内价格稳定和产出增长，利率对于国际资本流动的干预，可能会削弱货币政策的独立性和自主性，并且利率会影响整个经济体，难免会与主要目的产生冲突。例如，当跨境资本快速流入时，为了稳定资本流动，货币政策通过降低利率来降低汇率预期，但是这会引起国内信贷扩张，导致经济过热。此外，当中国与发达国家金融周期异位时（比如美联储处于加息周期，中国仍处于宽松周期，导致人民币贬值），货币政策面临稳汇率和稳经济的困境，需要宏观审慎政策予以支持，通过逆周期调节稳定汇率，从而为货币政策创造更多的政策空间（芦东等，2019）。建立有效的汇率形成机制很重要，因为这能够增强货币政策的独立性。即使有效的汇率机制已经成熟，宏观审慎政策仍然可以作为一种有效工具削弱国际资本流动的顺周期性，避免系统性风险的产生。黄益平等（2019）在一个两国模型中探讨了双支柱政策的稳定效应，在货币政策的基础上，增加以跨境资本流入税为代表的宏观审慎政策工具，可以有效遏制金融市场的顺周期机制，进一步提高宏观经济的稳定性，从而验证了双支柱宏观调控的有效性，并且双支柱政策在一定程度上可以弥补汇率灵活性不足所带来的损失。中央银行管理国际资本流动的宏观审慎工具主要分为银行体系外汇头寸管理和类托宾税措施。前者是数量型工具，后者是价格型工具，两者都是为了平抑资本流动的顺周期行为。外汇风险准备金是我国应对投机资本流动，进行逆周期调节的重要宏观审慎工具。

参 考 文 献

[1] 陈创练和戴明晓, 2018. 货币政策, 杠杆周期与房地产市场价格波动 [J]. 经济研究, 53 (9): 52-67.

[2] 陈创练, 高锡蓉, 徐锦辉和郭玉清, 2023. 渐进式改革、双支柱调控转型与财政政策效果研究 [J]. 经济研究, 58(8): 43-61.

[3] 陈创练, 龙晓旋和姚树洁, 2018. 货币政策, 汇率波动与通货膨胀的时变成因分析 [J]. 世界经济, 41(4): 3-27.

[4] 陈创练, 王浩楠和郑挺国, 2021. 国际金融周期共振传染与全球货币政策规则识别 [J]. 中国工业经济, (11): 5-23.

[5] 陈创练, 郑挺国和姚树洁, 2016. 时变参数泰勒规则及央行货币政策取向研究 [J]. 经济研究, 51(8): 43-56.

[6] 陈继勇, 袁威和肖卫国, 2013. 流动性, 资产价格波动的隐含信息和货币政策选择——基于中国股票市场与房地产市场的实证分析 [J]. 经济研究, 11: 43-55.

[7] 陈昆亭和周炎, 2020. 防范化解系统性金融风险——西方金融经济周期理论货币政策规则分析 [J]. 中国社会科学,(11): 192-203.

[8] 陈少凌, 李杰, 谭黎明和杨海生, 2021. 中国系统性金融风险的高维时变测度与传导机制研究 [J]. 世界经济, 44(12): 28-54.

[9] 陈诗一和王祥, 2016. 融资成本, 房地产价格波动与货币政策传导 [J]. 金融研究,(3): 1-14.

[10] 陈伟泽, 刘哲希和郭俊杰, 2023. 遏制"脱实向虚"的稳杠杆效应: 机制分析与效果评估 [J]. 管理世界, 39(12): 54-72.

[11] 陈小亮, 刘玲君和陈彦斌, 2022. 创新和完善宏观调控的整体逻辑: 宏观政策"三策合一"的视角 [J]. 改革,(3): 10-23.

[12] 陈彦斌, 2022. 宏观政策"三策合一"新理论框架 [J]. 经济研究, 57(11): 29-47.

[13] 陈彦斌和刘哲希, 2017. 推动资产价格上涨能够"稳增长"吗?——基于含有市场预期内生变化的 DSGE 模型 [J]. 经济研究, 52(7): 49-64.

[14] 陈彦斌, 刘哲希和陈伟泽, 2018. 经济增速放缓下的资产泡沫研究——基于含有高债务特征的动态一般均衡模型 [J]. 经济研究, 53(10): 16-32.

[15] 陈雨露, 2020. 当前全球中央银行研究的若干重点问题 [J]. 金融研究, (2): 1-14.

[16] 董丰和许志伟, 2020. 刚性泡沫：基于金融风险与刚性兑付的动态一般均衡分析 [J]. 经济研究, 55(10): 72-88.

[17] 董丰, 周基航和贾彦东, 2023a. 资产泡沫与最优货币政策 [J]. 金融研究, (6): 1-19.

[18] 董丰, 周基航和贾彦东, 2023b. 银行资产负债表、金融系统性风险与双支柱调控框架 [J]. 经济研究, 58(8): 62-82.

[19] 董丰, 陆毅, 许志伟和孙浩宁, 2024. 金融泡沫、脱实向虚与经济增长：动态多部门资产泡沫的理论视角 [J]. 经济学（季刊）, (2): 260-378.

[20] 范小云, 方意和王道平, 2013. 我国银行系统性风险的动态特征及系统重要性银行甄别——基于CCA与DAG相结合的分析 [J]. 金融研究, (11): 82-95.

[21] 范小云, 王道平和刘澜飚, 2012. 规模、关联性与中国系统重要性银行的衡量 [J]. 金融研究, (11): 16-30.

[22] 方意, 王晏如, 黄丽灵和和文佳, 2019. 宏观审慎与货币政策双支柱框架研究——基于系统性风险视角 [J]. 金融研究, (12): 106-124.

[23] 方意, 2016. 系统性风险的传染渠道与度量研究——兼论宏观审慎政策实施 [J]. 管理世界, (8): 32-57.

[24] 方意和刘江龙, 2023. 银行关联性与系统性金融风险：传染还是分担？[J]. 金融研究, (6): 57-74.

[25] 冯用富, 2003. 货币政策能对股价的过度波动做出反应吗？[J]. 经济研究, (1): 37-44+93.

[26] 宫晓琳, 2012. 未定权益分析方法与中国宏观金融风险的测度分析 [J]. 经济研究, 47(3): 76-87.

[27] 苟文均, 袁鹰和漆鑫, 2016. 债务杠杆与系统性风险传染机制——基于CCA模型的分析 [J]. 金融研究, (3): 74-91.

[28] 郭树清, 2020. 坚定不移打好防范化解金融风险攻坚战 [J]. 求是, (16): 53-60.

[29] 郭金龙和李文军, 2004. 我国股票市场发展与货币政策互动关系的实证分析 [J]. 数量经济技术经济研究, (6): 18-27.

[30] 何德旭, 苗文龙, 闫娟娟和沈悦, 2021. 全球系统性金融风险跨市场传染效应分析 [J]. 经济研究, 56(8): 4-21.

[31] 何启志和姚梦雨, 2017. 中国通胀预期测度及时变系数的菲利普斯曲线 [J]. 管理世界, (5): 66-78.

[32] 侯成琪和肖雅慧, 2022. 住房价格与经济增长：基于中间品需求渠道及其乘数效应的分析 [J]. 经济研究, 57(4).

[33] 黄益平, 曹裕静, 陶坤玉和余昌华, 2019. 货币政策与宏观审慎政策共同支持宏观经济稳定 [J]. 金融研究,(12): 70-91.

[34] 黄聪和贾彦东, 2010. 金融网络视角下的宏观审慎管理——基于银行间支付结算数据的实证分析 [J]. 金融研究,(4): 1-14.

[35] 纪敏, 严宝玉和李宏瑾, 2017. 杠杆率结构、水平和金融稳定——理论分析框架和中国经验 [J]. 金融研究,(2): 11-25.

[36] 贾彦东, 2011. 金融机构的系统重要性分析——金融网络中的系统风险衡量与成本分担 [J]. 金融研究,(10): 17-33.

[37] 荆中博和方意, 2018. 中国宏观审慎政策工具的有效性和靶向性研究 [J]. 财贸经济,(10): 75-90.

[38] 李波, 2018. 构建货币政策和宏观审慎政策双支柱调控框架 [M]. 北京: 中国金融出版社.

[39] 李波, 2019. 构建货币政策和宏观审慎政策双支柱调控框架 [J]. 金融纵横, 489(4): 104-104.

[40] 李剑, 陈烨和李崇光, 2018. 金融化与商品价格泡沫 [J]. 管理世界, 34(8): 84-98.

[41] 李健和邓瑛, 2011. 推动房价上涨的货币因素研究——基于美国、日本、中国泡沫积聚时期的实证比较分析 [J]. 金融研究: 18-32.

[42] 刘澜飚, 郭子睿和王博, 2018. 中国宏观审慎监管沟通对金融资产价格的影响——以股票市场为例 [J]. 国际货币评论,(6): 76-85.

[43] 刘晓光和刘元春, 2019. 杠杆率、短债长用与企业表现 [J]. 经济研究, 54(7): 127-141.

[44] 刘哲希, 郭俊杰和陈伟泽, 2023. 经济增长与宏观杠杆率变动研究——一个"债务—资产价格"新机制 [J]. 经济研究, 57(10): 35-51.

[45] 芦东, 周梓楠和周行, 2019. 开放经济下的"双支柱"调控稳定效应研究 [J]. 金融研究, (12): 125-146.

[46] 陆毅, 董丰, 王思卿和孙浩宁, 2024. 资产泡沫及其政策应对: 一个文献综述 [J]. 世界经济, 47(2): 93-125.

[47] 陆毅, 董丰和周基航, 待刊. 资产泡沫与双支柱调控研究: 理论、政策与展望 [J]. 南开经济研究.

[48] 马骏和何晓贝, 2019. 货币政策与宏观审慎政策的协调 [J]. 金融研究,(12): 58-69.

[49] 马理和范伟, 2021. 促进"房住不炒"的货币政策与宏观审慎"双支柱"调控研究 [J]. 中国工业经济, (3): 5-23.

[50] 马勇, 2019. "双支柱"调控框架的理论与经验基础 [J]. 金融研究,(12): 18-37.

[51] 马勇和陈雨露, 2013. 宏观审慎政策的协调与搭配：基于中国的模拟分析 [J]. 金融研究, (8): 57-69.

[52] 马勇和付莉, 2020. "双支柱"调控、政策协调搭配与宏观稳定效应 [J]. 金融研究,(8): 1-17.

[53] 马勇和姚驰, 2021. 双支柱下的货币政策与宏观审慎政策效应——基于银行风险承担的视角 [J]. 管理世界, 37(6): 51-69+3.

[54] 马君潞, 范小云和曹元涛, 2007. 中国银行间市场双边传染的风险估测及其系统性特征分析 [J]. 经济研究,(1).

[55] 马勇和陈雨露, 2017. 金融杠杆、杠杆波动与经济增长 [J]. 经济研究, 52(6): 31-45.

[56] 倪红福, 2022. 中国间接税的效率损失——基于中国生产网络结构一般均衡模型方法 [J]. 管理世界, 38(5): 36-75.

[57] 牛霖琳, 洪智武和陈国进, 2016. 地方政府债务隐忧及其风险传导——基于国债收益率与城投债利差的分析 [J]. 经济研究, 51(11): 83-95.

[58] 彭俞超和黄志刚, 2018. 经济"脱实向虚"的成因与治理：理解十九大金融体制改革 [J]. 世界经济, 41(9): 3-25.

[59] 盛松成和吴培新, 2008. 中国货币政策的二元传导机制——"两中介目标,两调控对象"模式研究 [J]. 经济研究, 43(10): 37-51.

[60] 苏冬蔚和毛建辉, 2019. 股市过度投机与中国实体经济：理论与实证 [J]. 经济研究, 54 (10).

[61] 苏治, 方彤和尹力博, 2017. 中国虚拟经济与实体经济的关联性——基于规模和周期视角的实证研究 [J]. 中国社会科学,(8): 87-109.

[62] 孙华妤和马跃, 2003. 中国货币政策与股票市场的关系 [J]. 经济研究, 07(2): 44-53.

[63] 王信和贾彦东, 2019. 货币政策和宏观审慎政策的关联及启示——基于英格兰银行的经验 [J]. 金融研究,(12): 38-57.

[64] 王爱俭和王璟怡, 2014. 宏观审慎政策效应及其与货币政策关系研究 [J]. 经济研究, 49 (4): 17-31.

[65] 王博和徐飘洋, 2021. 碳定价、双重金融摩擦与"双支柱"调控 [J]. 金融研究,(12): 57-74.

[66] 王春峰, 姚守宇, 程飞阳和房振明, 2022. 企业的"脱实向虚"具有同群效应吗？[J]. 管理科学学报, 25(10): 96-113.

[67] 王擎和韩鑫韬, 2009. 货币政策能盯住资产价格吗?——来自中国房地产市场的证据 [J]. 金融研究, (8): 114-123.

[68] 王永钦, 陈映辉和杜巨澜, 2016. 软预算约束与中国地方政府债务违约风险: 来自金融市场的证据 [J]. 经济研究, 51(11): 96-109.

[69] 王玉泽, 罗能生和刘文彬, 2019. 什么样的杠杆率有利于企业创新 [J]. 中国工业经济, (3): 138-155.

[70] 徐忠, 2018. 新时代背景下中国金融体系与国家治理体系现代化 [J]. 经济研究, 53(7): 4-20.

[71] 徐忠, 张雪春和邹传伟, 2012. 房价、通货膨胀与货币政策——基于中国数据的研究 [J]. 金融研究, (6): 1-12.

[72] 杨子晖, 2020. 金融市场与宏观经济的风险传染关系——基于混合频率的实证研究 [J]. 中国社会科学, (12): 160-180.

[73] 杨子晖, 陈雨恬和陈里璇, 2019. 极端金融风险的有效测度与非线性传染 [J]. 经济研究, 54(5): 63-80.

[74] 杨子晖, 陈雨恬和黄卓, 2023a. 国际冲击下系统性风险的影响因素与传染渠道研究 [J]. 经济研究, 58(1): 90-106.

[75] 杨子晖, 陈雨恬和林师涵, 2022a. 系统性金融风险文献综述: 现状, 发展与展望 [J]. 金融研究, (1): 185-217.

[76] 杨子晖, 陈雨恬和张平淼, 2020. 重大突发公共事件下的宏观经济冲击、金融风险传导与治理应对 [J]. 管理世界, 36(8): 13-35+7.

[77] 杨子晖和李东承, 2018b. 我国银行系统性金融风险研究——基于"去一法"的应用分析 [J]. 经济研究, 53(8): 36-51.

[78] 杨子晖, 李东承和王姝黛, 2022b. 合成网络新视角下的输入性金融风险研究 [J]. 中国工业经济,(3): 38-56.

[79] 杨子晖和王姝黛, 2021. 突发公共卫生事件下的全球股市系统性金融风险传染——来自新冠疫情的证据 [J]. 经济研究, 56(8): 22-38.

[80] 杨子晖, 王姝黛, 李东承和冷铁成, 2023b. 债务风险传染的多重网络研究 [J]. 金融研究, (3): 38-56.

[81] 杨子晖和周颖刚, 2018a. 全球系统性金融风险溢出与外部冲击 [J]. 中国社会科学,(12): 69-90+200-201.

[82] 易纲, 2019. 坚守币值稳定目标, 实施稳健货币政策 [J]. 求是,(23): 58-64.

[83] 易纲, 2021. 中国的利率体系与利率市场化改革 [J]. 金融研究,(9): 1-11.

[84] 余华义和黄燕芬, 2015. 货币政策效果区域异质性、房价溢出效应与房价对通胀的跨区影响 [J]. 金融研究, (2): 95-113.

[85] 袁越和胡文杰, 2017. 紧缩性货币政策能否抑制股市泡沫？[J]. 经济研究, 52(10): 82-97.

[86] 张健华和贾彦东, 2012. 宏观审慎政策的理论与实践进展 [J]. 金融研究, (1): 20-35.

[87] 张晓慧, 2009. 关于资产价格与货币政策问题的一些思考 [J]. 金融研究, (7): 1-6.

[88] 张晓慧, 2017. 宏观审慎政策在中国的探索 [J]. 中国金融, (11): 23-25.

[89] 张晓慧, 纪志宏和李斌, 2010. 通货膨胀机理变化及政策应对 [J]. 世界经济, 33(3): 56-70.

[90] 张成思和张步昙, 2016. 中国实业投资率下降之谜：经济金融化视角 [J]. 经济研究, 51 (12): 32-46.

[91] 张成思和郑宁, 2020. 中国实体企业金融化：货币扩张、资本逐利还是风险规避?[J]. 金融研究, (9): 1-19.

[92] 张晓慧, 等, 2020. 多重约束下的货币政策传导机制 [M]. 北京: 中国金融出版社.

[93] 赵扶扬, 2022. 地价高估、公共投资与资源错配 [J]. 经济研究, 57(3): 155-172.

[94] 赵向琴, 陆震和陈国进, 2021. 房价与家庭债务的"逆周期"[J]. 中国工业经济, (4): 24-42.

[95] 钟宁桦, 刘志阔, 何嘉鑫和苏楚林, 2016. 我国企业债务的结构性问题 [J]. 经济研究, 51 (7): 102-117.

[96] 周小川, 2020. 拓展通货膨胀的概念与度量 [J]. 中国金融, (24): 9-11.

[97] 周晖和王擎, 2009. 货币政策与资产价格波动：理论模型与中国的经验分析 [J]. 经济研究, 44(10): 61-74.

[98] 周小川, 2011. 金融政策对金融危机的响应——宏观审慎政策框架的形成背景、内在逻辑和主要内容 [J]. 金融研究, (1): 1-14.

[99] 朱军, 李建强和张淑翠, 2018. 财政整顿、"双支柱"政策与最优政策选择 [J]. 中国工业经济, (8): 24-41.

[100] 朱小能和周磊, 2018. 未预期货币政策与股票市场——基于媒体数据的实证研究 [J]. 金融研究, (1): 102-120.

[101] 祝梓翔和邓翔, 2023. 外国产出波动、通货膨胀与中国菲利普斯曲线的平坦化 [J]. 世界经济, 46(1): 63-94.

[102] 祝梓翔和高然, 2022. 通胀-增长权衡和中国菲利普斯曲线的平坦化 [J]. 金融研究, 509 (11): 1-20.

[103] Aastveit K A and Anundsen A K, 2022. Asymmetric effects of monetary policy in regional housing markets. *American Economic Journal: Macroeconomics*, 14(4): 499-529.

[104] Acemoglu D, Carvalho V M, Ozdaglar A and Tahbaz-Salehi A, 2012. The network origins of aggregate fluctuations. *Econometrica*, 80(5): 1977-2016.

[105] Acemoglu D, Ozdaglar A and Tahbaz-Salehi A, 2015. Systemic risk and stability in financial networks. *American Economic Review*, 105(2): 564-608.

[106] Acharya V and Naqvi H, 2019. On reaching for yield and the coexistence of bubbles and negative bubbles. *Journal of Financial Intermediation*, 38: 1-10.

[107] Acharya V V, Bergant K, Crosignani M, Eisert T and McCann F, 2022. The anatomy of the transmission of macroprudential policies. *The Journal of Finance*, 77(5): 2533-2575.

[108] Adrian T and Liang N, 2016. Monetary policy, financial conditions, and financial stability. CEPR Discussion Paper No. DP11394.

[109] Ahearne A G, Ammer J, Doyle B M, Kole L S and Martin R F, 2005. House prices and monetary policy: A cross-country study.

[110] Aikman D, Haldane A G and Nelson B D, 2015. Curbing the credit cycle. *The Economic Journal*, 125(585): 1072-1109.

[111] Aikman D, Giese J, Kapadia S and McLeay M, 2019. Targeting financial stability: macroprudential or monetary policy? ECB Working Paper.

[112] Akinci O and Olmstead-Rumsey J, 2018. How effective are macroprudential policies? an empirical investigation. *Journal of Financial Intermediation*, 33: 33-57.

[113] Alam Z, Alter M A, Eiseman J, Gelos M R, Kang M H, Narita M M, Nier E and Wang N, 2019. Digging deeper-evidence on the effects of macroprudential policies from a new database. International Monetary Fund.

[114] Allen F and Gale D, 1999. Bubbles, crises, and policy. *Oxford Review of Economic Policy*, 15(3): 9-18.

[115] Allen F and Gale D, 2000. Bubbles and crises. *The Economic Journal*, 110(460): 236-255.

[116] Allen F, Barlevy G and Gale D, 2022. Asset price booms and macroeconomic policy: A risk-shifting approach. *American Economic Journal: Macroeconomics*, 14(2): 243-280.

[117] Allen F, Barlevy G and Gale D M, 2023. A comment on monetary policy and rational asset price bubbles. FRB of Chicago Working Paper.

[118] Amstad M, Sun G and Xiong W, 2020. *The Handbook of China's Financial System*. Princeton: Princeton University Press.

[119] An L, Lou D and Shi D, 2022. Wealth redistribution in bubbles and crashes. *Journal of Monetary Economics*, 126: 134-153.

[120] Angelini P, Neri S and Panetta F, 2014. The interaction between capital requirements and monetary policy. *Journal of Money, Credit and Banking*, 46(6): 1073-1112.

[121] Angeloni I and Faia E, 2013. Capital regulation and monetary policy with fragile banks. *Journal of Monetary Economics*, 60(3): 311-324.

[122] Aoki K and Nikolov K, 2015. Bubbles, banks and financial stability. *Journal of Monetary Economics*, 74: 33-51.

[123] Araujo J D, Patnam M, Popescu M A, Valencia M F and Yao W, 2020. Effects of macroprudential policy: Evidence from over 6,000 estimates. International Monetary Fund.

[124] Arregui M N, Benes M J, Krznar M I, Mitra M S and Santos M A, 2013. Evaluating the net benefits of macroprudential policy: A cookbook. International Monetary Fund.

[125] Asriyan V, Fornaro L, Martin A and Ventura J, 2021. Monetary policy for a bubbly world. *The Review of Economic Studies*, 88(3): 1418-1456.

[126] Auclert A, 2019. Monetary policy and the redistribution channel. *American Economic Review*, 109(6): 2333-2367.

[127] Awaya Y, Iwasaki K and Watanabe M, 2019. Rational bubbles and middlemen. *Available at SSRN 3380383*.

[128] Baqaee D R and Farhi E, 2018. Macroeconomics with heterogeneous agents and inputoutput networks. National Bureau of Economic Research.

[129] Barlevy G, 2015. Bubbles and fools. *Economic Perspectives*, 39(2): 54-77.

[130] Barlevy G, 2018. Bridging between policymakers' and economists' views on bubbles. *Economic Perspectives*, 42(4): 1-21

[131] Barlevy G, 2022. Confessions of a repentant bubble theorist. *Economic Perspectives*,(3).

[132] Basco S, 2014. Globalization and financial development: A model of the dot-com and the housing bubbles. *Journal of International Economics*, 92(1): 78-94.

[133] Bauer M D and Swanson E T, 2023. A reassessment of monetary policy surprises and high-frequency identification. *NBER Macroeconomics Annual*, 37(1): 87-155.

[134] Bean C, 2003. Asset Prices, Financial Imbalances and Monetary Policy: Are Inflation Targets Enough? *SSRN Electronic Journal*.

[135] Beau D, Clerc L and Mojon B, 2012. Macro-prudential policy and the conduct of monetary policy. Banque de France Working Paper.

[136] Begenau J, 2020. Capital requirements, risk choice, and liquidity provision in a businesscycle model. *Journal of Financial Economics*, 136(2): 355-378.

[137] Begenau J and Landvoigt T, 2021. Financial regulation in a quantitative model of the modern banking system. National Bureau of Economic Research.

[138] Belke A and Beckmann J, 2015. Monetary policy and stock prices-cross-country evidence from cointegrated var models. *Journal of Banking & Finance*, 54: 254-265.

[139] Beraja M, Hurst E and Ospina J, 2019. The aggregate implications of regional business cycles. *Econometrica*, 87(6): 1789-1833.

[140] Bernanke B and Gertler M, 1999. Monetary policy and asset price volatility. *Economic Review (Kansas City)*, 84(4): 17-17.

[141] Bernanke B S and Gertler M, 2001. Should central banks respond to movements in asset prices? *American Economic Review*, 91(2): 253-257.

[142] Bernanke B S and Kuttner K N, 2005. What explains the stock market's reaction to federal reserve policy? *The Journal of Finance*, 60(3): 1221-1257.

[143] Bernanke B S, Gertler M and Gilchrist S, 1999. The financial accelerator in a quantitative business cycle framework. *Handbook of Macroeconomics*, 1: 1341-1393.

[144] Bernanke B S, et al., 2007. Inflation expectations and inflation forecasting//Speech at the Monetary Economics Workshop of the National Bureau of Economic Research Summer Institute, Cambridge, Massachusetts: Vol. 10. 11.

[145] Bianchi J, 2011. Overborrowing and systemic externalities in the business cycle. *American Economic Review*, 101(7): 3400-3426.

[146] Biljanovska N, Górnicka L, Vardoulakis A, Gelos G and Peria M S M, 2019. Optimal macroprudential policy and asset price bubbles. *IMF Working Papers*, 2019(184).

[147] Biswas S, Hanson A and Phan T, 2020. Bubbly recessions. *American Economic Journal: Macroeconomics*, 12(4): 33-70.

[148] Bjørnland H C and Leitemo K, 2009. Identifying the interdependence between us monetary policy and the stock market. *Journal of Monetary Economics*, 56(2): 275-282.

[149] Blanchard O, 2016. The Phillips curve: back to the'60s? *American Economic Review*, 106(5): 31-34.

[150] Blinder A S and Reis R, 2005. Economic performance in the Greenspan era: The evolution of events and ideas. *The Greenspan Era: Lessons for the Future*.

[151] Blot C, Hubert P and Labondance F, 2018. Monetary policy and asset price bubbles: Vol. 5. EconomiX-UMR7235, Université Paris Nanterre.

[152] Blot C, Hubert P and Labondance F, 2020. The asymmetric effects of monetary policy on stock price bubbles.

[153] Boissay F, Collard F and Smets F, 2016. Booms and banking crises. *Journal of Political Economy*, 124(2): 489-538.

[154] Borio C E and Lowe P W, 2002. Asset prices, financial and monetary stability: exploring the nexus. BIS working paper.

[155] Brunnermeier M K and Oehmke M, 2013. Bubbles, financial crises, and systemic risk, *Handbook of the Economics of Finance*, 2: 1221-1288.

[156] Brunnermeier M K and Schnabel I, 2015. Bubbles and central banks: Historical perspectives. CEPR Discussion Paper No. DP10528.

[157] Brunnermeier M K, Sockin M and Xiong W, 2020. China's model of managing the financial system. National Bureau of Economic Research.

[158] Burks N, Fadahunsi A and Hibbert A M, 2021. Financial contagion: A tale of three bubbles. *Journal of Risk and Financial Management*, 14(5): 229.

[159] Caballero R J and Krishnamurthy A, 2006. Bubbles and capital flow volatility: Causes and risk management. *Journal of Monetary Economics*, 53(1): 35-53.

[160] Caballero R J and Simsek A, 2019. Prudential monetary policy. National Bureau of Economic Research.

[161] Caballero R J and Simsek A, 2020. Monetary policy and asset price overshooting: A rationale for the wall/main street disconnect. National Bureau of Economic Research.

[162] Calvo G A, 1983. Staggered prices in a utility-maximizing framework. *Journal of Monetary Economics*, 12(3): 383-398.

[163] Campbell S D, Davis M A, Gallin J and Martin R F, 2009. What moves housing markets: A variance decomposition of the rent-price ratio. *Journal of Urban Economics*, 66(2): 90-102.

[164] Cao Q, 2014. Optimal fiscal and monetary policy with collateral constraints. Mimeo New York, NY, USA.

[165] Case K E and Shiller R J, 2003. Is there a bubble in the housing market? *Brookings Papers on Economic Activity*, 2003(2): 299-362.

[166] Cecchetti S, Genberg H and Lipsky J, 2000. Asset Prices and Central Bank Policy: Vol. 2.

[167] Cecchetti S G and Kohler M, 2012. When capital adequacy and interest rate policy are substitutes (and when they are not). BIS Working Paper.

[168] Cerutti E, Claessens S and Laeven L, 2017a. The use and effectiveness of macroprudential policies: New evidence. *Journal of Financial Stability*, 28: 203-224.

[169] Cerutti E, Dagher J and Dell'Ariccia G, 2017b. Housing finance and real-estate booms: A cross-country perspective. *Journal of Housing Economics*, 38: 1-13.

[170] Chan Y T, Ji Q and Zhang D, 2023. Optimal monetary policy responses to carbon and green bubbles: A two-sector DSGE analysis. *Energy Economics*: 107281.

[171] Chen K and Wen Y, 2017. The great housing boom of China. *American Economic Journal: Macroeconomics*, 9(2): 73-114.

[172] Chen K, Ren J and Zha T, 2018. The nexus of monetary policy and shadow banking in China. *American Economic Review*, 108(12): 3891-3936.

[173] Chen Q, Filardo A, He D and Zhu F, 2016. Financial crisis, US unconventional monetary policy and international spillovers. *Journal of International Money and Finance*, 67: 62-81.

[174] Chevallier C O and El Joueidi S, 2019. Capital regulation and banking bubbles. *Journal of Mathematical Economics*, 84: 117-129.

[175] Christiano L J, Eichenbaum M and Evans C L, 2005. Nominal rigidities and the dynamic effects of a shock to monetary policy. *Journal of Political Economy*, 113(1): 1-45.

[176] Ciccarone G, Giuli F and Marchetti E, 2019. Should central banks lean against the bubble? the monetary policy conundrum under credit frictions and capital accumulation. *Journal of Macroeconomics*, 59: 195-216.

[177] Claessens S, 2015. An overview of macroprudential policy tools. *Annual Review of Financial Economics*, 7: 397-422.

[178] Cogley T, 1999. Should the fed take deliberate steps to deflate asset price bubbles? *Economic Review—Federal Reserve Bank of San Francisco*: 42-52.

[179] Coibion O, Gorodnichenko Y, Kueng L and Silvia J, 2017. Innocent bystanders? monetary policy and inequality. *Journal of Monetary Economics*, 88: 70-89.

[180] Collard F, Dellas H, Diba B and Loisel O, 2017. Optimal monetary and prudential policies. *American Economic Journal: Macroeconomics*, 9(1): 40-87.

[181] Conlon J R, 2015. Should central banks burst bubbles? some microeconomic issues. *The Economic Journal*, 125(582): 141-161.

[182] Dash M, 1999. Tulipomania: The story of the world's most coveted flower and the extraordinary passions it aroused. Victor Gollancz.

[183] Del Negro M and Otrok C, 2007. 99 luftballons: Monetary policy and the house price boom across US states. *Journal of Monetary Economics*, 54(7): 1962-1985.

[184] Del Negro M and Primiceri G E, 2015. Time varying structural vector autoregressions and monetary policy: a corrigendum. *The Review of Economic Studies*, 82(4): 1342-1345.

[185] Del Negro M, Lenza M, Primiceri G E and Tambalotti A, 2020. What's up with the Phillips curve? *Brookings Papers on Economic Activity*, 2020(1): 301-373.

[186] Dennis R and Ilbas P, 2023. Monetary and macroprudential policy interactions in a model of the euro area. *Journal of Economic Dynamics and Control*, 154: 104706.

[187] Dias D A and Duarte J B, 2019. Monetary policy, housing rents, and inflation dynamics. *Journal of Applied Econometrics*, 34(5): 673-687.

[188] Dokko J, Doyle B, Kiley M T, Kim J, Sherlund S, Sim J and Van den Heuvel S, 2009. Monetary policy and the housing bubble.

[189] Dong F and Xu Z, 2020. Cycles of credit expansion and misallocation: The good, the bad and the ugly. *Journal of Economic Theory*, 186: 104994.

[190] Dong F and Xu Z, 2022. Bubbly bailout. *Journal of Economic Theory*: 105460.

[191] Dong F, Miao J and Wang P, 2018. The perils of credit booms. *Economic Theory*, 66(4): 819-861.

[192] Dong F, Miao J and Wang P, 2020. Asset bubbles and monetary policy. *Review of Economic Dynamics*, 37: S68-S98.

[193] Dong F, Huo Z and Wen Y, 2021a. Contagious bubbles. *Available at SSRN*.

[194] Dong F, Liu J, Xu Z and Zhao B, 2021b. Flight to housing in china. *Journal of Economic Dynamics and Control*, 130: 104189.

[195] Dong F, Jiao Y and Wang S, 2023. Asset bubbles and monetary policy in open economies. *Working paper*.

[196] Drechsel T, McLeay M and Tenreyro S, 2019. Monetary policy for commodity booms and busts. CEPR Discussion Paper No. DP14030.

[197] Ehrenbergerova D, Bajzik J and Havranek T, 2023. When does monetary policy sway house prices? a meta-analysis. *IMF Economic Review*, 71(2): 538-573.

[198] Ehrmann M and Fratzscher M, 2004. Taking stock: Monetary policy transmission to equity markets. *Journal of Money, Credit and Banking*: 719-737.

[199] European Central Bank., 2019. Financial cycles, credit bubbles and stabilization policies. LU: Publications Office.

[200] Fang H, Gu Q, Xiong W and Zhou L A, 2016. Demystifying the Chinese housing boom. *NBER Macroeconomics Annual*, 30(1): 105-166.

[201] Farhi E and Werning I, 2016. A theory of macroprudential policies in the presence of nominal rigidities. *Econometrica*, 84(5): 1645-1704.

[202] Fisher I, 1933. The debt-deflation theory of great depressions. *Econometrica*, 1(4): 337-357.

[203] Freixas X, Laeven L and Peydró J L, 2015. *Systemic Risk, Crises, and Macroprudential Regulation*. Boston: MIT Press.

[204] Galati G and Moessner R, 2013. Macroprudential policy‐a literature review. *Journal of Economic Surveys*, 27(5): 846-878.

[205] Galí J, 2014. Monetary policy and rational asset price bubbles. *American Economic Review*, 104(3): 721-752.

[206] Galí J, 2021. Monetary policy and bubbles in a new Keynesian model with overlapping generations. *American Economic Journal: Macroeconomics*, 13(2): 121-167.

[207] Galí J and Gambetti L, 2015. The effects of monetary policy on stock market bubbles: Some evidence. *American Economic Journal: Macroeconomics*, 7(1): 233-257.

[208] Garber P M, 1989. Tulipmania. *Journal of Political Economy*, 97(3): 535-560.

[209] Garber P M, 1990. Famous first bubbles. *Journal of Economic Perspectives*, 4(2): 35-54.

[210] Garber P M, 2001. Famous First Bubbles: The Fundamentals of Early Manias. Boston: MIT Press.

[211] Garriga C, Hedlund A, Tang Y and Wang P, 2023. Rural-urban migration, structural transformation, and housing markets in China. *American Economic Journal: Macroeconomics*, 15(2): 413-440.

[212] Gauthier C, Lehar A and Souissi M, 2012. Macroprudential capital requirements and systemic risk. *Journal of Financial Intermediation*, 21(4): 594-618.

[213] Gertler M and Kiyotaki N, 2010. Financial intermediation and credit policy in business cycle analysis//*Handbook of Monetary Economics: Vol.3*. Elsevier: 547-599.

[214] Glaeser E, Huang W, Ma Y and Shleifer A, 2017. A real estate boom with chinese characteristics. *Journal of Economic Perspectives*, 31(1): 93-116.

[215] Goldgar A, 2008. *Tulipmania: Money, Honor, and Knowledge in the Dutch Golden Age*. Cambridge: University of Chicago Press.

[216] Gomes J, Jermann U and Schmid L, 2016. Sticky leverage. *American Economic Review*, 106(12): 3800-3828.

[217] Goodhart C and Hofmann B, 2008. House prices, money, credit, and the macroeconomy. *Oxford Review of Economic Policy*, 24(1): 180-205.

[218] Greenspan A, 2002. Opening remarks, rethinking stabilization policy, a symposium sponsored by the federal reserve bank of kansas city jackson hole, wyoming, august 29-31. this article is emerald publishing limited and permission has been granted for this version to appear in loyola ecommons. *Leaders Statement at the Pittsburgh Summit*: 24-25.

[219] Grossman G M and Yanagawa N, 1993. Asset bubbles and endogenous growth. *Journal of Monetary Economics*, 31(1): 3-19.

[220] Guerron-Quintana P A, Hirano T and Jinnai R, 2023. Bubbles, crashes, and economic growth: Theory and evidence. *American Economic Journal: Macroeconomics*, 15(2): 333-371.

[221] Gürkaynak R S, Sack B and Swansonc E T, 2005. Do actions speak louder than words? the response of asset prices to monetary policy actions and statements. *International Journal of Central Banking*.

[222] Han B, Han L and Zhu G, 2018. Housing price and fundamentals in a transition economy: The case of the beijing market. *International Economic Review*, 59(3): 1653-1677.

[223] Hazell J, Herreno J, Nakamura E and Steinsson J, 2022. The slope of the Phillips curve: evidence from US states. *The Quarterly Journal of Economics*, 137(3): 1299-1344.

[224] He X Z and Westerhoff F H, 2005. Commodity markets, price limiters and speculative price dynamics. *Journal of Economic Dynamics and Control*, 29(9): 1577-1596.

[225] Hellwig C, Mukherji A and Tsyvinski A, 2006. Self-fulfilling currency crises: The role of interest rates. *American Economic Review*, 96(5): 1769-1787.

[226] Hirano T and Toda A A, 2024. Bubble economics. *Journal of Mathematical Economics*: 102944.

[227] Hirano T and Yanagawa N, 2016. Asset bubbles, endogenous growth, and financial frictions. *The Review of Economic Studies*, 84(1): 406-443.

[228] Hirano T, Inaba M and Yanagawa N, 2015. Asset bubbles and bailouts. *Journal of Monetary Economics*, 76: S71-S89.

[229] Hirano T, Ikeda D and Phan T, 2017. Risky bubbles, public debt and monetary policies. working paper.

[230] Hong H, De Paula Á and Singh V, 2015. Hoard behavior and commodity bubbles. National Bureau of Economic Research.

[231] Hooper P, Mishkin F S and Sufi A, 2020. Prospects for inflation in a high pressure economy: Is the Phillips curve dead or is it just hibernating? *Research in Economics*, 74(1): 26-62.

[232] Horvath M, 2000. Sectoral shocks and aggregate fluctuations. *Journal of Monetary Economics*, 45(1): 69-106.

[233] Iacoviello M, 2000. House prices and the macroeconomy in Europe: results from a structural var analysis. ECB Working paper.

[234] Iacoviello M, 2005. House prices, borrowing constraints, and monetary policy in the business cycle. *American Economic Review*, 95(3): 739-764.

[235] Ikeda D, 2022. Monetary policy, inflation, and rational asset price bubbles. *Journal of Money, Credit and Banking*, 54(6): 1569-1603.

[236] Ikeda D and Phan T, 2016. Toxic asset bubbles. *Economic Theory*, 61(2): 241-271.

[237] Ikeda D and Phan T, 2019. Asset bubbles and global imbalances. *American Economic Journal: Macroeconomics*, 11(3): 209-251.

[238] IMF, 2012. The interaction of monetary and macroprudential policies - background paper. International Monetary Fund: 1-67.

[239] Jarociński M and Karadi P, 2020. Deconstructing monetary policy surprises—the role of information shocks. *American Economic Journal: Macroeconomics*, 12(2): 1-43.

[240] Jarocinski M and Smets F, 2008. House prices and the stance of monetary policy. ECB Working Paper.

[241] Jeanne O and Korinek A, 2020. Macroprudential regulation versus mopping up after the crash. *The Review of Economic Studies*, 87(3): 1470-1497.

[242] Jordà Ò, Schularick M and Taylor A M, 2015a. Betting the house. *Journal of International Economics*, 96: S2-S18.

[243] Jordà Ò, Schularick M and Taylor A M, 2015b. Leveraged bubbles. *Journal of Monetary Economics*, 76: S1-S20.

[244] Kaplan G, Moll B and Violante G L, 2018. Monetary policy according to hank. *American Economic Review*, 108(3): 697-743.

[245] Kikuchi T and Thepmongkol A, 2020. Capital bubbles, interest rates, and investment in a small open economy. *Journal of Money, Credit and Banking*, 52(8): 2085-2109.

[246] Kindleberger C P and Aliber R Z, 2011. Manias, Panics and Crashes: a History of Financial Crises. New York: Palgrave Macmillan.

[247] Kiyotaki N and Moore J, 1997. Credit cycles. *Journal of Political Economy*, 105(2): 211-248.

[248] Kocherlakota N, 2009. Bursting bubbles: Consequences and cures. Unpublished manuscript, Federal Reserve Bank of Minneapolis.

[249] Kocherlakota N, 2014. Discussion of 2014 usmpf monetary policy report. Federal Reserve Bank of Minneapolis.

[250] Kopytov A, 2023. Booms, busts, and common risk exposures. *The Journal of Finance*, 78(6): 3299-3341.

[251] Kraay A and Ventura J, 2007. The dot-com bubble, the bush deficits, and the US current account//G7 Current Account Imbalances: Sustainability and Adjustment. University of Chicago Press: 457-496.

[252] Kunieda T and Shibata A, 2016. Asset bubbles, economic growth, and a self-fulfilling financial crisis. *Journal of Monetary Economics*, 82: 70-84.

[253] Kuttner K N, 2012. Low interest rates and housing bubbles: still no smoking gun. *The role of central banks in financial stability: How has it changed*, 27.

[254] Kuttner K N and Shim I, 2016. Can non-interest rate policies stabilize housing markets? evidence from a panel of 57 economies. *Journal of Financial Stability*, 26: 31-44.

[255] Lakdawala A, 2019b. Decomposing the effects of monetary policy using an external instruments svar. *Journal of Applied Econometrics*, 34(6): 934-950.

[256] Lakdawala A and Schaffer M, 2019a. Federal reserve private information and the stock market. *Journal of Banking & Finance*, 106: 34-49.

[257] Lammerding M, Stephan P, Trede M and Wilfling B, 2013. Speculative bubbles in recent oil price dynamics: Evidence from a Bayesian Markov-switching state-space approach. *Energy Economics*, 36: 491-502.

[258] Liu X, 2023. A model of systemic bank runs. *The Journal of Finance*, 78(2): 731-793.

[259] Long Jr J B and Plosser C I, 1983. Real business cycles. *Journal of Political Economy*, 91(1): 39-69.

[260] Lorenzoni G, 2008. Inefficient credit booms. *The Review of Economic Studies*, 75(3): 809-833.

[261] Mackay C, 1841. Extraordinary popular delusions and the madness of crowds. Richard Bentley, London.

[262] Martin A and Ventura J, 2012. Economic growth with bubbles. *American Economic Review*, 102(6): 3033-3058.

[263] Martin A and Ventura J, 2015. The international transmission of credit bubbles: theory and policy. *Journal of Monetary Economics*, 76: S37-S56.

[264] Martin A and Ventura J, 2016. Managing credit bubbles. *Journal of the European Economic Association*, 14(3): 753-789.

[265] Martin A and Ventura J, 2018. The macroeconomics of rational bubbles: a user's guide. *Annual Review of Economics*, 10: 505-539.

[266] Martin A, Mendicino C and Van der Ghote A, 2021. On the interaction between monetary and macroprudential policies. ECB Working Paper.

[267] Mavroeidis S, Plagborg-Møller M and Stock J H, 2014. Empirical evidence on inflation expectations in the new Keynesian Phillips curve. *Journal of Economic Literature*, 52 (1): 124-188.

[268] Miao J, 2014. Introduction to economic theory of bubbles. *Journal of Mathematical Economics*, 53: 130-136.

[269] Miao J and Su D, 2024. Fiscal and monetary policy interactions in a model with low interest rates. *American Economic Journal: Macroeconomics*, 16(4): 35-76.

[270] Miao J and Wang P, 2014. Sectoral bubbles, misallocation, and endogenous growth. *Journal of Mathematical Economics*, 53: 153-163.

[271] Miao J and Wang P, 2015. Banking bubbles and financial crises. *Journal of Economic Theory*, 157: 763-792.

[272] Miao J and Wang P, 2018. Asset bubbles and credit constraints. *American Economic Review*, 108(9): 2590-2628.

[273] Miao J, Wang P and Xu Z, 2015a. A Bayesian dynamic stochastic general equilibrium model of stock market bubbles and business cycles. *Quantitative Economics*, 6(3): 599-635.

[274] Miao J, Wang P and Zhou J, 2015b. Asset bubbles, collateral, and policy analysis. *Journal of Monetary Economics*, 76: S57-S70.

[275] Miao J, Shen Z and Wang P, 2019. Monetary policy and rational asset price bubbles: Comment. *American Economic Review*, 109(5): 1969-1990.

[276] Miao J, Wang P and Zhou J, 2021. Asset bubbles and foreign interest rate shocks. *Review of Economic Dynamics*.

[277] Miranda-Agrippino S and Rey H, 2020. US monetary policy and the global financial cycle. *The Review of Economic Studies*, 87(6): 2754-2776.

[278] Miranda-Agrippino S and Rey H, 2022. The global financial cycle//Handbook of International Economics: Vol. 6. Elsevier: 1-43.

[279] Mishkin F S, 2007. Inflation dynamics. *International Finance*, 10(3): 317-334.

[280] Motohashi A, 2016. Economic growth with asset bubbles in a small open economy. *Theoretical Economics Letters*, 6(5): 942-961.

[281] Motohashi A, 2020. Effectiveness of bailout policies for asset bubbles in a small open economy. *KIER Discussion Paper*, 1048: 1-24.

[282] Nadauld T and Sherlund S M, 2009. The role of the securitization process in the expansion of subprime credit. *Available at SSRN 1410264*.

[283] Nguyen T T, 2015. Bank capital requirements: A quantitative analysis. Charles A. *Dice Center Working Paper*(2015-14).

[284] Odlyzko A, 2019. Newton's financial misadventures in the south sea bubble. *Notes and Records: the Royal Society Journal of the History of Science*, 73(1): 29-59.

[285] Olivier J, 2000. Growth-enhancing bubbles. *International Economic Review*, 41(1): 133-152.

[286] Paoli B d and Paustian M, 2017. Coordinating monetary and macroprudential policies. *Journal of Money, Credit and Banking*, 49(2-3): 319-349.

[287] Paul P, 2020. The time-varying effect of monetary policy on asset prices. *Review of Economics and Statistics*, 102(4): 690-704.

[288] Plantin G, 2023. Asset bubbles and inflation as competing monetary phenomena. *Journal of Economic Theory*, 212: 105711.

[289] Quint D and Rabanal P, 2014. Monetary and macroprudential policy in an estimated DSGE model of the euro area. *International Journal of Central Banking*, 10(2): 169-236.

[290] Reinhart C M and Rogoff K S, 2010. Growth in a time of debt. *American Economic Review*, 100(2): 573-578.

[291] Reis R, 2021. The constraint on public debt when r< g but g< m. CEPR Discussion Papers, 15950.

[292] Richter B, Schularick M and Shim I, 2018. The macroeconomic effects of macroprudential policy. BIS Working Paper.

[293] Rigobon R and Sack B, 2004. The impact of monetary policy on asset prices. *Journal of Monetary Economics*, 51(8): 1553-1575.

[294] Rogoff K and Yang Y, 2021. Has China's housing production peaked? *China & World Economy*, 29(1): 1-31.

[295] Rozeff M S, 1974. Money and stock prices: Market efficiency and the lag in effect of monetary policy. *Journal of Financial Economics*, 1(3): 245-302.

[296] Rubbo E, 2023. Networks, Phillips curves, and monetary policy. *Econometrica*, 91(4): 1417-1455.

[297] Rubio M and Carrasco-Gallego J A, 2014. Macroprudential and monetary policies: Implications for financial stability and welfare. *Journal of Banking & Finance*, 49: 326-336.

[298] Schmitt-Grohé S and Uribe M, 2003. Closing small open economy models. *Journal of International Economics*, 61(1): 163-185.

[299] Schularick M and Taylor A M, 2012. Credit booms gone bust: Monetary policy, leverage cycles, and financial crises, 1870-2008. *American Economic Review*, 102(2): 1029-1061.

[300] Shiller R J, 1981. Justified by subsequent changes in dividends? *The American Economic Review*, 71(3): 421-436.

[301] Shiller R J, 2000. Irrational exuberance: Revised and expanded. Princeton University Press, 240: 1900-1940.

[302] Shiller R J, 2014. Speculative asset prices. *American Economic Review*, 104(6): 1486-1517.

[303] Shimizu R, 2018. Bubbles, growth and imperfection of credit market in a two-country model. *Annals of Finance*, 14(3): 353-377.

[304] Stein J C, 2013. Overheating in credit markets: origins, measurement, and policy responses// Speech given to the symposium on Restoring Household Financial Stability After the Great Recession, Federal Reserve Bank of St. Louis, St. Louis, Missouri, February: Vol. 7.

[305] Stock J H and Watson M W, 2020. Slack and cyclically sensitive inflation. *Journal of Money, Credit and Banking*, 52(S2): 393-428.

[306] Sufi A and Taylor A M, 2021. Financial crises: A survey. National Bureau of Economic Research.

[307] Tang K and Xiong W, 2012. Index investment and the financialization of commodities. *Financial Analysts Journal*, 68(6): 54-74.

[308] Tiróle J, 1985. Asset bubbles and overlapping generations. Econometrica, 53(5): 1071-1100.

[309] Tomura H, 2014. Asset illiquidity and dynamic bank capital requirements. *International Journal of Central Banking*, 10(3): 1-47.

[310] Van der Ghote A, 2018. Coordinating monetary and financial regulatory policies. ECB Working Paper.

[311] Vandenbussche J, Vogel U and Detragiache E, 2015. Macroprudential policies and housing prices: A new database and empirical evidence for central, eastern, and southeastern Europe. *Journal of Money, Credit and Banking*, 47(S1): 343-377.

[312] Ventura J, 2012. Bubbles and capital flows. *Journal of Economic Theory*, 147(2): 738-758.

[313] Vollmer U, 2021. Monetary policy or macroprudential policies: What can tame the cycles? *Journal of Economic Surveys*.

[314] Wang M B and Sun T, 2013. How effective are macroprudential policies in China? International Monetary Fund.

[315] Wang P and Wen Y, 2012. Speculative bubbles and financial crises. *American Economic Journal: Macroeconomics*, 4(3): 184-221.

[316] Woodford M, 1990. Public debt as private liquidity. *The American Economic Review*, 80 (2): 382-388.